金陵全書

丙編·檔案類

江南水泥廠檔案

掠奪賠償（下）

南京市檔案館 編

南京出版傳媒集團
南京出版社

圖書在版編目（CIP）數據

江南水泥廠檔案. 掠奪賠償. 下 / 南京市檔案館編.
-- 南京 : 南京出版社, 2019.12
（金陵全書）
ISBN 978-7-5533-2419-7

Ⅰ. ①江… Ⅱ. ①南… Ⅲ. ①水泥－工廠史－史料－南京 Ⅳ. ①F426.71

中國版本圖書館CIP數據核字（2018）第201512號

書　　名　【金陵全書】（丙編・檔案類）
　　　　　江南水泥廠檔案・掠奪賠償（下）
編 著 者　南京市檔案館
出版發行　南京出版傳媒集團
　　　　　南　京　出　版　社
　　社址：南京市太平門街53號　　郵編：210016
　　網址：http://www.njcbs.cn　　電子信箱：njcbs1988@163.com
　　聯系電話：025-83283893、83283864（營銷）　025-83112257（編務）

出 版 人　項曉寧
出 品 人　盧海鳴
責任編輯　凌　霄　崔龍龍
裝幀設計　楊曉崗
責任印制　楊福彬

製　　版　南京新華豐製版有限公司
印　　刷　南京凱德印刷有限公司
開　　本　889毫米×1194毫米　1/16
印　　張　21.5
版　　次　2019年12月第1版
印　　次　2019年12月第1次印刷
書　　號　ISBN 978-7-5533-2419-7
定　　價　1000.00元

南京出版社
圖書專營店

目録

叁　抵制拆遷

叁

抵制拆遷

股東陳延第先生爲索要股東大會議決致江南水泥股份有限公司的信函（一九四三年十一月二十八日）

檔　號： 1041-1-10

江南水泥股份有限公司收文面

發件者：陳延第先生

通訊處：上海福履理路769號陳宅

摘由：為函索十一月二十日股東大會議決案由

主任常務董事

常務董事

常務董事：[簽名]

常務董事：[簽名]

審核：股主任、股主任、股主任、股主任

秘書：[簽名]

擬辦

批行

來件投遞方法：電報、雙掛、單掛、平信、包裹、快信、專送、保險、明片、面遞

歸檔：文卷檔號　年　月　日

附件：收件者

備考

收文字第三六四號

三十二年十二月四日時到

馮敏齋

敬啟者查敝人名下執有
貴公司江字第1514号入股證及南字第1023号入股證
二紙計叁佰拾式股已歷有年所祇以種々原因迄未
掉換正式股票近閱報載
貴公司業於本月二十日舉行股東大會討論一切進
行事宜敝人閱山遥隔未克与会特此備函奉詢祈
將本屆決議案
擲下一紙以便有所遵循是為得便此致
江南水泥公司董事部　台照

股東陳延第謹啟（印：陳延第印）

十一月二十六日

江南水泥股份有限公司爲棲霞工廠（江南水泥廠）機件被限期拆遷致僞實業部的呈文等（抄件）

（一九四三年十二月三日）

檔　號：1041-1-36

呈實業部呈文
十二月三日

呈爲接奉
鈞部通知妥籌兩全辦法仰祈
鑒核施行案奉
鈞部礦工第〇〇〇二號通知內開（全文有案謹免複叙）應迅洽商辦理合
行通知仰即遵照等因奉此仰見我
政府委曲求全並顧兼籌之至意查　惠慶等於本年九月間曾爲此事遞呈
主席請設法救濟在案兹已遵照通知於華北輕金屬公司代表人洽商之時
開始談判乃代表人堅持如日使館開示之七條辦法　惠慶等因兹事重大關係
公司產權經於十一月二十日依法召集股東臨時會提出討論全體股東認爲
若照七條辦法足使江南廠製造水泥目的根本毁滅實難接受且對日方拆遷

江南水泥股份有限公司

目的加以研究認爲我

政府對製鋁予以協力似可採取更經濟合理之兩全辦法並無拆遷江南廠之必要謹將妥籌之意見及辦法條陳於左

一、統計中國水泥總生產力與東西各國比較相差懸殊爲國家建設計早爲識者所憂再觀國內各水泥廠率皆老舊獨江南廠優秀新型爲東亞所罕有久爲國內工程界實業界所重視一旦毀滅損失太鉅爲國家建設前途計爲發展重工業計均絕對不宜拆毀江南廠

二、江南廠機身過長尚須割斷尤爲可惜據輕金屬公司方面表示該公司擬用江南之迴轉爐機身太長須割截使用又拆遷及安裝需歷二年之時間在整個物資經濟及時間上似均違反經濟之原則

江南水泥股份有限公司

三、爲華北造鋁計當有經濟合理辦法據技術家稱各國普通造鋁塊多用缸磚（煉瓦）所砌之窯（ReVerbOtorY FurnaCe）此項磚窯每個單位之產量自不逮旋窯之大但若集若干磚窯其產量亦可及旋窯之產量採用磚窯其優點爲

(1)建築磚窯可以迅速完成節省時間

(2)建築磚窯所需鋼鐵料極少重要物資可以節省

至磨（即破碎機）之一項江南廠之磨大故產量亦大如仿造同樣大磨比較困難惟造稍小者華北有不少機器廠如得材料之配給均能承造分工合作完成定可迅速且聞輕金屬公司計劃拆遷中之廣東及日本廠機器均撥作爲備件何時裝成更不可期是所擬拆遷者實祇江南一廠而預

計需時二年之久方能裝成軍事需要首貴迅捷何如在華北趕製多數磚窯及小磨產量既不受拘束裝成尤節省時間似較經濟合理

綜上所陳各節對於

鈞部通知中所示雙方協助之本旨實已研求至盡設如我政府計劃造船徵發資材亦必就全般有關之工業慎審權衡何者不宜拆毀何者可能趕製何者可以代用何者節省時間擬令徵發一般資材亦必令彈力分擔斷無獨責一家之理除俟該輕金屬公司成立後再本上述意旨與其洽商以示協力外所有以上緣由理合呈請

鈞部酌予據情先行咨復外交部轉復日本大使館或逕函復堀內公使敝廠

鑒核施行謹呈

江南水泥股份有限公司

實業部

江南水泥股份有限公司謹呈

董事長 顔惠慶

董　事 龔心湛

孫華甫

周實之

袁心武

陳範有

俞看飛

周志俊

江南水泥股份有限公司

監察人

吳少泉

王少溥

包培之

陳暘一

偽實業部爲日方擬拆移江南水泥股份有限公司棲霞工廠（江南水泥廠）機件致該公司的訓令

（一九四三年十二月十二日）

檔號： 1041–1–9

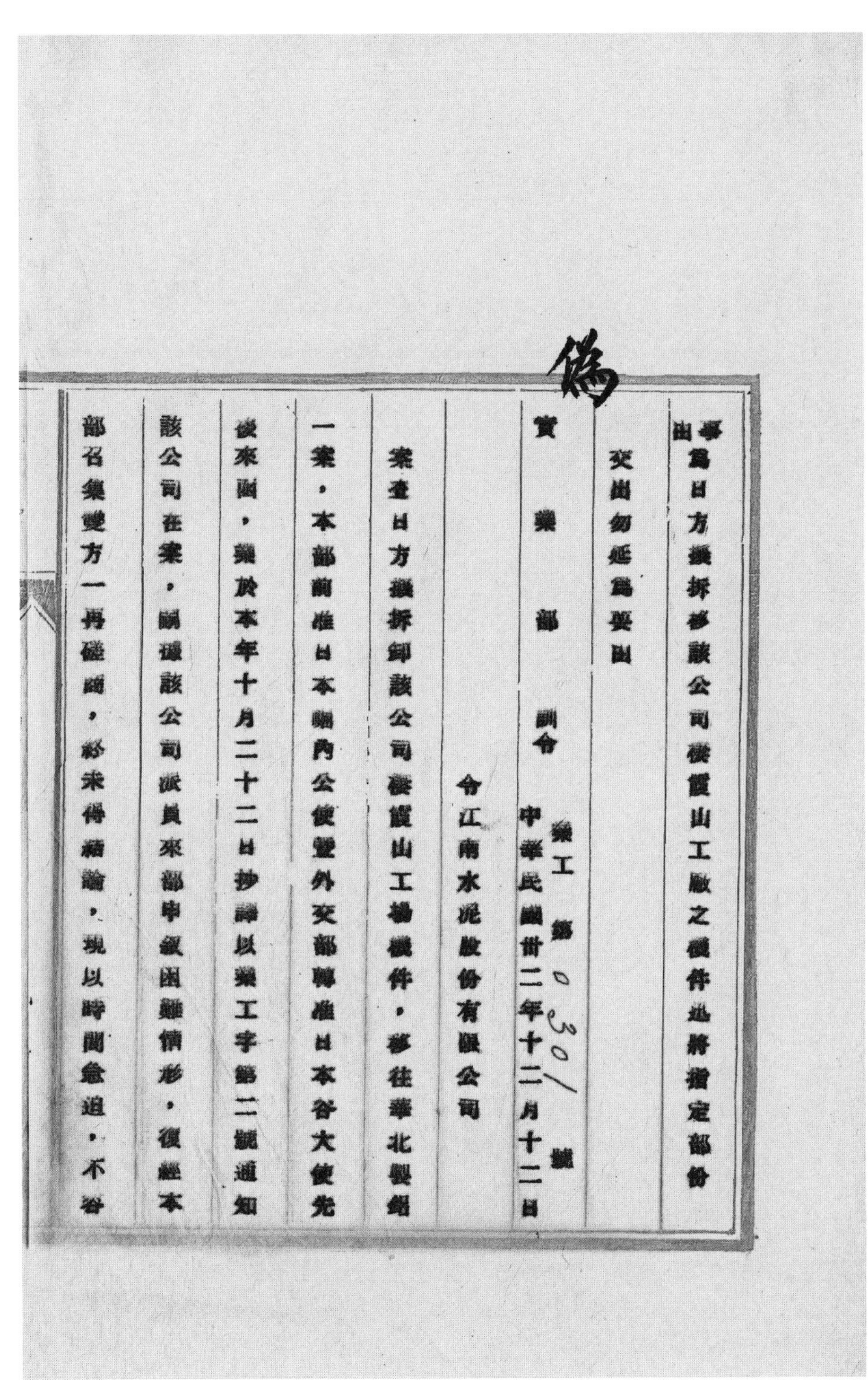

偽

事由　爲日方擬拆移該公司棲霞山工廠之機件，迅將指定部份交出勿延爲要由

實業部訓令　業工第0301號

中華民國卅二年十二月十二日

令江南水泥股份有限公司

案查日方擬拆卸該公司棲霞山工場機件，移往華北製鋁一案，本部前准日本駐內公使暨外交部轉准日本谷大使先後來函，業於本年十月二十二日抄譯以業工字第二號通知該公司在案，嗣據該公司派員來部申叙困難情形，復經本部召集雙方一再磋商，終未得結論，現以時間急迫，不容

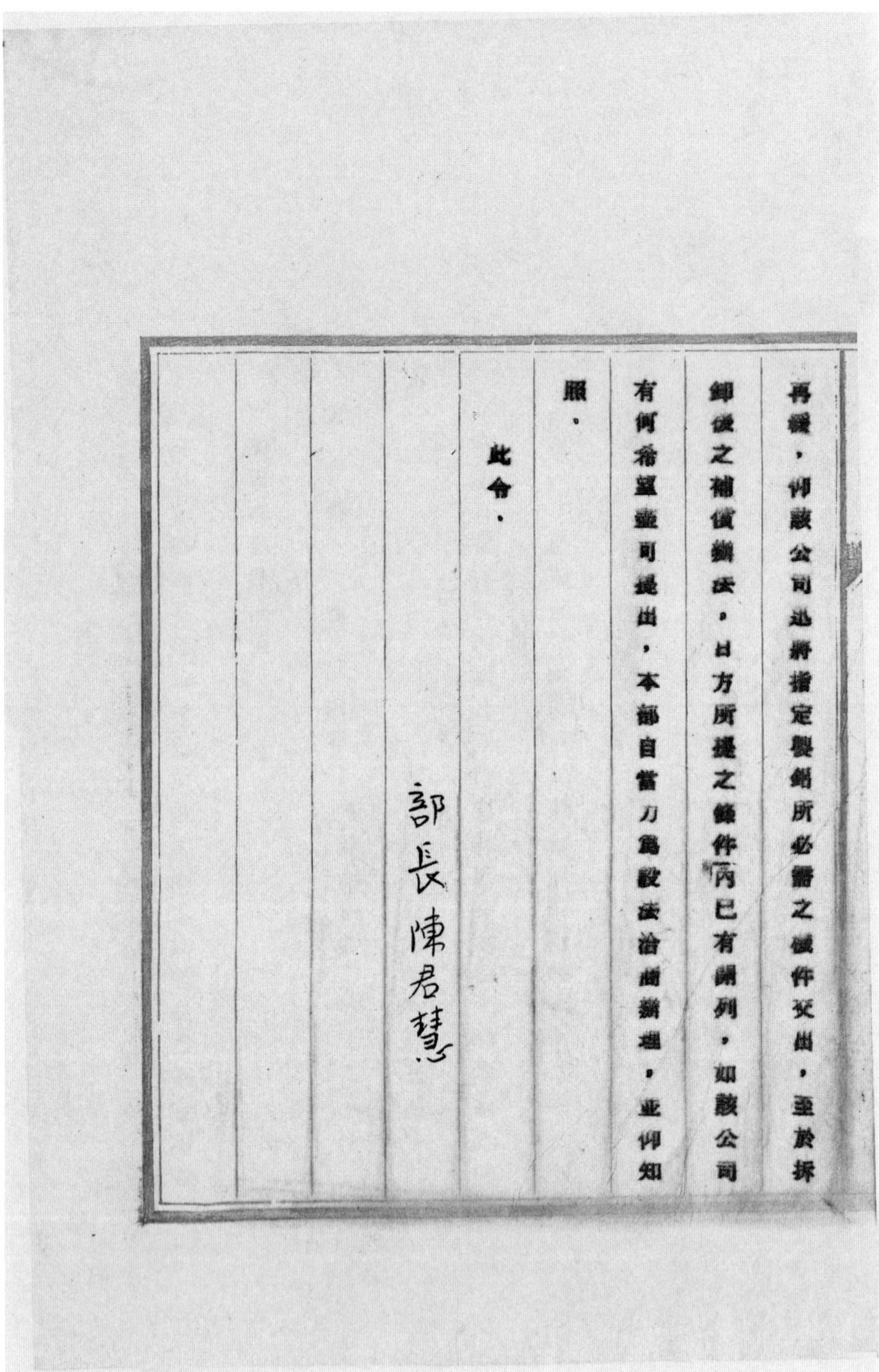
再議，俾該公司迅將指定製鋁所必需之條件交出，至於拆
卸後之補償辦法，日方所提之條件內已有開列，如該公司
有何希望並可提出，本部自當力爲設法洽商辦理，並仰知
照。
此令。
部長陳君慧

江南水泥股份有限公司棲霞工廠（江南水泥廠）機械拆除明細表（譯本）（一九四三年十二月十四日）

檔號：1041-1-36

第一頁　年　月　日

南京日本大使館水野課長面交陳君慧部長擬拆江南機件清單　昭十八・十二・十四　（譯本）

江南水泥公司棲霞山工廠機械拆除明細表　大使館

（1）原料磨　22 x 14m 2台該之附屬品及鐵球在内

右機之附帶附屬品如下

(a) Feeding Table　大小各二部

電動機｜開閉器　起動止動裝置及電線等全部

(b) Symmetry - Gear　二台及　Torsion Shaft

(c) 635 k.w.　電機二台　Oil Switch　起動止動裝置、配電盤電線等全部

第二頁　　年　月　日

(a) Slide - Shoe 用 Pump 二台 起動止動裝置 Pipe 及其他附屬於

該機之零件全部

(2) 水泥磨 22 x 14 m 二台該機之附屬品及鐵球在内

右機之附帶附屬品如下

第一項 a & d 相同

(b) 製品輸送用 Fluxion Pump 一基及輸送管全部

(c) 製品計量用自動秤量機一台

* (e) 收塵器一台 Pipe 風車電動機等全部

第三頁　　年　月　日

（3）原料及水泥機電動機室內天軸滑走機一台

（4）大窰二基除基礎 Bolt 外如 Cooler 及窰內之火磚（豫備品） Chain 等全部均在內

右附屬機械

a. Air Shell 二台

b. 收煙風車及至烟突一段之鐵板烟道電動機等全部（包括起動止動及電線）

(c) Shaking Conveyor 一台電動機（包括起動止動及電線）

第四頁　　年　月　日

(f) Coal - tank 及末煤吹出置二台全部

(g) 右該機附屬 Pipe 類全部

(d) 扇風機二台電動機（仝上）

(e) Control Panel 二台全部

(5) *壁型 Compressor 三台電動機及附屬機全部

(6) *Slurry Pump (Wefle.y Pump) 五台電動機及附屬機全部

但由 Slurry tank 下及 Pump 至 Slurry tank pipe valve 全部

(7) 煤磨 8 x 7 m 一台 該機之附屬品及鐵球在內

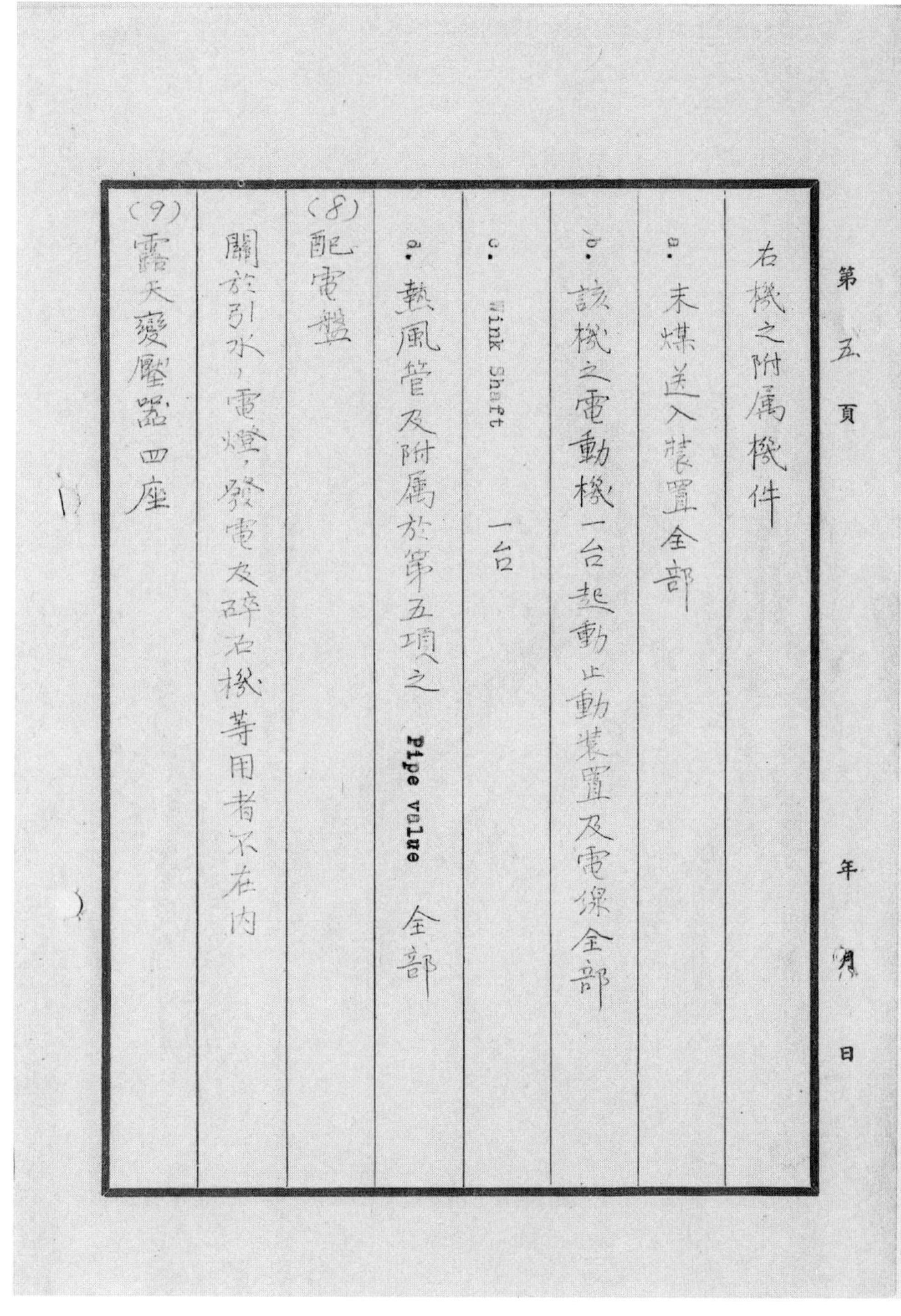

第五頁　　年　月　日

右機之附屬機件

a. 末煤送入裝置全部

b. 該機之電動機一台起動止動裝置及電纜全部

c. Wink Shaft 一台

d. 熱風管及附屬於第五項之 Pipe valve 全部

(8) 配電盤

關於引水，電燈，發電及碎石機等用者不在內

(9) 露天變壓器四座

第六頁

有×印者本月十三日在棲霞山工廠可續行商議

年　月　日

僞實業部爲日本擬拆移江南水泥股份有限公司棲霞工廠（江南水泥廠）機件致該公司的通知

（一九四三年十二月十七日）

檔號：1041-1-9

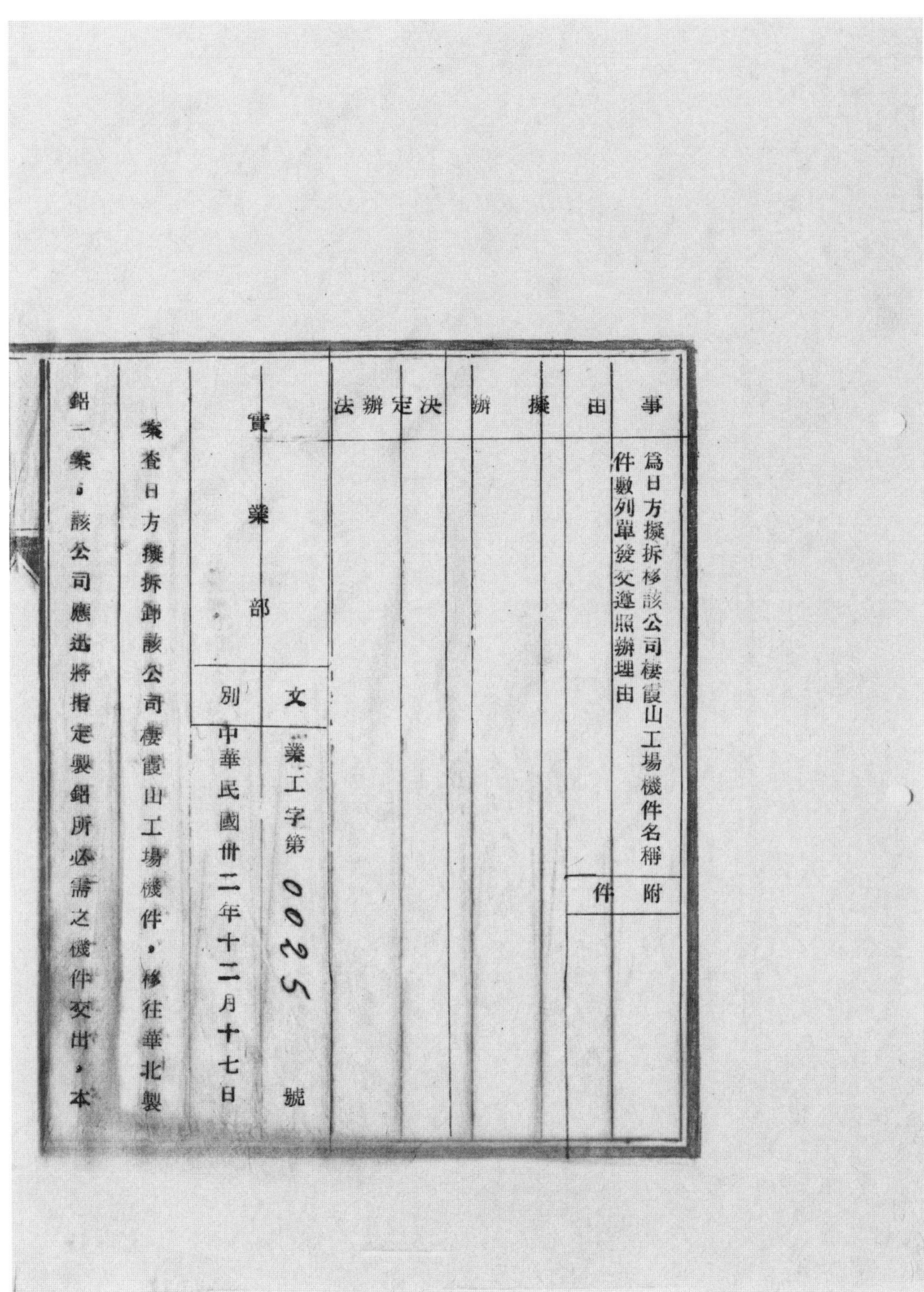

事由	爲日方擬拆移該公司棲霞山工場機件名稱件數列單發交遵照辦理由	附件
擬辦		
決定辦法		

實業部

文別 業工字第0025號

中華民國卅二年十二月十七日

案查日方擬拆卸該公司棲霞山工場機件，移往華北製鋁一案，該公司應迅將指定製鋁所必需之機件交出，本

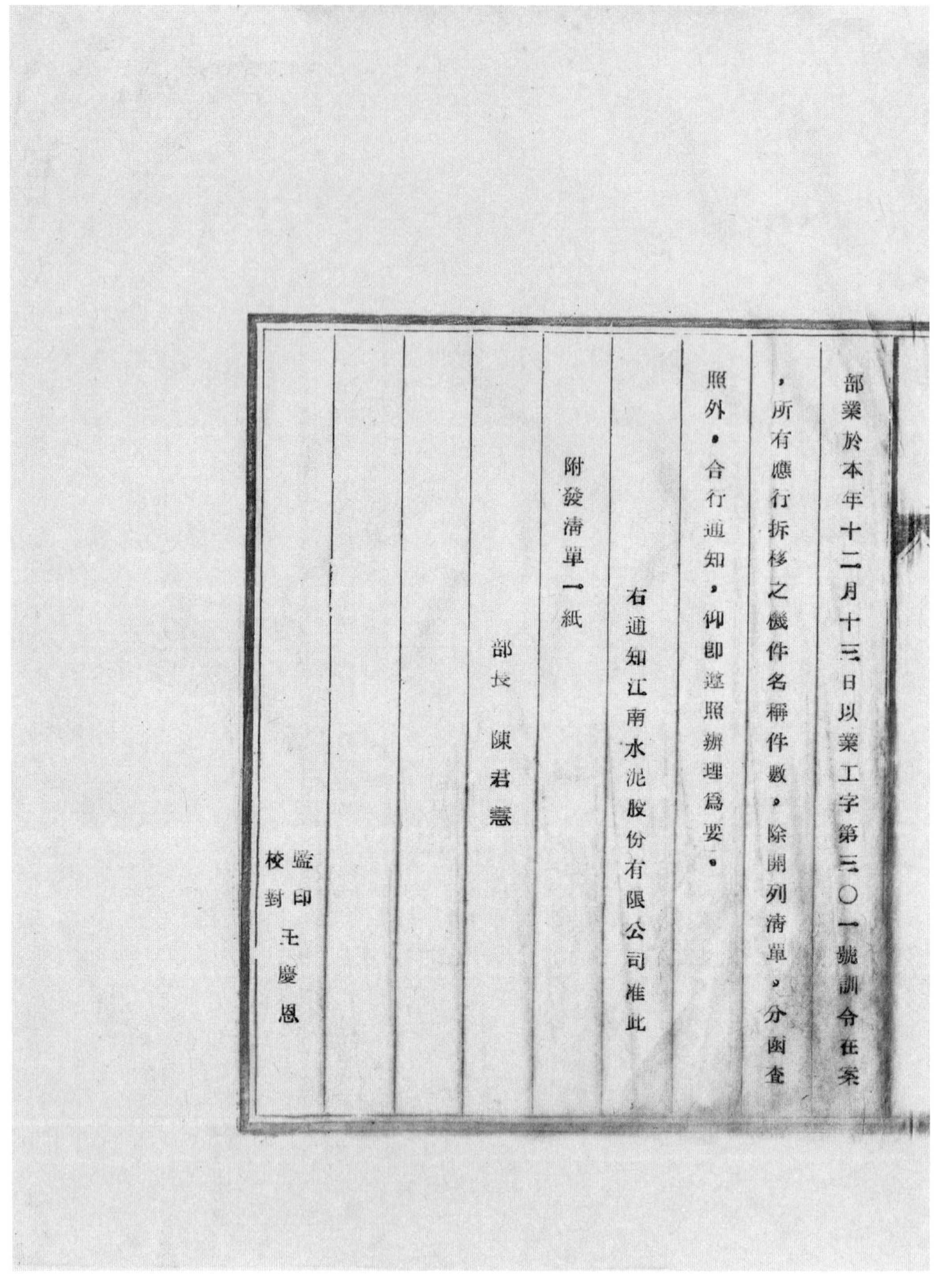

部業於本年十二月十三日以業工字第三〇一號訓令在案，所有應行拆移之機件名稱件數，除開列清單，分函查照外，合行通知，仰即遵照辦理爲要。

右通知江南水泥股份有限公司准此

附發清單一紙

部長 陳君慧

監印
校對 王慶恩

A. 磨四部	(A) 4 Mills.
	(2.2m x 14m)
附件	Auxiliarys:
(1) 喂料盤八個	(1) 8 feeding tables.
(2) 油泵四個	(2) 4 starting pumps.
(3) 齒輪四個	(3) 4 reduction gears.
(4) 馬達四個	(4) 4 motors.
(5) 馬達用油開關四個	(5) 4 oil switches for motors.
B. 旋窯二部	(B) 2 Rotary Kilns.
	(3 x 2.5 x 2.8 x 131m)
附件	Auxiliarys:
(1) 馬達二部	(1) 2 motors.
(2) 馬達開關二個	(2) 2 switches for motors.
(3) 煤風扇二個	(3) 2 high pressure fans.
(4) 滾輪二十八個	(4) 28 rollers.
(5) 着火罩二個	(5) 2 burners hoods & coal pipes
(6) 空氣開關二個	(6) 2 louvre dampers.

附件 1. 為造鋁必需拆遷之機件以本單所列品名數量為限

2. 關於拆遷机件之補償問題俟將来再行協議

江南水泥股份有限公司

股東程養記代表程子範爲詢問召開股東會具體情形至江南水泥股份有限公司董事部的信函及董事部的回函

（一九四三年十二月二十五日至一九四四年一月八日）

檔號：1041-1-10

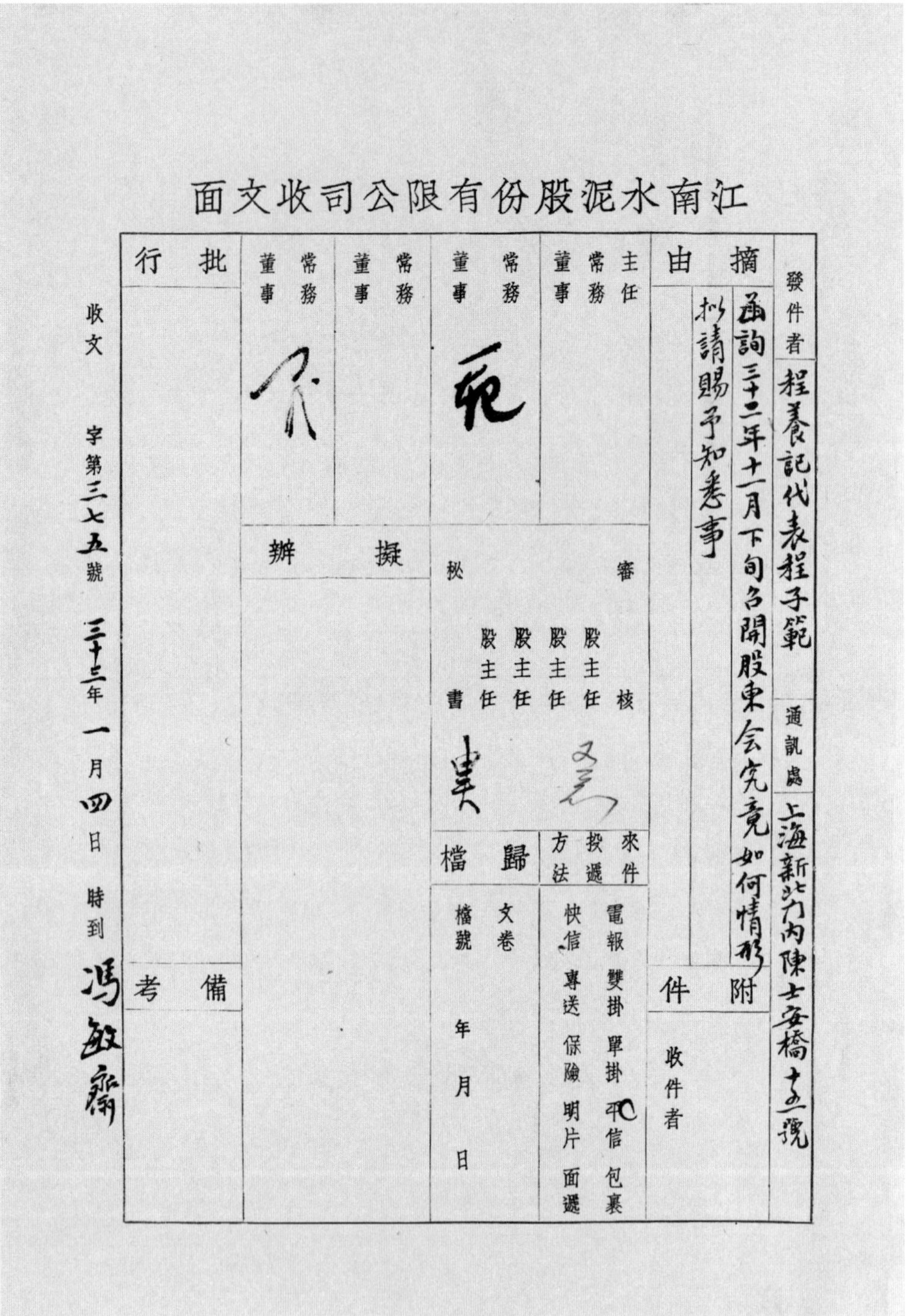

江南水泥股份有限公司收文面

發件者：程養記代表程子範

通訊處：上海新北門内陳士安橋十五號

摘由：函詢三十二年十一月下旬召開股東会究竟如何情形，請賜予知悉事

附件

收件者

主任常務董事

常務董事

常務董事 範

常務董事

批行

審核秘書

擬辦

來件投遞方法：電報 快信 雙掛 專送 單掛 保險 平信 明片 包裹 面遞

歸檔：文卷 檔號 年 月 日

備考

收文 字第三七五號 三十三年一月四日 時到 馮敏齋

逕啓者前閱滬報藉悉本公司擇於卅二年十一月下旬開股東會等情茲已逾月尚未見將開會結果繼續登載究竟如何情形擬請
賜予知悉不勝翹企之至再本公司股票及啟新洋灰公司股票最近市價如蒙
代詢證券行一併示及尤為紉感專此函懇即希
查照辦理為荷此致
江南水泥公司董事部

股東程養記代表程子範啓 卅二年十二月廿五日

上海九華堂厚記製

江南水泥股份有限公司發文第217號

（復收文第三七五號）

事由	主任常務董事	常務董事	常務董事	常務董事	中華民國33年1月6日送稿
收件者：程子範先生		范		民	月日核稿
茲復十月廿日公函內叙各情形外，台察由					月日判行
	文書股主任：東	股主任：芝	股主任	股主任	主稿：馮敏齋	月八日繕發
					月日歸卷

如何投遞	受者通信地點	檔號	備考
電報 單掛 保險 專送 平快 快信 雙掛 包裹 面遞 明片	上海新北門內陳士安橋十五号	第　號	

附件

（發號）

敬覆者頃接三十二年十二月廿五日
大函承詢十一月二十日指南股東臨时会究
竟如何情形拟請賜予知悉等情敬悉茲
撮要奉告如左
一、報告及討論事項案率
南京實業部業工字第〇〇〇二號通知為本公司
棲霞山工場機件日方限期拆遷仰速洽商
辦理等由請股東公同討論均認為部示
辦法將江南廠製造水泥目的根本毀壞
碍難接受投票表决全投不贊成票

第　頁

二、議決辦法

議決請董事會呈覆實業部陳述礙難接受之理由請　政府另籌善策以期兩全該項

至詢股票最近行市一節據詢滬市有價証券商行云今日江南股票每股行聯鈔廿五元左右啟新股票每股行市聯鈔六十三元左右惟每日行市時有變更相離無幾即希

台察為荷此致

股東程芳記代表
程子範先生

啓

第　頁

僞實業部爲拆卸江南水泥股份有限公司棲霞工廠（江南水泥廠）機件的批復（抄件）（一九四三年十二月二十七日）

檔　號： 1041–1–9

日寇强奪江南水泥機器（第一批）證件3

抄件

僞實業部文件

實業部批　業工字第0403號

具呈人　江南水泥股份有限公司

呈乙件爲奉鈞部通知謹妥籌兩全辦法仰祈鑒核由

呈悉，查關於拆卸該公司棲霞山工場機件一案，業經商定應拆機件數量列單函請日本大使館查照，並以業工字第二五號通知該公司在案，仰即遵照辦理可也。

此批。

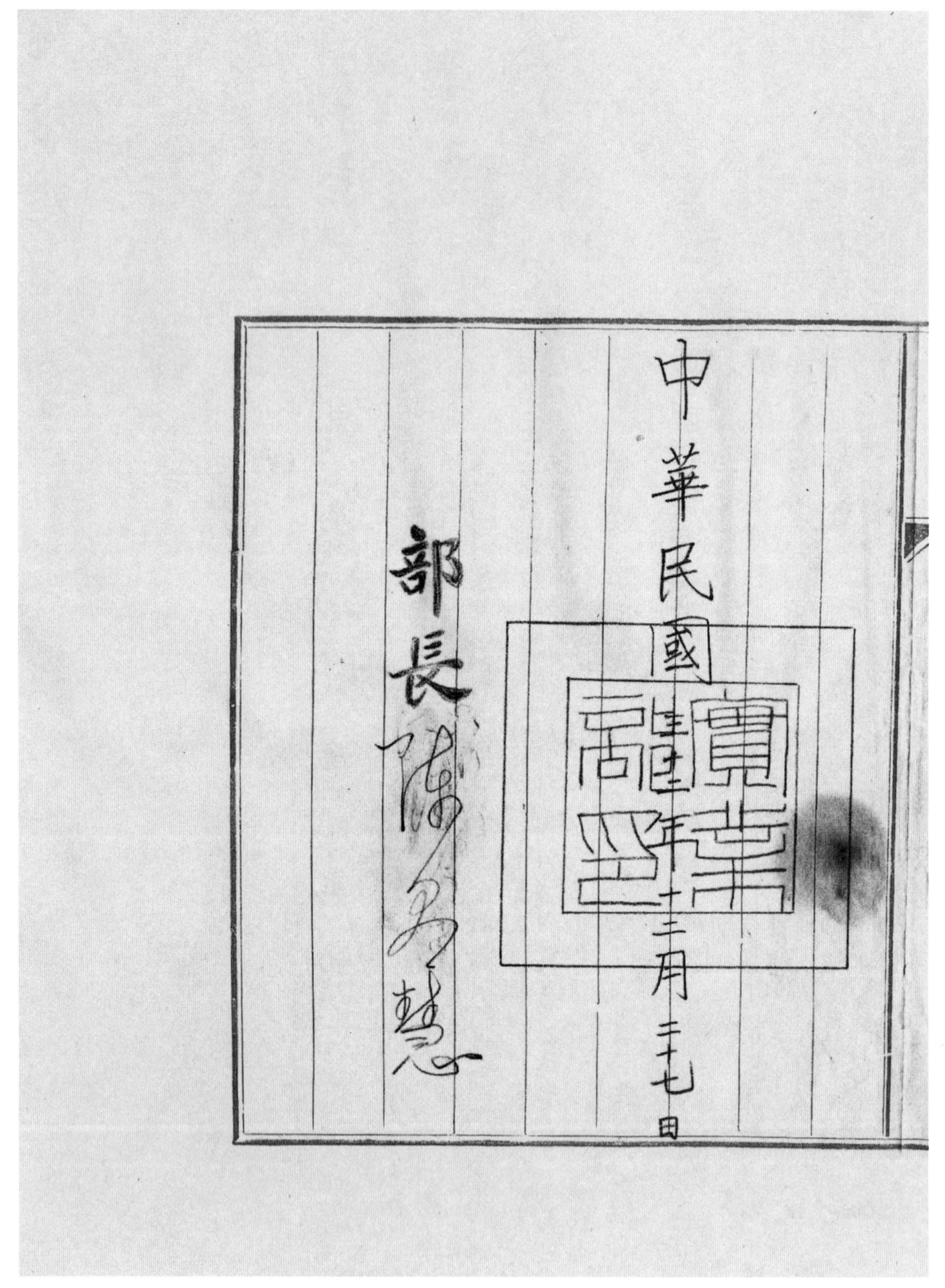

中華民國[illegible]年十二月二十七日

實業部印

部長陳[illegible]慧

江南水泥股份有限公司通報股東臨時會議情形致股東趙尉時、陳延第、李幼桐等的信函（一九四三年十二月三十日）

檔號：1041-1-10

江南水泥股份有限公司發文第216號

（復收文第三三二七號）

收件者：趙尉時先生等

事由：函復十二月廿日召開股東臨時會情形祈台鑒由

主任常務董事

常務董事

常務董事

常務董事

文書股主任

股主任

股主任

股主任

主稿

中華民國卅二年十二月卅日送稿

月日核稿

月日判行

月日繕發

月日歸卷

備考

檔號 第 號

如何投遞：電報 單掛 保險 專送 平快 快信 雙掛 包裹 面遞 明片

受信者

通信地點

附件

逕復者接奉
大函詢十一月二十日本公司召開股東臨時會
情形茲撮要奉告如左
一、報告及討論事項案奉
南京實業部業工字第〇〇〇二號通知為本公
司棲霞山工場機件日方限期拆遷仰速洽
商辦理等由請股東公司討論均認為部亦
辦法將江南廠製造水泥目的根本毀壞礙
难接受投票表决全投不贊成票
二、議決辦法　議決請董事會呈復實業部陳

第　頁

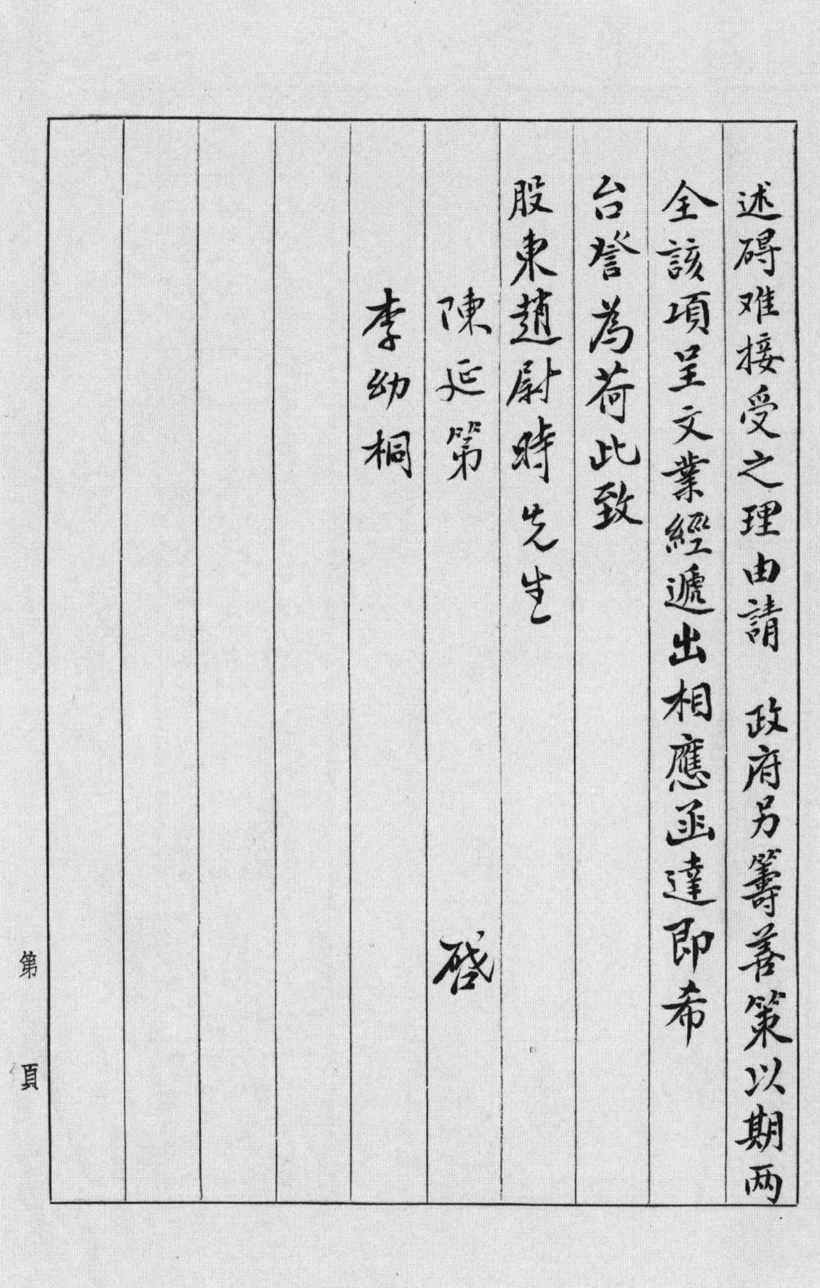
述碍难接受之理由請　政府另籌善策以期兩
全該項呈文業經遞出相應函達即希
台詧為荷此致
股東趙尉時先生
陳延第
李幼桐　啓

第　頁

僞實業部爲日本擬借用江南水泥股份有限公司棲霞工廠（江南水泥廠）發電機致該公司的通知

（一九四四年二月十八日）

檔　號： 1041-1-36

事由	爲准日本大使館高橋調查官函擬借用該公司棲霞山江南水泥廠二一九匹馬力柴油發電機一座並附借用條件等由合行抄發原函借用條件一份仰即遵照辦理由
附件	如文
擬辦	
決定辦法	

實業部

文別：通知

工字第0026號

中華民國三十三年二月十八日

頃准日本大使館高橋調查官函，以茲爲拆卸棲霞山江南水泥廠旋窯及其他工事起見，擬借用該廠所有二一九匹馬力柴油發電

機一座現因急於使用特函附借用條件函請貴部設法予以借用等由准此合行抄發原函借用條件一份仰該公司遵照辦理

特此通知

計抄發原函借用條件一份

右通知江南水泥股份有限公司准此

部長 陳君慧

監印
校對 王慶恩

實業部校對章

借用條件

一、使用燃料概由敝方負担

二、使用期間自民國三十三年二月十八日起至四月底止
如遇工事上必要得延長使用期間

三、司機向江南水泥工廠借用機匠

四、每日使用時間以午前七時起至午後十時止

五、如有損壞及故障等事概由敝方修復

偽實業部爲日本擬定期搬運江南水泥股份有限公司棲霞工廠（江南水泥廠）拆卸機械等轉送華北致該公司的通知
（一九四四年三月二十六日）

檔號：14041-1-36

事由	准日本大使館函以定期搬運該公司棲霞山工廠拆卸機械等轉送華北一案仰知照由
擬辦	
決定辦法	

實業部

文別　通知

工字第0043號

中華民國三十三年三月十六日

案准日本大使館總務部長特命全權公使堀内干城三月十一日經字第七七號函譯開：

「查棲霞山江南水泥工場窯及其他設施機械等轉送華北輕金屬公司應用一案前准上年十二月十七日大函徵得貴部同意以來該項拆卸工作進行情形頗為順利今豫定自本月十三日起將其一部分開始搬運出場至業經貴部同意供給之其他機器一俟拆卸工作完畢即行繼續搬出為特函知即希查照為荷」等由，准此，合行錄函通知，仰即知照。

右通知江南水泥股份有限公司准此

部長 陳君慧

監印
校對 王慶恩

胡承善堂爲咨詢公司股票近期股息事宜致江南水泥股份有限公司的信函（一九四四年五月三十日）

檔號：1041-1-10

江南水泥股份有限公司收文面

發件者：胡承善堂

通訊處：長沙東鄉沙坪梅墅胡張孝敏

摘由：爲函詢公司股票最近有股息否祈見復由

批行：主任董事 常務董事 常務董事 常務董事

擬辦

審核：股主任 股主任 股主任 股主任

秘書

來件投遞方法：電報 快信 雙掛 專送 單掛 保險 平信 明片 包裹 面遞

歸檔：文卷檔號 年 月 日

附件

收件者

備考

收文 字第420號 三十三年五月三十日 時到

馮敏齋

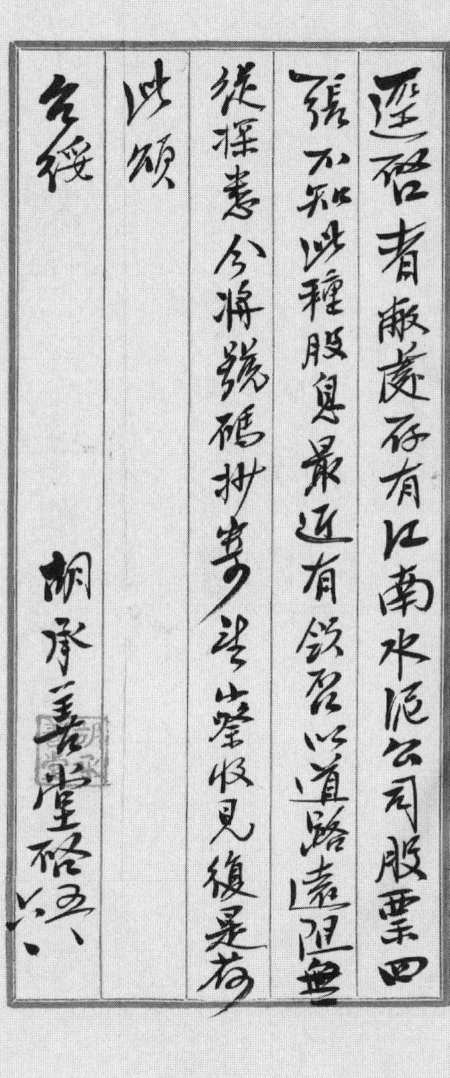

逕啓者：敝處存有江南水泥公司股票四張，不知此種股息最近有欵否？以道路遠阻，無從探悉，兹將號碼抄奉，即希查收見復是荷。此頌

台綏

胡承善堂啓 五、六

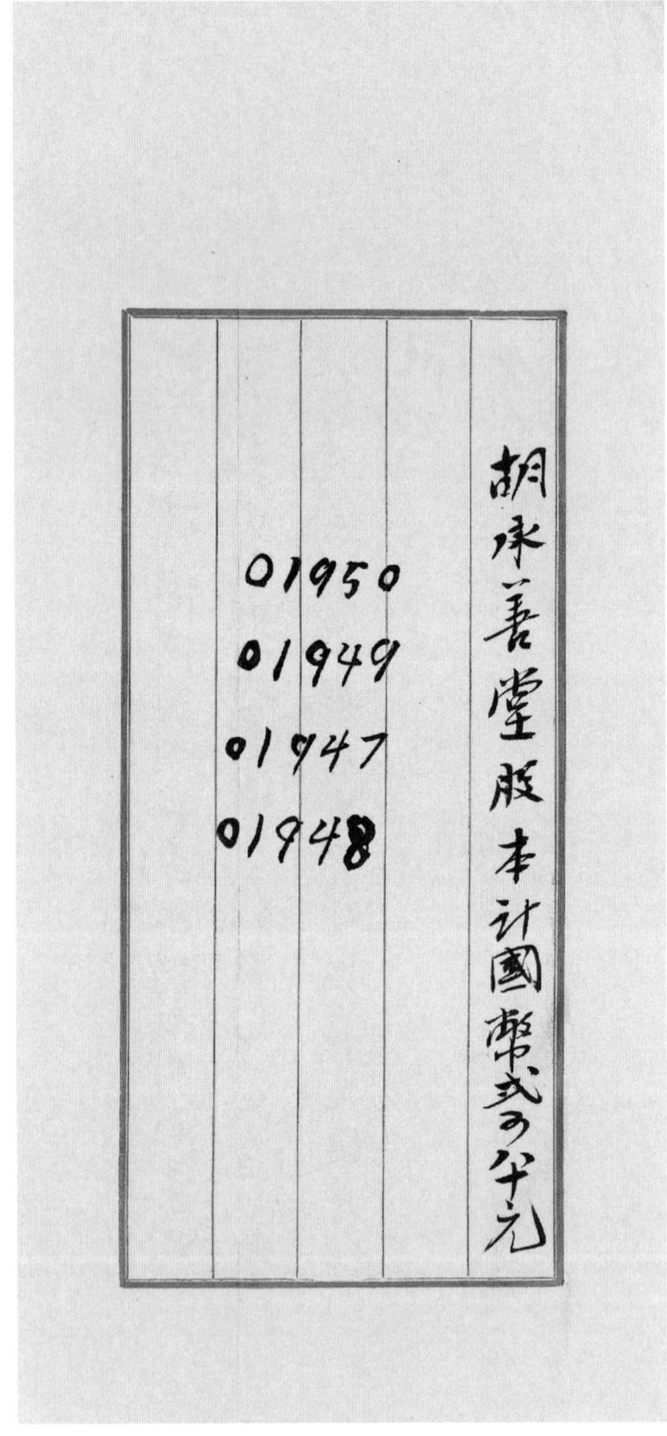

胡承善堂股本计國幣弍万八千元

01950
01949
01947
01948

江南水泥股份有限公司董事會代表將與日本陸軍部代表就日軍占用江南水泥廠木料等事商談情況致該會的信函

（一九四四年五月十一日）

檔　號：1041-1-36

第一頁　　卅三年五月十一日

桂 先大鑒：度 桂兄明日可以平安抵申矣。昨晨接 貴功甫兄電話，謂接守田先生電話，南京 桂兄之託向軍部疏通兩事（一、請免繳木料；二、駐廠友軍貸物以屬于不消耗者為限），頃接江川少佐稱木料乃軍用急需，望廠方來人接洽。桂兄既已離滬，請君十一日晨十時往洽，並請今晨守約 功甫兄、守田先生同訪 支那派遣軍上海陸軍部 陸軍主計少佐江川英男，請 功甫兄譯，談時有石黑少尉在座，而談如次：

江、今日勞君惠臨，誠以關于木料事，南京某部隊富樫少佐託本人與貴方接洽，並非不費而取，如廠方不願接收現金，可以物資交換，請

第二頁　　年　月　日

问厰存木料若有若干

章、厰方造水泥之要机器二窑四磨已被拆迁对于协力大东亚战争可谓已牺牲甚大当时实业部曾请大使馆方面谅解以此为限现厰房尚未完成江边码头亦未建筑厰方正计划小规模生产所存木料不久将来即需自用希望军部所需木料向别处采办勿使厰方再受损失至于木料数量本人不知恐未能回答

江、机件拆迁事本人未知底蕴木料一项因军需紧急欲请厰方协力不可军部方面只能研究如何作價需要数量若干

第 三 頁　　　年　月　日

章、為一二經過先須用本人名權應允當請示天津董事會快函請

復給當時情形

江、津董事會負責者何人

章、袁心武陳範有先生

江、函札往返當時情形在此軍事時期實嫌太慢最好請君乘飛機

北上本人可代定飛機座位否則關於木料事之證件函件請交軍

部飛機快遞俾請將木料存放迅速簽示

章、本人新近由華返滬因前未得董事會允許來往貿易赴華證件

第 頁　　年　月　日

快函来回所需时间自不一定或十二天或半個月本人一候接到天

津回信即函為惠撥給木料存放客蓋然奉告

江、請備函商軍部對此事希望与廠方直接談判不必經過由實

業部与大使館接洽致誤时机此点務請轉達貴軍本人全為要

軍部為完遂大东亞戰爭希望民間協力不容袖手旁觀廠方計料

小規模出貨軍部亦可予以協助

在、各人立場不同故見解亦異查此軍事緊急时期前方所需物資後方急需量大

人民应儘量供給廠方既之存有木料君不云將来需用与該木中董

本会各部在前方作战部队制造之恐大为震惊例如日本国内民间之金饰及家传珍品无不完全献出改作用于军事中国既经参战后方人民自亦未能例外

辛、本人所谓将来系不久将来而言本人立于战员地位无论有无先立之难谈即康先生在沪亦同样无论有无先者请详细

江石、君之立场本人亦悉甚详细

宋、（检查特务机关长大塚与株石事件业经于白江川少佐处面述）

辛、（将后方株石事及上海宪兵部报告经过摘要面告本国已成过去）

第六頁　　年　月　日

石、此事在于暨生報告水野先生函于南株若干需時幾月應由負責

南山君說明本人有機會時可代為斡旋不宜如此含混做可

幸、弟意可感廠方事前既不接理又恐無為某少尉迫不及待未得廠

方同意即派人前往南株俾與憲部略有接洽

談一時半 弟遂與 功甫兄與錫功去後別江川少佐尤詳生赤孫諸神速

貴署事會晤本岡軍需參謀如何必當協力以安對理甲方四信來

到我需請者因趁當一副其請大有廠方私允不可之勢 守老亦表示軍方急需那廠方諒解也

又承 功甫兄請 弟 向軍部急需木料為陳德記碼頭之採用未得

第七頁　　年　月　日

洽商就緒即已動工可以想見接手于欽寮軍部擬用于廠木料勢
在必行，與其不同意任其自取不得分文代價，可得而且有傷情感
似不如支借或以物資交換為宜。查廠存洋松約在十万平方尺以上
按之對于數量比今照所滬上黑市價每千平方尺約十二万元，無論現金交
詳確
易或物資交換需先作價出之先出售既係軍用照滬黑市價前途未必
承認，可否由　當局定一折衷價及最低價　請　呈
尊處貢獻意見於此
一、保留一部分讓一部　不得已全部分讓

第八頁　　　　年　月　日

二、以物資交換　物資是否指敝方所需之煤屑，軍部擬以何種物資交換，未予明言，弟亦未便詢及

三、以現物資交換不合，擬收取現金

四、敝方小型出貨請軍部對運輸上切實協助　請參閱本函第四頁六行

五、由宇田先生做中証人，與江川少佐當直接談判

是否有當，乞　迅予轉呈

上峰核奪示遵，專此祇頌

台綏　諸維

○○垂察

弟 [illegible] 卅三、五、十一日

只能代為搜購或購製迄廣經理來津尹司長仍
有電接洽此事茲擬備具呈文一件交廣經理備用
又據孫副理函報日方急需樓廠木料表示可換給
物資（附檢來函及去電）以上應付情形能保持至何程度
殊難預定理合報告
公鑒
附單及函電
議決請廣經理就近商承董事長相機應付以損失愈少愈善此議
中華民國卅三年五月十七日

江南水泥廠經理庚宗溎對（日）華北輕金屬公司借用機件事發表的意見（一九四四年五月二十九日）

檔號：1041-1-36

五月廿九日江南廠經理庚宗溎在部發表對於華北輕金屬公司借用機件意見

1、請遵守諾言維持借用

A、能購得之機件決不向江南借用

B、輕金屬公司不需要者亦決不向江南拆用

2、對於水野調查官四月廿三日交下之第二次借用品目錄如中日當局能有書面確切保證輕金屬公司除此次提議借用機件外決不再有請求增加借用任何機件與物料則溎可向本公司董事會提議稍予讓步遵照實業部五月廿七日交下節略內所提辦法暫時借用仍由輕金屬公司負責代爲購製償還惟第二次借用品目錄中(一)之(ハ)項內之油及(二)項減速機內油(ホ)項吸塵機全部及(二)之手動走行機(三)之(チ)項窯內用鐵鍊均爲江南廠必需自用之件又(一)之(ヘ)項粉碎機用鋼球全部已由董事會於前月借與天津啟新洋灰公司作救急之用均絕對需保留之

3、決定之辦法應得江南廠董事會書面同意及中日當局之書面保證方可實行之

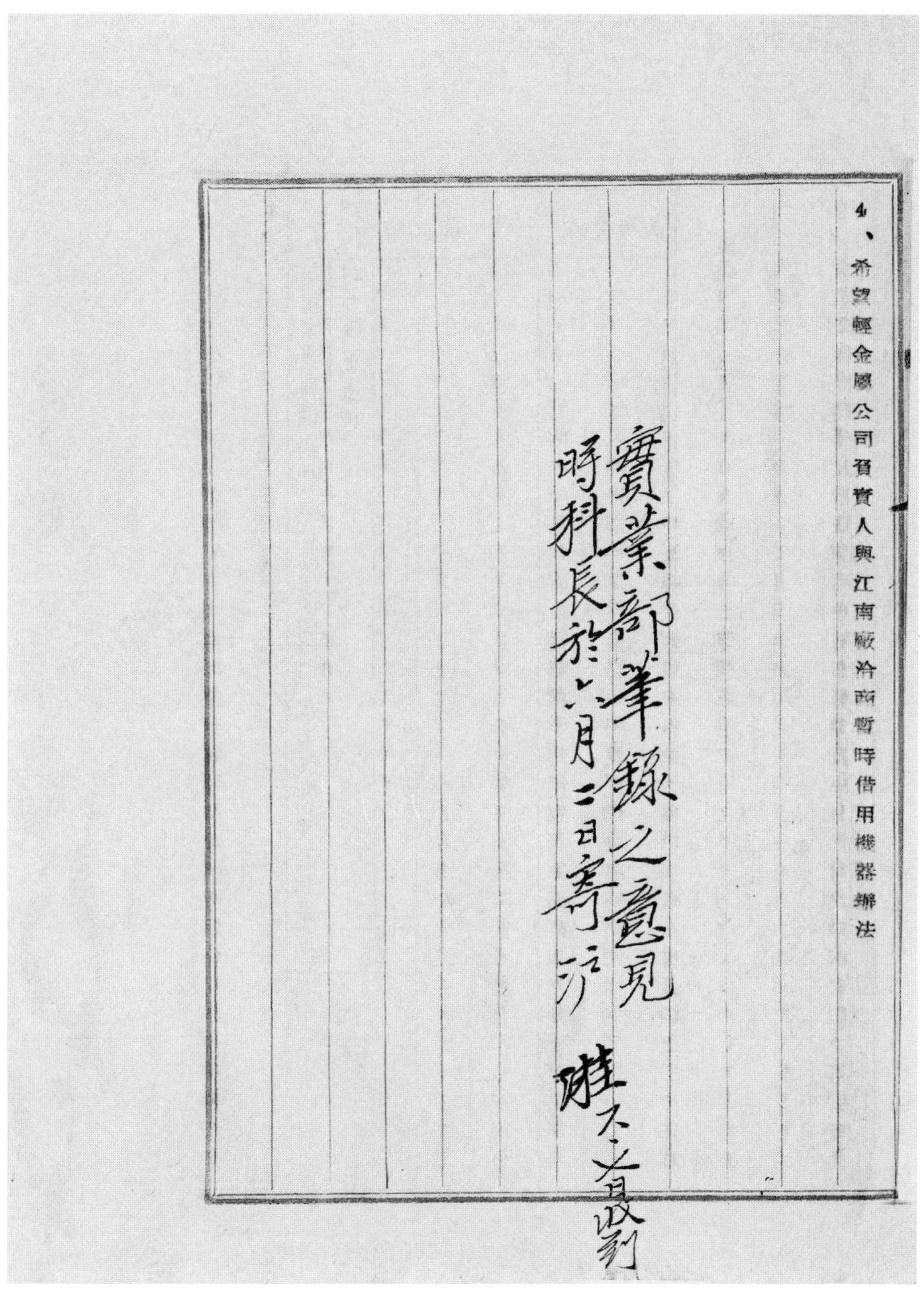

4、希望輕金屬公司負責人與江南廠洽商暫時借用機器辦法

實業部筆錄之意見
時科長於六月二日寄沪

陸不曾收到

僞實業部爲日方擬繼續拆移江南水泥股份公司棲霞工廠機件致該公司的訓令（一九四四年七月三日）

檔　號：1041-1-36

事由	爲日方擬繼續拆移該公司棲霞山工廠之機件仰迅照單列各件交出由
附件	如文
擬辦	
決定辦法	

實業部　文別：訓令

工字第921號

中華民國三十三年七月三日

令江南水泥股份有限公司

案查日方擬繼續拆移該公司棲霞山工場機件一案，迭據該公司派員來部一再磋商，復經本部數度向日方提出交涉。茲准日本堀内公使來函「略以前送清單之機件，希望全部供出，上項機器供出後，凡在上海能製造之機械，擬由華北輕金屬公司代為供給。又棲霞山水泥廠設以舊式方法製造水泥，日本方面當盡力援助，請將江南水泥公司機器設備照前單於七月一日供出，以應急需等由。除函復外，合行抄附據内公使來函暨開列應行拆移之機件名稱件數清單，令仰該公司迅將單列各機件供出為要！

此令

附：抄據内公使來函乙件

應行拆移之機件名稱件數清單乙份

部長　陳君慧（簽）

監印

校對　王慶恩

僞實業部爲江南水泥股份有限公司棲霞工廠（江南水泥廠）業已遵令交出機件的批示（批工字第一七八三號附該部致日本大使館原函）（一九四四年十月二十日）

檔　號：1041-1-28

實業部批　工字第 No.1783 號

具呈人江南水泥股份公司棲霞工廠 經理 庾宗淮 副經理 孫柏軒

三十三年十月七日呈乙件 呈爲呈復業已遵令交出單列各機件兹檢送機件造價單仰祈鑒核函請日本大使館迅飭華北輕金屬公司付價製還由

呈件均悉業經據情轉函日本大使館查照辦理並將第一次拆移該廠之磨及旋窯由本部提議意見三点商請一併解决在案合行抄錄本部致日本大使館原函併仰知照

此批　件存

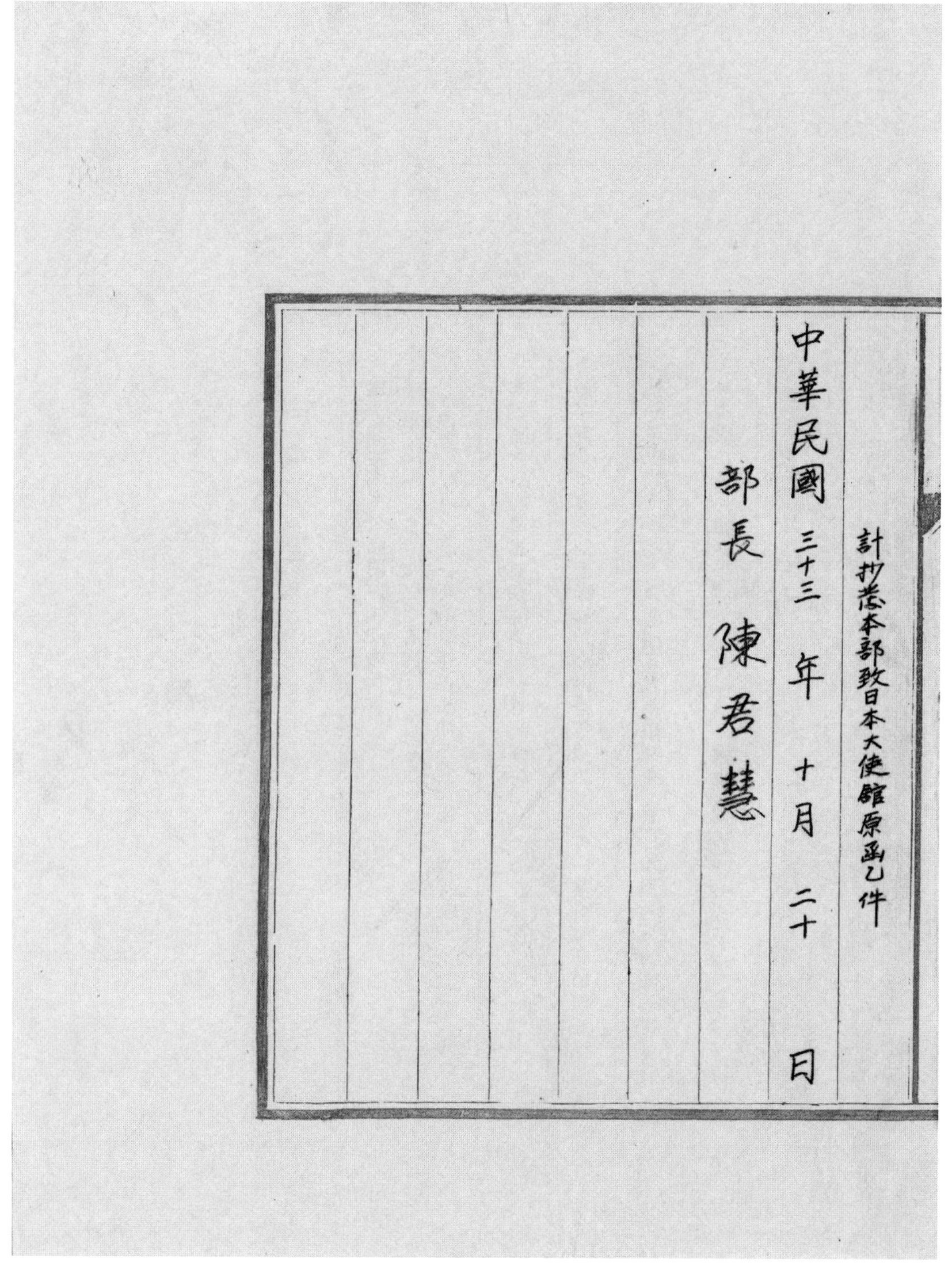

計抄送本部致日本大使館原函乙件

中華民國三十三年十月二十日

部長 陳君慧

公函　工字第四四二一號

案據江南水泥公司棲霞山工廠呈稱

「呈爲覆業已遵令交出單列各機件茲檢送機件造價單仰祈鑒核函請日

本大使館迅飭華北輕金屬公司付價製還事前奉鈞部工字第九二一一號訓令

內開案奉日方擬繼續拆移該公司棲霞山工場機件一案迭據該公司派員來

部一再磋商覆經本部數度向日方提出交涉茲准日本堀內公使來函略以前

送清單之機件希盡全部供出上項機器供出後凡在上海能製造之機械擬由

華北輕金屬公司代爲供給請將江南水泥公司機器設備照前單於七月一日

供出以應急需等由除函覆外合行抄附堀內公使來函暨開列應行拆移之機

件名稱件數清單令仰該公司迅將單列各機件供出爲要等因附抄堀内公使
來函一件應行拆移之機件名稱件數清單一份奉此查單列各件業已遵令完
全交出各該件上海均可製造會商請中南電機廠普利機器廠派員到廠查勘
開具造價單連合彙齊列單備文呈送仰祈鈞長鑒核函請日本大使館履行諾
言迅飭華北輕金屬公司付價造還一
等情並附機件造價單二份據此查該造價單均屬第二第三次拆移機件業已據
報完全供出當時曾承
貴大使館表示補償辦法茲據前情核尚屬實應請
查照原議辦理至於第一次三十二年十二月間拆移該廠之磨及旋窰據該廠口

茲聲明係屬暫時借用故當時並未協議歸還辦法茲該廠既已按次遵令拆移本部
爲求一併解決第一次拆卸起見特提議下列意見㈠依據該廠聲述此次損失頗鉅
希望不再有其他損失並於該廠復工時請予儘量協助等語按該廠能本協助之旨
遵令辦理殊可嘉獻擬請予以具體救濟以示體恤其救濟辦法請 由貴大使館酌定
之㈡借用之機件應由華北輕金屬公司開具清單製給借據送由貴大使館轉交以
清手續㈢借用機件在返還時如有損壞消耗仍應由輕金屬公司負責償還以上三
點擬請予以考慮再續據該廠函稱所送機件造價單所列造價係自十月一日起至
多以一個月爲限逾期需按物價變動比例另行估計等語相應檢同原送機件造價
單一份函請

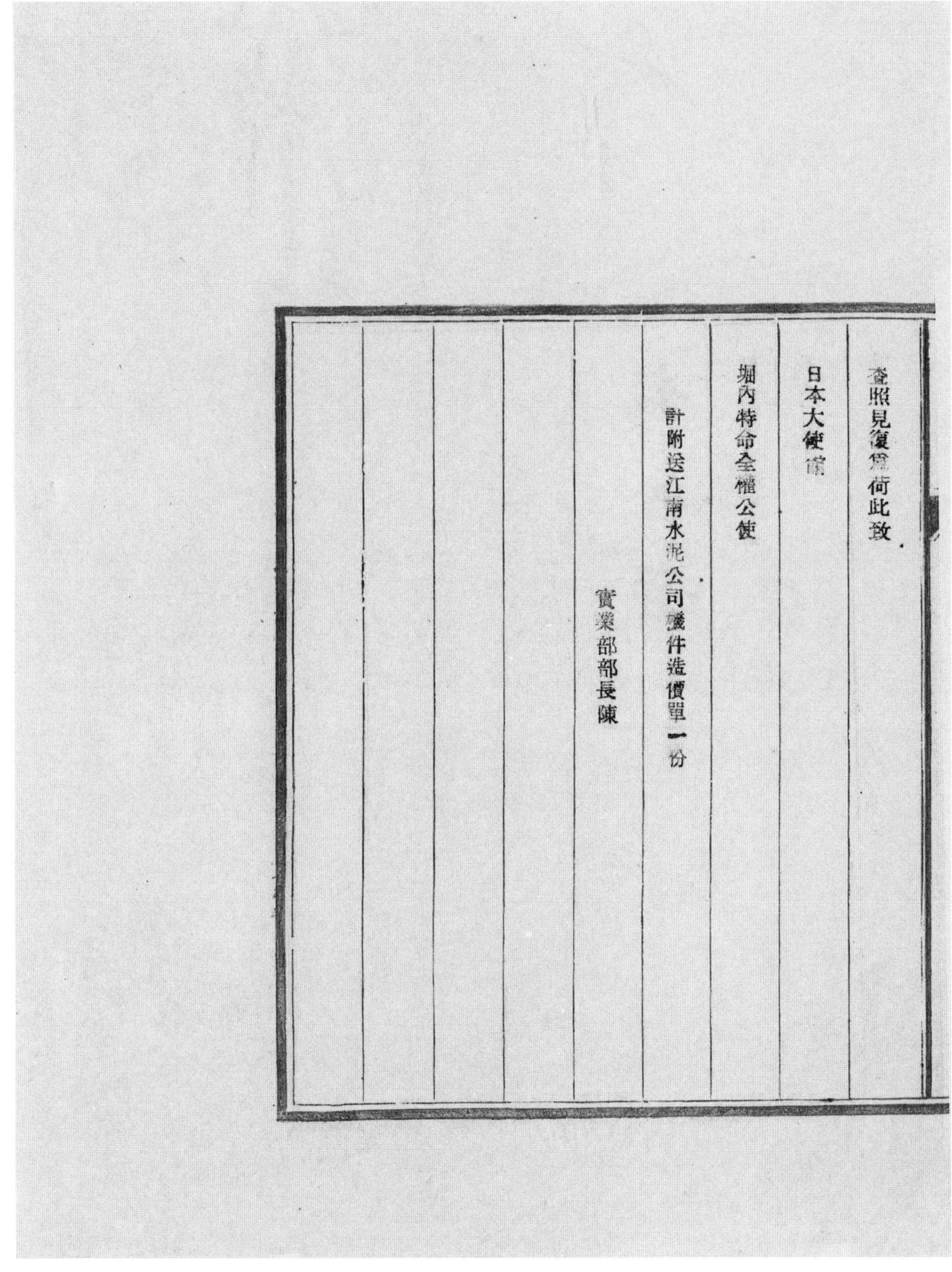
查照見復爲荷此致

日本大使館

堀內特命全權公使

計附送江南水泥公司機件造價單一份

實業部部長陳

江南水泥廠爲防廠中物資被强購攫取申請變價處理的報告（一九四四年十月二十九日）

檔號：1041-1-36

報告案

為報告事自奉 南京實業部令交出機件拆移以來探詢廠中資材者實繁有徒如華中日方部隊之欲購木材輕金屬公司之購取鋼球其他方面之商購石膏甚至詢及廠中屋架可否出讓情勢岌岌若不自行設法妥

為變價即有被強購或攫取之虞尤須迅捷處理不容延緩遂將廠中物品若干變價(詳附表)變價之款除鋼球三百噸之價款因在津交付已投資開灤啟新等有價證券外其餘已囑庾孫兩君在滬就近與寓滬董監籌商早日安頓

辦法俾日後復工得以使用 茲將變價物品列表報告如左

變價物品表

品名	數量	單位價格	總價金額	附註
美松方材及板材	八〇、〇〇〇 B.M.	C.R.B. 一九〇.〇〇	C.R.B. 一五、二〇〇、〇〇〇.〇〇	萬和木材部買
美松圓材	四〇、〇〇〇 B.M.	C.R.B. 一五〇.〇〇	C.R.B. 六、〇〇〇、〇〇〇.〇〇	仝上
鋼球鋼段	三〇〇噸	F.R.B. 一五、〇〇〇.〇〇	F.R.B. 四、七二五、〇〇〇.〇〇	輕金屬買150噸 啟新買150噸 內啟新加一成運損失二二五、〇〇〇.〇〇
蔴袋	八〇、〇〇〇條	C.R.B. 二一〇.〇〇	C.R.B. 一六、八〇〇、〇〇〇.〇〇	德和五金號辦
鋼條	三〇〇公噸	C.R.B. 一三二、五〇〇.〇〇	C.R.B. 三九、七五〇、〇〇〇.〇〇	德和五金號買
共計 F.R.B. 四、七二五、〇〇〇.〇〇 C.R.B. 七七、七五〇、〇〇〇.〇〇（合F.R.B. 一三、九九五、〇〇〇.〇〇）				
丸角平鐵	三〇噸	F.R.B. 三〇、〇〇〇.〇〇	F.R.B. 九〇〇、〇〇〇.〇〇	
鐵板	二〇噸	F.R.B. 一〇〇、〇〇〇.〇〇	F.R.B. 二、〇〇〇、〇〇〇.〇〇	
斗車	四〇台	F.R.B. 三〇、〇〇〇.〇〇	F.R.B. 一、二〇〇、〇〇〇.〇〇	
共計 F.R.B. 四、一〇〇、〇〇〇.〇〇				
總計 F.R.B. 二二、八二〇、〇〇〇.〇〇（C.R.B. 已按一八折合F.R.B.）				

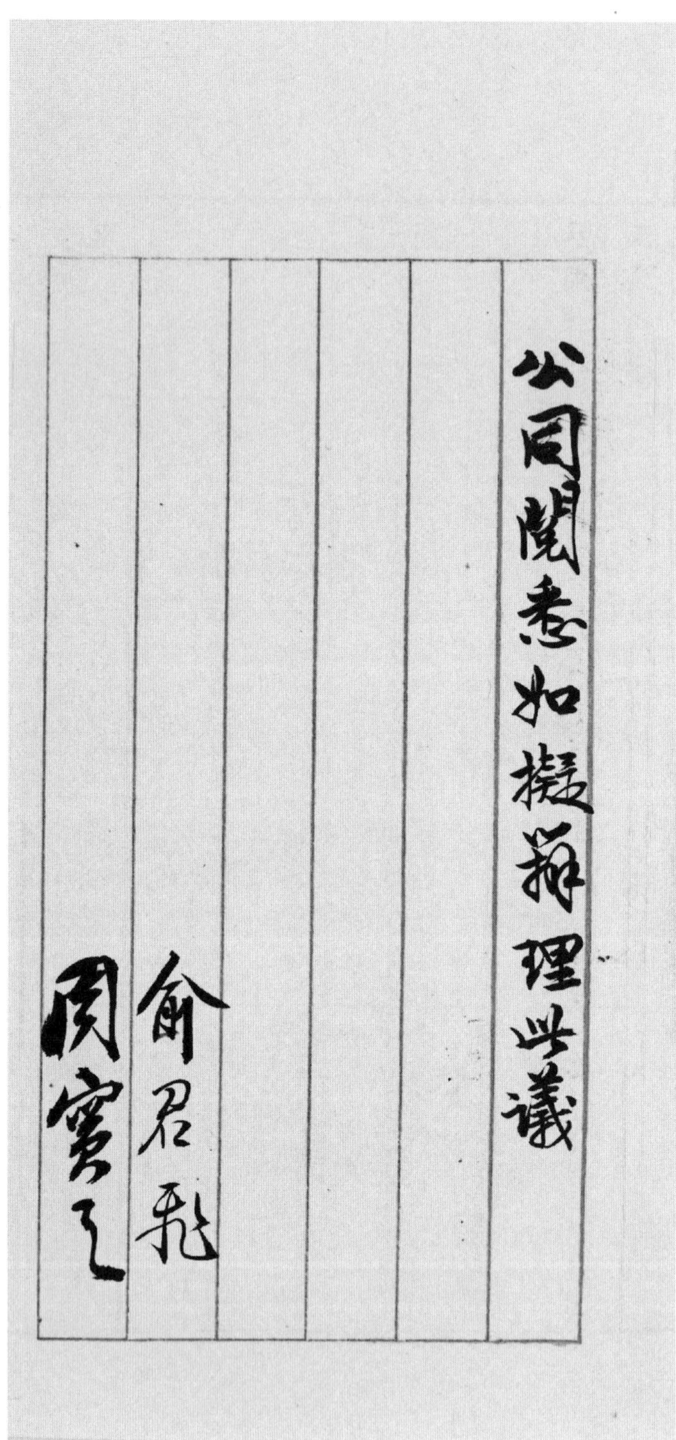

公司閱悉如擬辦理此議

俞君飛

周寶乙

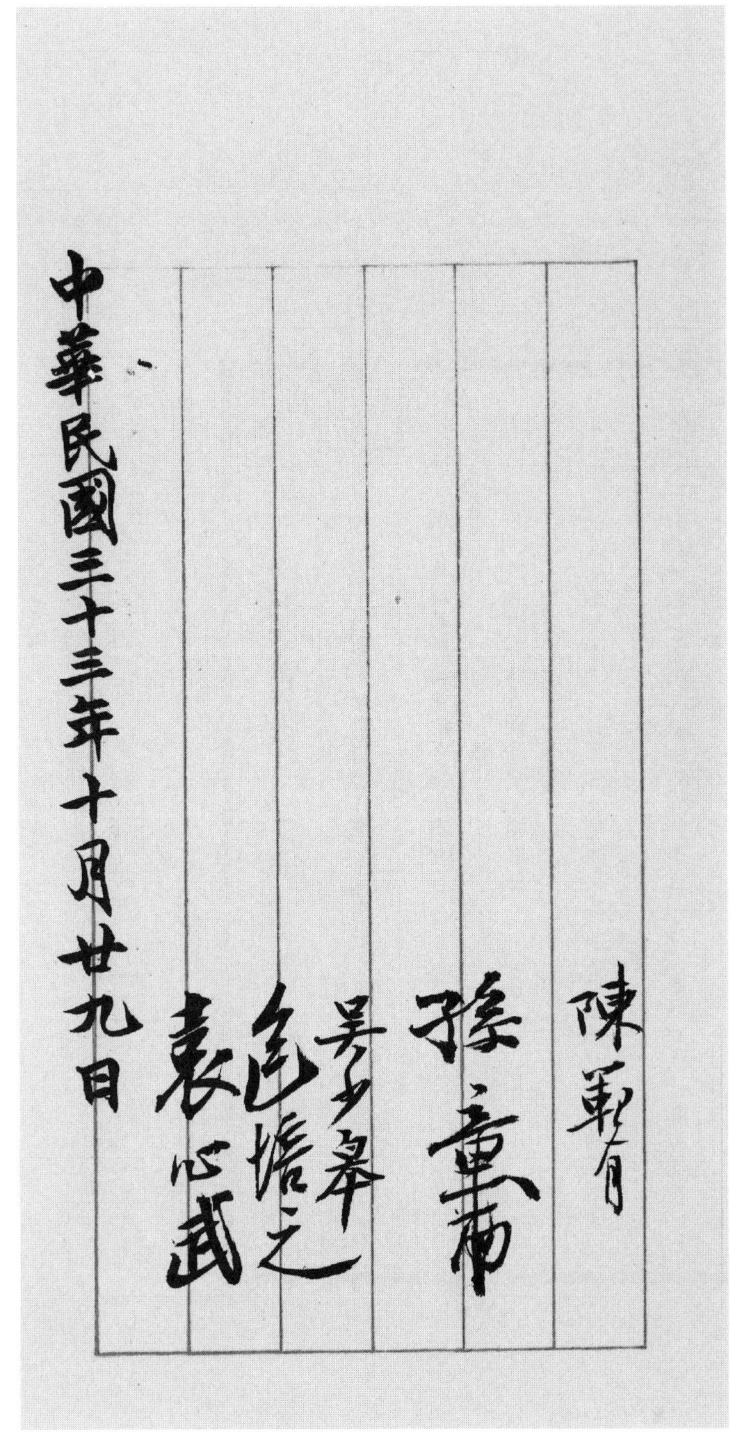

陳範有

孫章甫

吳少峯

包培之

袁心武

中華民國三十三年十月廿九日

江南水泥股份有限公司代表爲被拆第二、三批機件損失賠償與（日）華北輕金屬公司代表的第一次談話記録（一九四四年十一月二十日）

檔　號：1041-1-36

第一次談話紀錄

日時　三十三年十一月二十日下午四時半

地點　北京南長街華北輕金屬公司

出席者　沙詠滄周修曾綾部輕金屬常董

首由沙處長言及本人係受江南水泥公司之託爲二三批機件事業已由江南方面估價計合聯鈔一億二千萬元之譜特來請貴公司即按照南京大使館方面致國府實業部之公文照付綾部答謂在未談到本題之先敝人願向江南方面僅致謝忱並對於江南股東深感同情至於如何賠償江南方面之損失實爲余最所憂慮者適聞及江南方面已將二三批機件估價計爲一億二千萬元之譜數字之龐大實令人驚

討但就權利義務而言江南之來索款是正當之權利而敝公司方面應立時付款者亦
當然之義務不過今願就個人之意見對此事略發表一
二意見輕金屬公司雖爲股
份有限公司資本金亦收足三千萬元但就其事業之性質而言之非營利性事業係
屬諸國家事業者蓋不待言目下輕金屬公司實際所用款項已超出股本之十倍此
項巨款既不能取之於股東則不外賴諸大東亞省及現地使館之援助也故現時輕
金屬公司雖動用分文亦不能不請示使館或政府方面至於江南方面提出之一億
二千萬元更爲龐大之費用設若無政府方面之支持則輕金屬公司方面實無法以
籌付也不過請兩位萬勿誤解輕金屬公司方面絕無不履行義務之念特余不能不
將敝公司方面現狀加以說明耳其次余以爲在江南方面旣被拆除六大件輕金屬

方面雖償還一億二千萬元得以製造二三批機件就此等附屬機件豈能復工乎再就華中方面之實際情形而言燃料既缺之電力復不足似絶無復工之可能也目前對於江南之援救補助方法惟在如何使其再生故僅以一億二千萬元之金錢付諸江南是絶非使江南再生之道也沙處長答曰敝人等不過係受江南之託代領此項機件之價款未便表示其他意見至於江南能再生與否更非敝人等能答復不過余意江南處目下境況之下有諸種急需之款有待於輕金屬之付還第二三批機件造價在貴公司藐視之雖覺款數甚鉅但際目下物價昂騰不止之時若此案遲不解決恐日後造價更高貴公司將更見困難綾部曰適才余所言者純係個人意見江南以極誠意之態度爲協助完成大東亞戰爭起見而犧牲所有之機器是吾人最感動者

在輕金屬公司方面爲報答江南之恩德亦極願在可能範圍內以最誠意之態度以
解決該問題同時並願以不妨害雙方人民之感情爲原則以履行義務在余個人意
見以爲啓新公司與江南公司爲姊妹公司啓新股東大多係江南股東江南 在現時
以種種情形不克復工而啓新方面以吾人亦必有種種困難問題故不如極力援助
啓新解决各種困難問題是亦不外答謝江南之道也沙處長答謂尊意啓新與江南
爲一家協助啓新即係答謝江南之道云云實屬誤解啓新股東固有投資於江南者
但兩公司爲完全獨立各不相關之企業故對於此點希望特別注意萬勿混淆綾部
謂總之輕金屬公司方面在財政上絕對須顧使館方面之支持此次新任駐華公使
佈本閣下前因公偕油谷書記官赴南京時對此事亦有所接洽故江南方面最好直

接派人向使館接洽一面敝公司亦赴使館請示俾能取得一妥善之辦法以免有傷彼我之感情敝公司方面對於使館向江南提出之文書仍有尊重之誠意尚望江南能予以諒解也在華北使館方面此事係由油谷書記官擔當之二位盍不抽暇一晤油谷君一談耶言至此乃約定明晨互通電話連絡作第二次談話五時半辭出

紀錄　周修旨

江南水泥股份有限公司代表爲被拆第二、三批機件損失賠償與（日）華北輕金屬公司代表的第二次談話記録
（一九四四年十一月二十一日）

檔　號：1041-1-36

第二次談話紀錄

日時　三十三年十一月廿一日正午十二時半

地點　北京中央公園上林春

出席者　沙詠滄楊知然周修會油谷大使館書記官綾部輕金屬常董山內輕金屬事務局長

首由綾部稱昨日與沙周二位所談經過已大致與油谷君談妥即請各位借此機會逕向使館方面負責人油谷君一談旋由楊處長訊油谷謂江南所提出之二、三批機件製造費估價計一億二千萬元應由輕金屬公司方面照付使館方面對於此點有何意見油谷答稱余以爲此款可以不付蓋以南京大使館向實業部方面提出之公

文而論似有等待戰爭終了後再作計較之意在內故可以認爲在現時根本不討論之解釋（沙處長於此表示已閱過實業部公文並無此項規定）不過最近余件新公使赴南京時彼方面使館稱因鑑於江南之犧牲太大總以不傷害兩國人民感情爲原則應即時謀一解決之辦法本來該問題最初發端於華北後因交涉關係重心乃移於南京方面而南京方面每逢交涉之先又不通知華北使館待交涉成立後將條文送來即命照辦華北方面因不悉交涉之前後經緯實有難於照辦者如江南問題即其一例也不過華北方面亦不願事態之惡化徒傷雙方感情儘可能範圍內願以誠意解決此件也綾部謂昨日曾言及願援助啓新解決諸種困難以報江南之恩是最善之道蓋江南以一億二千萬元造出附屬機件亦不見得能復工也楊周當同

時答曰請使館方面及輕金屬公司方面對啓新與江南之關係認清二者絕不可作

同日而語也油谷謂江南最初以善意相助在今日何不仍本諸最初之意旨以解決

此問題耶在今日吾人之共同目標爲如何完成戰爭若以此區區問題引起變方誤

會實不免爲憾事也楊處長詢以該問題究應由南京使館以解決之耶抑由華北使

館以解決之耶油谷謂當然在南北使館協商之下以解決之不過問題并不簡單恐

將移諸中央方面以決定之綾部謂總之此事責任實在輕金屬公司方面敝人亦屢

次言及願以最誠意之態度解決之要在能使江南復活耳油谷謂若江南取得一億

二千萬之代價能復工則該問題又當另作別論余以爲最好由江南方面直接派出

負責人向使館協商再與輕金屬公司方面作具體之討論是最善之策楊處長謂余

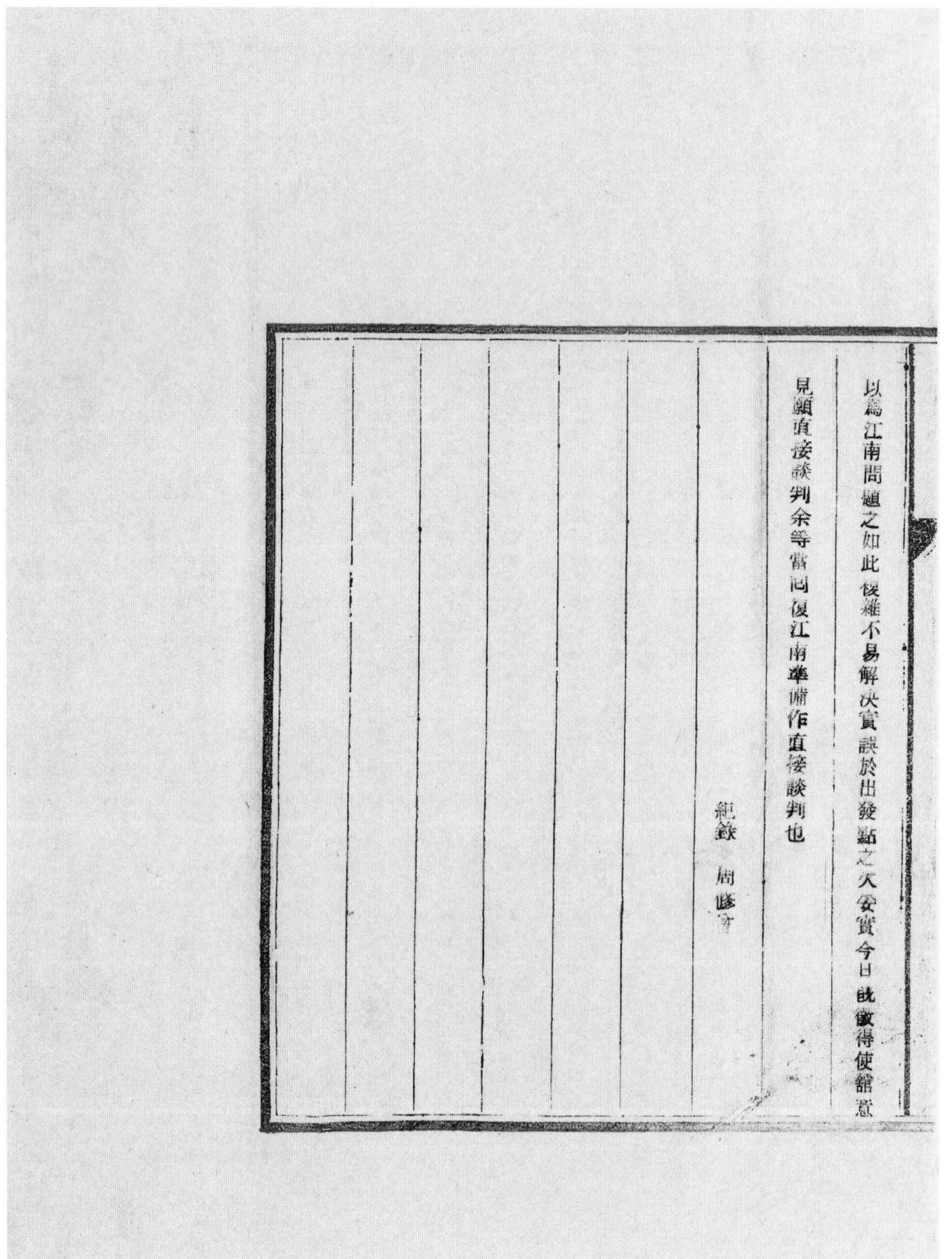

以爲江南問題之如此複雜不易解决實誤於出發點之欠妥實今日既欲得使館意見願直接談判余等當同復江南準備作直接談判也

紀錄　周修令

啓新洋灰股份有限公司北京辦公處通報向（日）華北輕金屬公司索還江南水泥廠第二、三批被拆機件造價及向日本駐北京大使館交涉經過致江南水泥股份有限公司函（一九四四年十一月二十二日）

檔號：1041-1-36

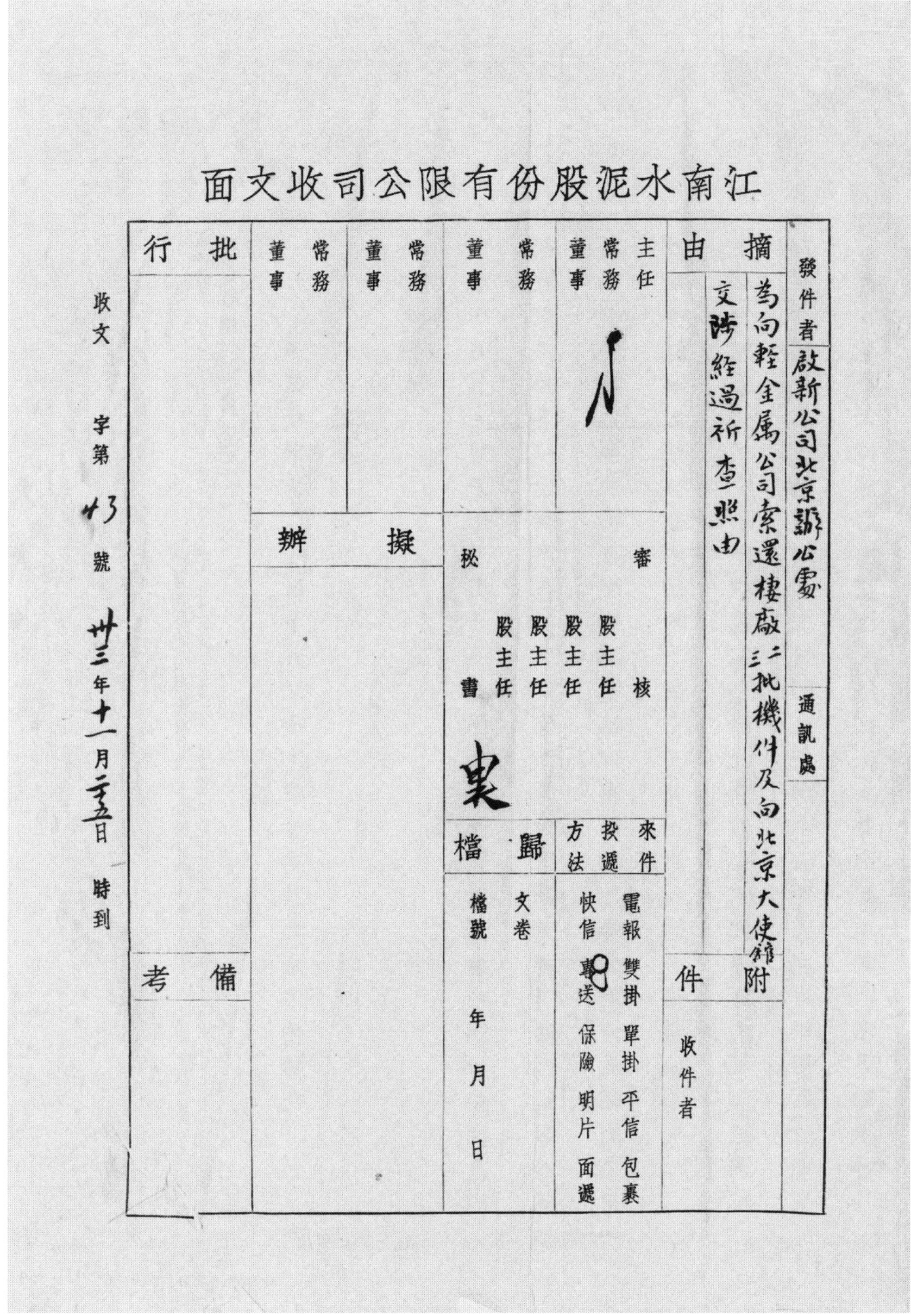

江南水泥股份有限公司收文面

發件者	啟新公司北京辦公處	通訊處
摘由	為向輕金屬公司索還棲廠二三批機件及向北京大使館交涉經過祈查照由	
附件		
收件者		

主任 常務 董事　常務 董事　常務 董事　常務 董事

批行

擬辦

審核　股主任　股主任　股主任　股主任　秘書　東

來件投遞方法：電報　雙掛　單掛　平信　包裹　快信　專送　保險　明片　面遞

歸檔：文卷　檔號　年　月　日

備考

收文　字第43號　卅三年十一月二五日　時到

啓新洋灰股份有限公司北京辦公處

啓京總卅三雜項一三之一一

索還棲廠第二三批機件造價向輕金屬及北京大使館交
涉經過請　察照由

敬啓者接奉
尊處十月廿七日及十一月十八日兩函附來實業部致堀内公使函及同
部批文抄件各一份囑向關係方面交涉等因敬悉當經　敝處涉處長偕同
周秘書於昨日往訪輕金屬凌部常務理事據稱　尊處所索棲廠第二三
批機件訂造價款總値中儲幣六萬七千九百萬元折合聯幣約達一萬二
千萬之巨本公司資本總額僅三千萬元若非得大使館實力支援殊感無
力償還且該項造還機價報價證明文件未承江南方面寄來更難受理又
云目下北京大使館方面正由油谷書記官考慮該項問題希與油谷君一

江南水泥股份有限公司爲送第二、三批拆件造價單請轉華北輕金屬公司討價制還事致實業部的呈文

（一九四五年一月十日）

檔號：1041-1-36

副張

DUPLICATE

呈爲呈請事

中華民國卅四年壹月拾日

中華民國卅四年壹月拾日

呈爲呈請事查去年十月間敝廠呈送第二三批拆卸機件造價單請轉送日本大使館迅飭華北輕金屬公司付價製還一案前奉

鈞部三十三年十月二十日批示業經轉函辦理等因紉感無似惟查前送造價單適用期間係至十月底止現在逾期已久近兩月來一般物價又復昂騰不少付還愈遲則購製需款愈多擬懇

鈞部體念商艱再予轉函日本大使館催飭華北輕金屬公司速依諾言尅日償付以昭大信實爲德便謹呈

實業部部長陳

江南水泥股份有限公司呈

董事長顏駿人

江南水泥股份有限公司爲請按第二、三批被拆機件造價支付致（日）華北輕金屬股份有限公司函（附估價清單）（一九四五年三月十四日）

檔號：1041-1-36

一

逕啓者查上年七月間
貴公司拆移敝公司棲霞山工廠第二三批機件時曾奉
國民政府實業部工字第九二號訓令以准
日本大使館城內公使六月二十日經第二三三號公函聲明該項機件拆出
後由華北輕金屬公司在上海製造交還等因嗣經敝公司交由上海廠家估
定造價共需儲備券陸萬柒千玖百萬元於十月間將該項估價單呈送
實業部轉送
日本大使館在案現已數月迄尚未承

中華民國卅四年叁月廿七日收到

江南水泥股份有限公司

二

貴公司遺戚交還茲悉
貴公司擬按照估價單內所列造價付給敝公司自行定造其中三分之二款額以儲備券付給三分之一款額按本年三月十二日上海市場金價易成黃金付給各節去敝公司可以同意相應檢同估價單一份備函佈達即希
查照支付並見復為荷此致
華北輕金屬股份有限公司

江南水泥股份有限公司啓

附第二（三）批拆移機件估價單一份

四　三　十四

江南水泥股份有限公司

拆移機件之名稱件數清單

33年7月3日實業部工字921號訓令之附件

品名	金額	
(一)原料粉碎機及仕上粉碎機之附屬品		
(1) Table Feeders 四台之附屬品		
1 電動機四	1·056·000	E
2 減速機四	1·380·000	M
3 起動止動裝置四	5·400·000	E
4 電線一式及電線管子	1·500·000	E
(2) 635 K W 電動機四台上之附屬品		
1 電纜及電線共一式及電線管子	4·395·000	E
2 配電盤一式	6·350·000	E
(3) Slide Shoe Pumps 四台上之附屬品		
1 起動止動裝置一式	4·600·000	E
2 管類油及其附屬各件一式	1·600·000	EM
(4)減速機內所用潤滑油全部		
(5)吸塵器（管類，風車，馬達）	6·330·000	EM
(二)原料及仕上機電動機室內天井手動走行機一具	3·638·000	M
(三)旋窯之附屬品		
(1)Air Seal 二台	600·000	Y
(2)吸煙風車二台	11·820·000	M
(3)至煙突之鐵板煙道二組	6·780·000	M
(4)電動機（包括起動止動裝置及電線）二組	8·360·000	E
(5)風車所用之電動機（〃 〃）	32·470·000	E
(6)Control panel （包括管類）二組	18·000·000	E
(7)Roller Bases For 2 Kilns 十八個	41·460·000	M
(8)輪（附於窯內者）二窯均有	21·750·000	M
9 備存火磚一式	15·300·000	Y
10 電線電線管子電纜水管子及附件全部	15·668·000	EMY
(四)立式空氣泵（馬達及附屬機器一組）三座	32·582·000	EM
(五)室外變壓器四座	165·000·000	E
(六)搖動式輸送機馬達在內（包括起動止動及電線）一座	5·760·000	EM
(七)原料泵（馬達及附屬機器一組）五台	24·690·000	EM
此外原料倉下及出泵至原料倉間鋼管一組		
(八)煤磨 20×7m 一座	58·650·000	M

江南水泥股份有限公司

中華民國卅四年叁月廿七日收到

該磨附屬機器

(1)送煤管子一座

(2)煤磨用馬達一座（包括起動止動裝置及電線一組） 14·500·000E

(3)分別煤粗細之機器一座

(4)餘熱利用管及煤磨附屬鋼管等一式

(5)煤倉及粉煤引出裝置二分

(六)配電線（但工廠使用配給水電[illegible]電石灰石採掘及粉碎用部分除外） 23·858·000E

(七)成品輸送泵一座及輸送管一式 9·568·000M

(八)成品計量自動秤一個 3·190·000M

(九)關稅裝箱費運費及裝工 135·812·500

總　　計　　C·R·B·$679·062·500·00

SHANGHAI
October 3, 1944

第二三批機件估價更改記錄

減　第一節第(四)項減速機內……油全部　減 #5,760,000 $\frac{00}{100}$

加　第一節第(三)項乙、管類由……各件一式　加 #100,000 $\frac{00}{100}$

"五"　室外變壓器四座　5,000,000 $\frac{00}{100}$

"六"　搖動式……一座　660,000 $\frac{00}{100}$

總計 #5,760,000 $\frac{00}{100}$

Revised on:
March 27, 1945

江南水泥股份有限公司

日本駐汪僞政府大使館爲江南水泥廠被拆機件代價的最終決意致僞實業部函（附請付書及領收證等）

（一九四五年三月十六日）

檔　號： 1041-1-36

敬啟者，昨將前用電話奉告之江南水泥公司機器之代價，對表寺上希予協力解決是荷。

關於此事係日方之最後決意，華北聯金屬代用一大使館方面之勸說支付六億餘萬巨款，已盡相當努力。至於支付一部份金條，係江南水泥公司方面所希望者。

此致

實業部次長姜

日本駐華大使館

石黑四郎

中華民國卅四年

行政院合作事業委員會用牋

中華民國卅四年叁月拾九日收到

中華民國卅四年參月拾九日收到

江南水泥第二次及第三次供出機器代價ニ關スル件

一、第二次及第三次供出機器ニ對スル代金ハ儲備券六億七千九十萬圓トス

二、右代金ノ內二億二千六十萬圓ニ限リ時價ヲ以テ北支手持金條ノ賣却ニ應スルモノトス

參考

金條一一〇兩ー三〇〇瓦）時價二、五〇〇、〇〇〇圓トスレバ約二七瓩トナル

在中華民國日本大使館

(19. 10. 5.000)

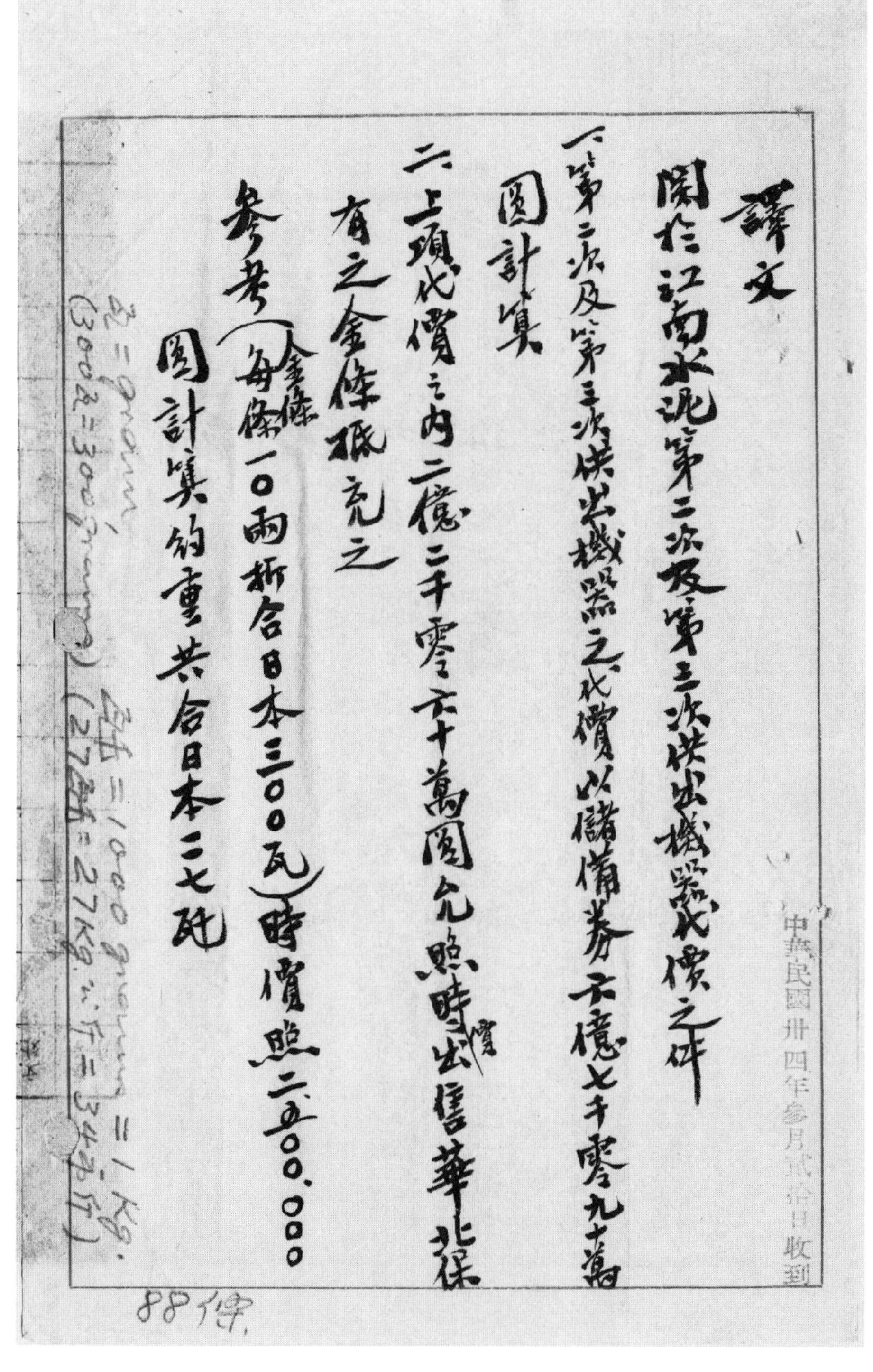

中華民國卅四年叁月貳拾日收到

譯文

關於江南水泥第二次及第三次供出機器代價之件

一、第二次及第三次供出機器之代價以儲備券六億七千零九十萬圓計算

二、上項代價之內二億二千零六十萬圓允照時價出售華北保有之金條抵充之

參考（金條每條一〇兩折合日本三〇〇瓦）時價照二、五〇〇、〇〇〇圓計算約重共合日本二七瓩

瓩=1000 gram=1 Kg.（27瓩=27Kg.=54市斤）

瓦=gram（300瓦=300 gram）

88條

第 一 頁　　年　月　日

請付書

一、請付款額為儲備券陸億柒仟玖百零陸萬貳仟伍百元整

右列款項係根據左記事項及辦法而請付者

(一)所請付之款項係遵照國民政府實業部工字第九二一號訓令暨工字一七八號批示抄發實業部致瑞內公使工字第四四二號函指定供給之第二批第三批機件按在上海製造及輸送以及包裝之費用

第二頁

(二)所請付之款項內儲備券叁億叁千玖百伍拾叁萬壹仟貳百伍拾元之付款地點经敝公司指定上海某銀行由輕金屬公司自北京滙出之日起作為付清

(三)所請付之款項內壹億壹千壹百伍拾柒萬壹仟貳百伍拾元之折合聯銀券(計貳千零零捌萬貳千捌百貳拾五元)在天津付款

(四)所請付之款項除第二項第三項外尚餘儲備券貳億貳千柒百玖拾陸萬元之折合金條付給

(五)金條按照民國三四年三月十三日上海金條收盤行市計算折合

年　月　日

第三頁

（六）全件交付地點在天津正金銀行

以上各項敬祈

答照此致

華北輕金屬股份有限公司

董事長趙智主一郎台照

僅在華文上簽董事長名章，譯文末蓋章

領收証同

董事長

中華民國三十四年三月二十日

年　月　日

第　頁　年　月　日

今收到

華北輕金屬股份有限公司付來金條捌百貳拾兩

右列金條係根據民國三十四年三月二十日敝公司提出之

請付書內第四項至第六項所載儲備券貳億貳仟

柒百玖拾陸萬元按照同年三月十三日上海金條收盤

行市（每條儲備券貳佰柒拾捌萬元）折合者 此致

華北輕金屬股份有限公司

董事長 越智圭一郎 台鑒

董事長

中華民國三十四年三月　日

第　頁　年　月　日

今收到

華北輕金屬股份有限公司付來聯銀券貳仟零零捌萬貳仟捌百貳拾伍元整

右列款項係根據敝公司於民國卅四年三月二十日提出之請付書内屬於第三項之部份此致

華北輕金屬股份有限公司

董事長　越智圭一郎　台照

董事長

中華民國三十四年三月　日

第　頁　年　月　日

今收到

華北輕金屬股份有限公司付來儲備券叁億叁千玖百伍拾叁萬壹仟貳佰伍拾元整

右列款項係根據敝公司於民國三十四年三月廿日提出之請付書內屬於第二項之一部份　此致

華北輕金屬股份有限公司

董事長　越智主一郎　台照

董事長

中華民國三十四年三月廿一日

羅仲平關于江南水泥廠第二、三批被拆機件造價與日方商談經過情形致江南水泥股份有限公司董事會的報告（附以黄金償付理由書）（一九四五年三月二十三日）

檔　號：1041-1-36

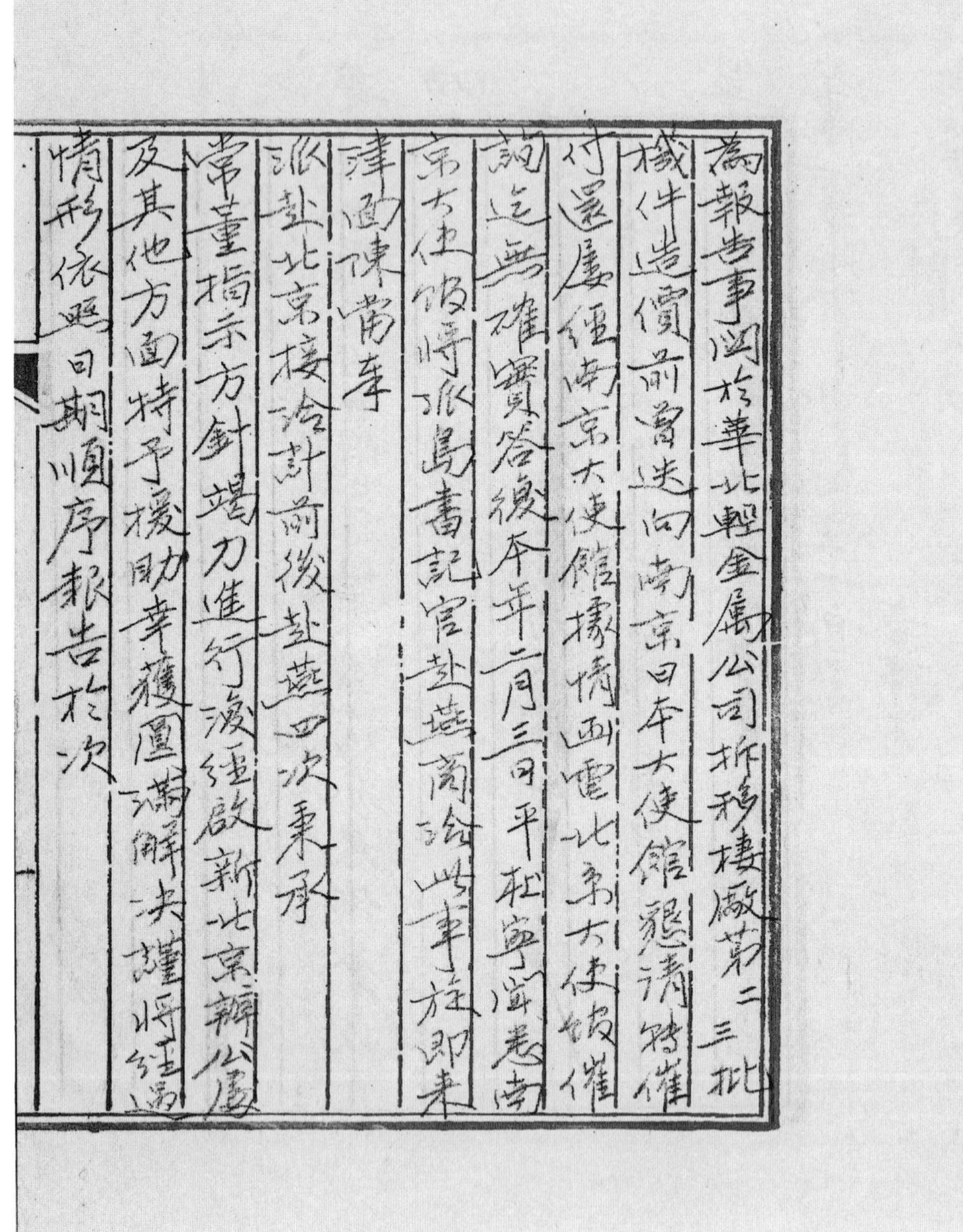

為報告事關於華北輕金屬公司拆移棲厰第二三批機件造價前曾送回南京日本大使館懇請轉催付還屢經南京大使館據情函電北京大使館催詢迄無確實答復本年二月三日平杉寧函悉南京大使館將派島書記官赴燕商洽此事旋即來津面陳當本派赴北京接洽前後赴燕四次秉承常董指示方針竭力進行後經啟新北京辦公處及其他方面特予援助幸獲圓滿解決謹將經過情形依照日期順序報告於次

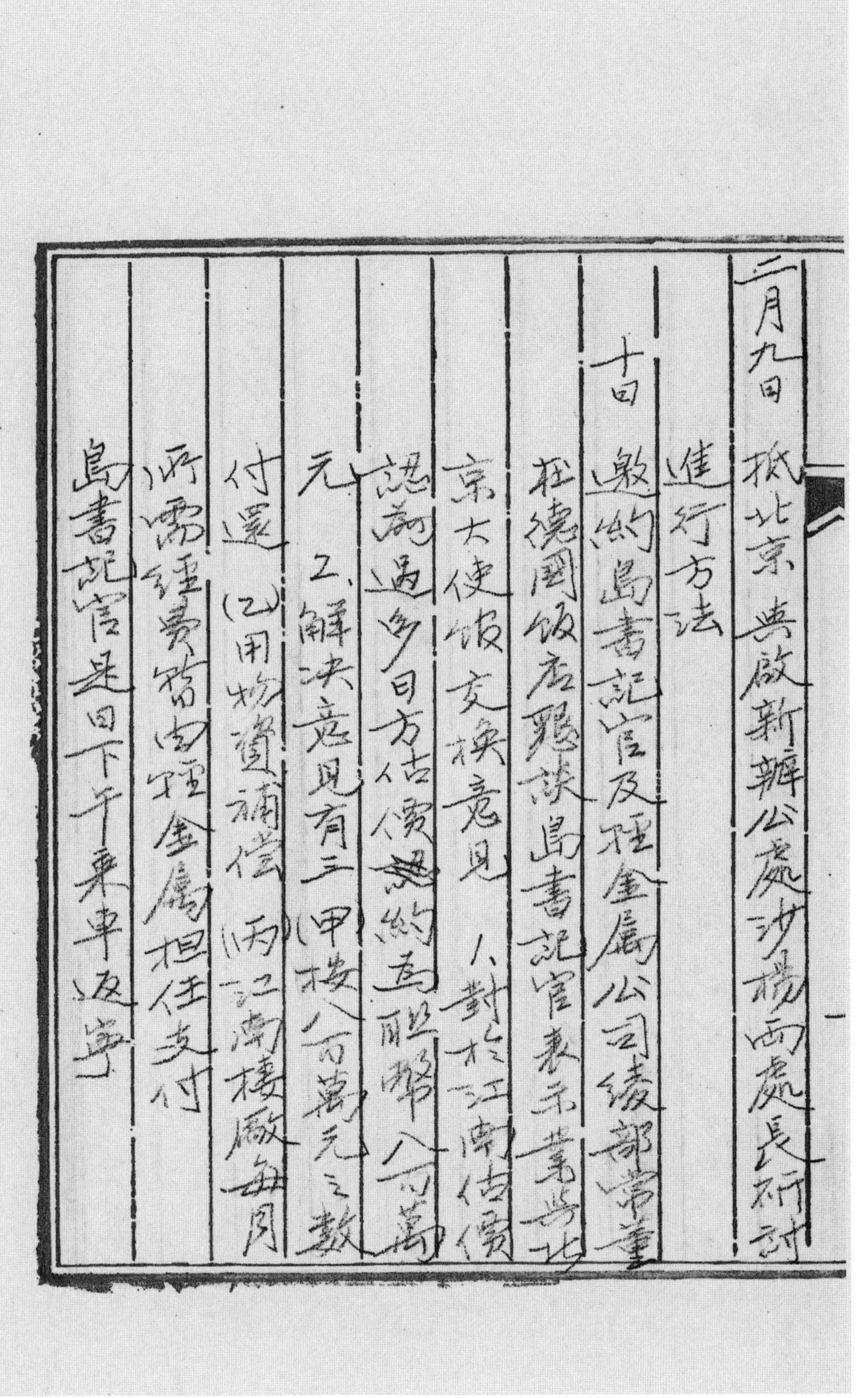

二月九日　抵北京　與啟新辦公處沙楊兩處長研討

進行方法

十日　邀約島書記官及理金屬公司綾部常董

在德國飯店聽談島書記官表示業與北

京大使館交換意見　八對於江南估價

認爲過多日方估價照約爲聯幣八百萬

元　乙、解決意見有三（甲）按八百萬元之數

付還　（乙）用物資補償　（丙）江南樓廠每月

所需經費暫由理金屬擔任支付

島書記官是日下午乘車返寧

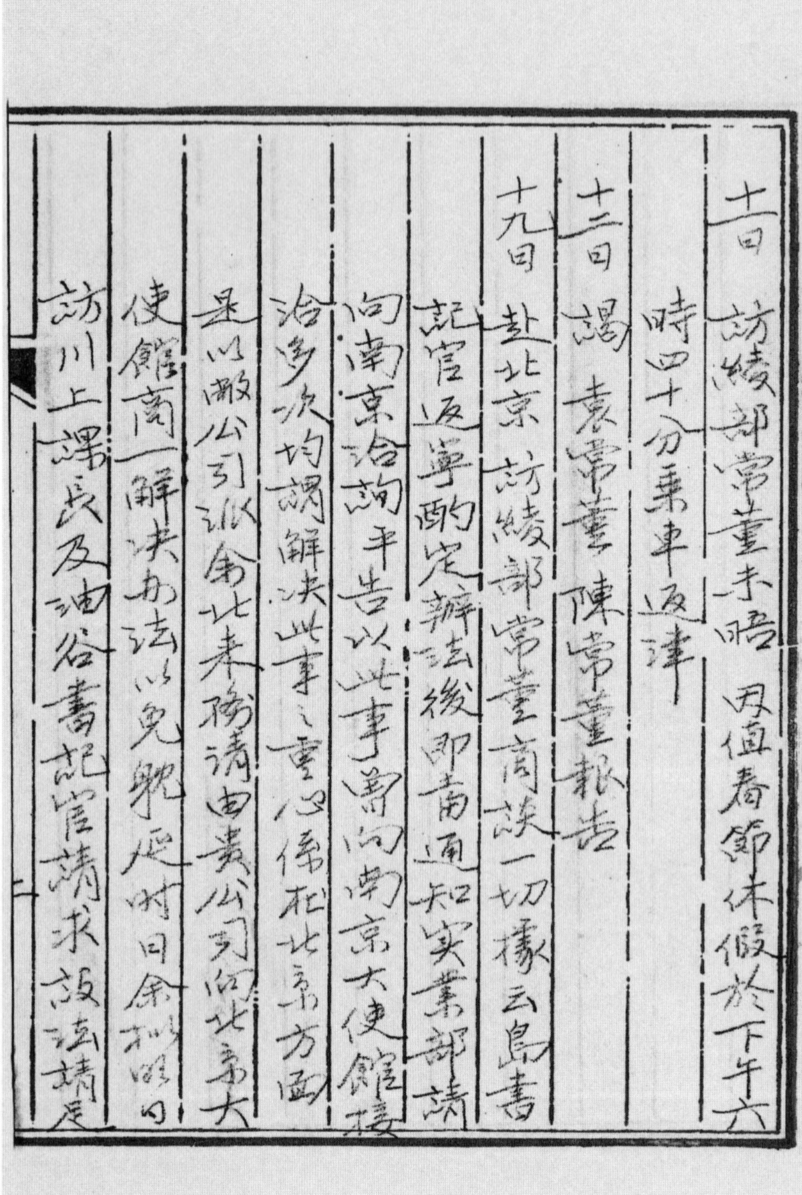
十一日　訪綾部常董未晤　因值春節休假於下午六
時四十分乘車返津
十二日　謁袁常董　陳常董報告
十九日　赴北京　訪綾部常董商談一切　據云島書
記官返寧酌定辦法後即當通知實業部請
向南京洽詢　平告以此事曾向南京大使館接
洽多次均謂解决此事之重心係在北京方面
是以敝公司派余北来務請由貴公司向北京大
使館商一解决办法以免耽延時日余擬明日
訪川上課長及油谷書記官請求設法請是

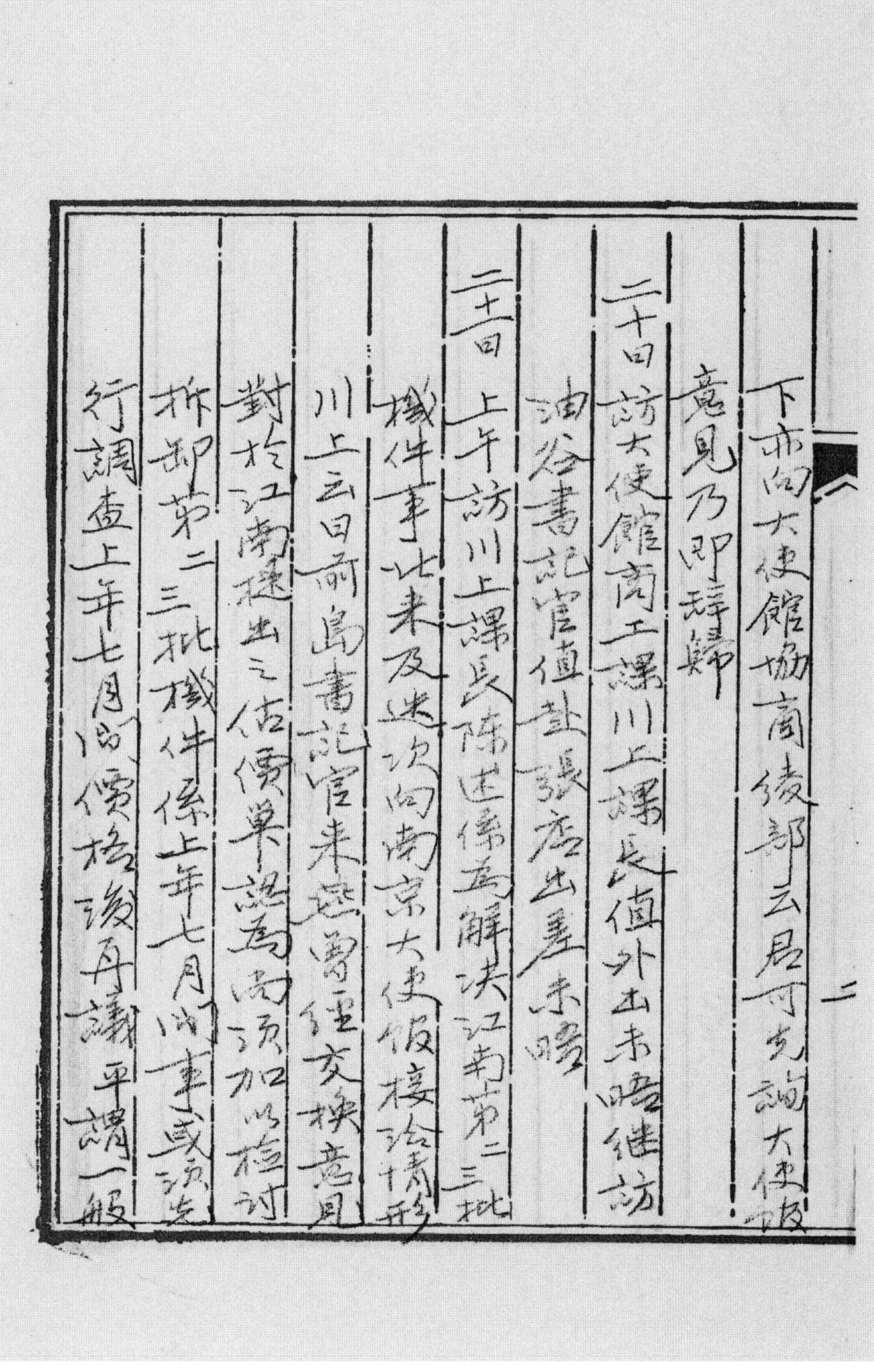
下午向大使館協商後部云君可先詢大使館
意見乃即辭歸
二十日訪大使館商工課川上課長值外出未晤繼訪
油谷書記官值赴張店出差未晤
二十一日上午訪川上課長陳述係為解決江南第二三批
機件事此來及述次向南京大使館接洽情形
川上云日前島書記官來還曾經交換意見
對於江南提出之估價單認為尚須加以檢討
拆卸第二三批機件係上年七月間事或須先
行調查上年七月間價格後再議平調一般

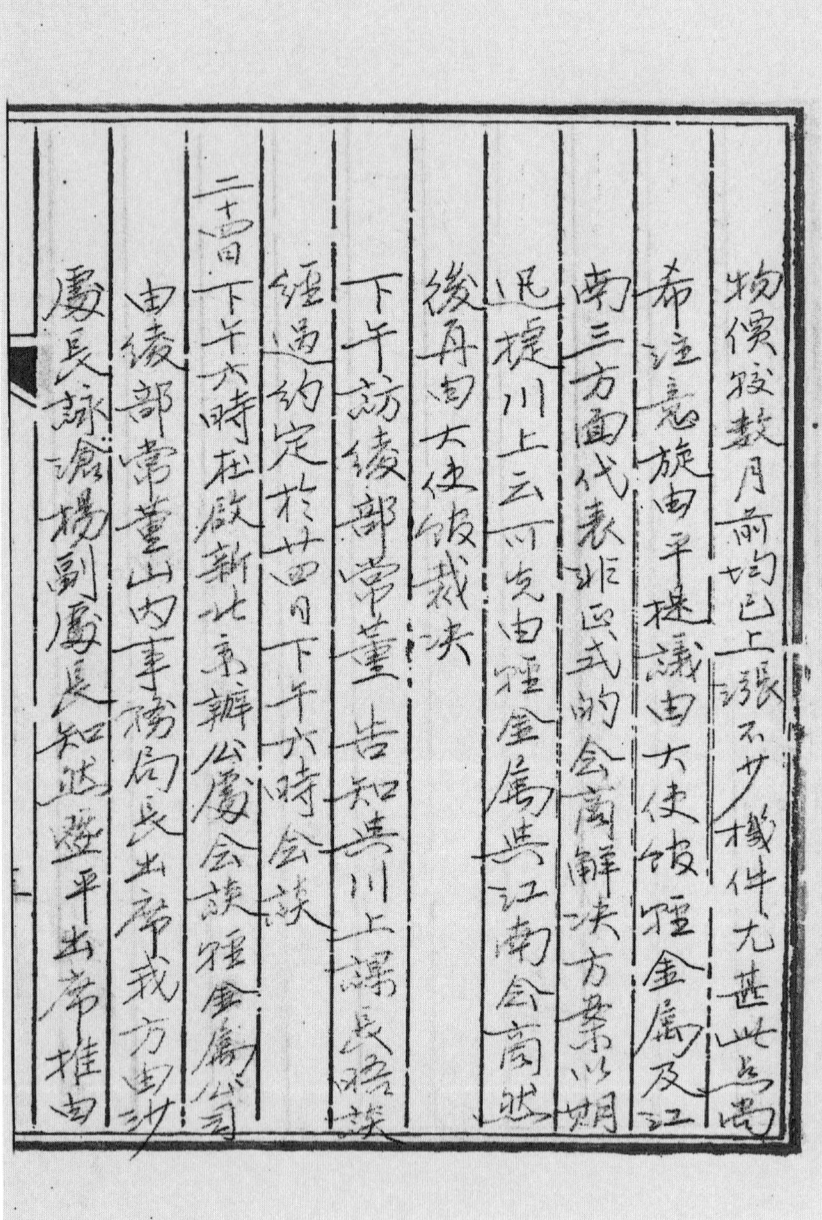

物價較數月前均已上漲不少，機件尤甚，此為

希注意。旋由平捷議由大使館、經金屬及江

南三方面代表非正式的会商解決方案，以期

迅捷。川上云可先由經金屬與江南会商，然

後再由大使館裁決。

下午訪儀部常董，告知與川上課長晤談

經過，約定於廿四日下午六時会談。

二十四日下午六時赴欽新北京辦公處会談，經金屬公司

由儀部常董、山內事務局長出席，我方由沙

處長詠滄、楊副處長知然、盧平出席，推由

三

楊副處長知照發言略謂江南第二三批機件造價事現得川上商工課長諒解先由江南與禮和商討解決方案再請大使館裁決茲由江南代表提出一解決案擬請禮和屬公司將估定之第二三批機件造價總額儲幣六萬萬七千九百萬元約合聯幣一萬二千萬元折成黃金支付按上年十月底金價每兩約為聯幣一萬元計應付給黃金一萬二千兩並將平所擬之理由書（附呈底稿一份）加以說明旋由平告以江南臨時出灰計劃業經擬就需款甚殷

務請從速付還

綫部云　八、現值戰爭時期日本内地工廠爲協力戰爭而受損失者甚多，中國係參戰國家，江南對於此事似應隱忍，最好待至戰爭終了時解決　九、關於詳估價格，應詳加審查，據日方估計不過八百萬元之譜，江南前送之估價單應重加檢討　十、支付黄金恐有困難，金價應按現時市場價格核算　十一、以物資償還似較適宜

楊副處長知照云　八、江南所有之機器全部供其

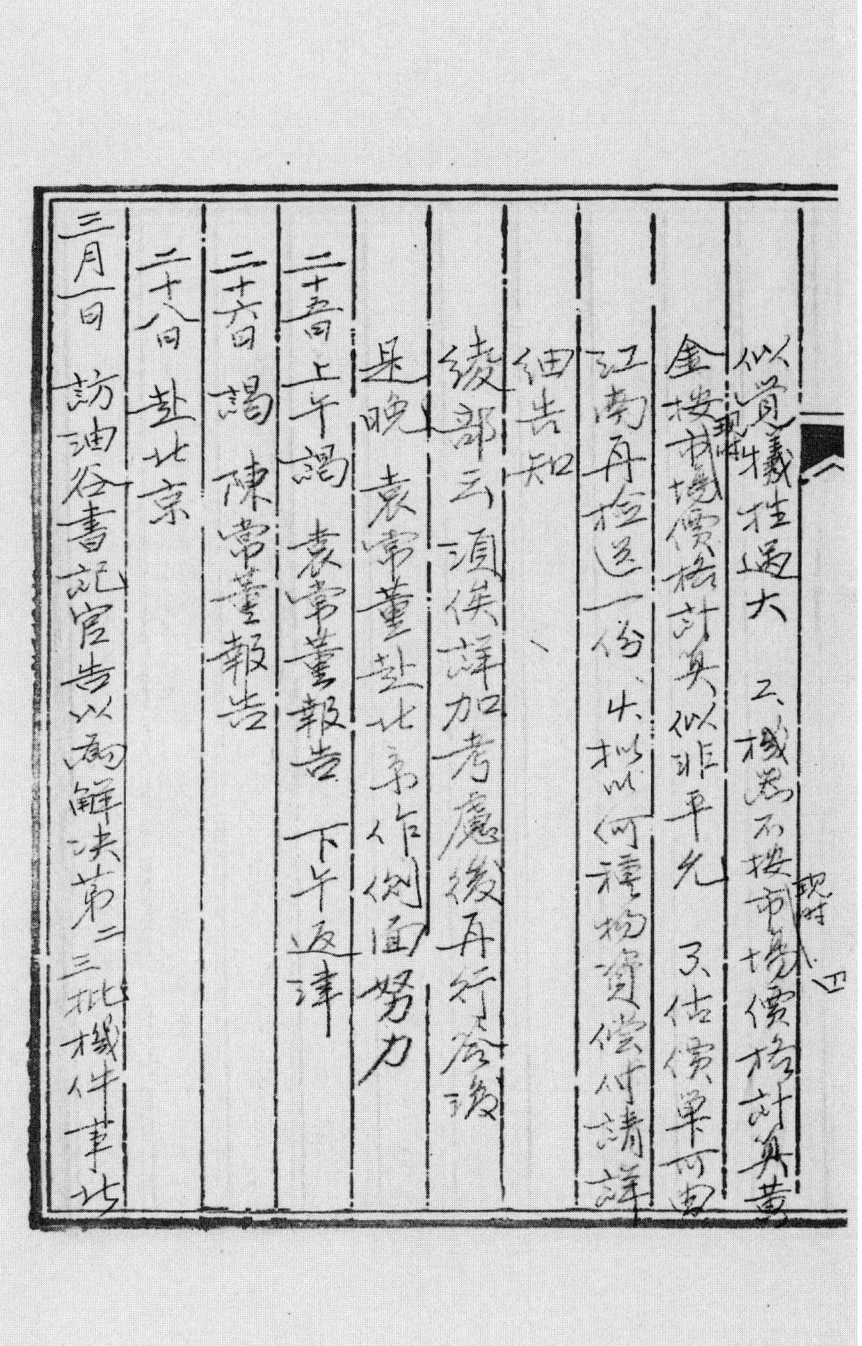
似覺議估過大 二、機器不按現時市場價格計算黄
金按現時市場價格計算似非平允 又估價單所由
江南再檢送一份、4、擬以何種物資償付請詳
細告知、
經部云須俟詳加考慮後再行答覆
是晚袁常董赴北京作側面努力
二十五日上午謁袁常董報告 下午返津
二十六日謁陳常董報告
二十八日赴北京
三月一日訪油谷書記官告以為解決第二三批機件事比

來及回前與種金屬公談情形並將江南提出之償
付黃金案加以說明油谷云已與綾部談及詢問
原估價格係由何廠估計及款額總數並黃金如何
折合等項當經一一詳答油谷云此事既經南京
大使館應允送還當然須設法解決惟款額較
鉅非詳加研究及與各方連絡後不能決定辦法
須俟研究妥洽始克答復
三回訪綾部常董詢問對於江南提案已否研商
得有結果據云此事非仰賴大使館及政府不能
解決已將江南提案及彼所提之解決案向大

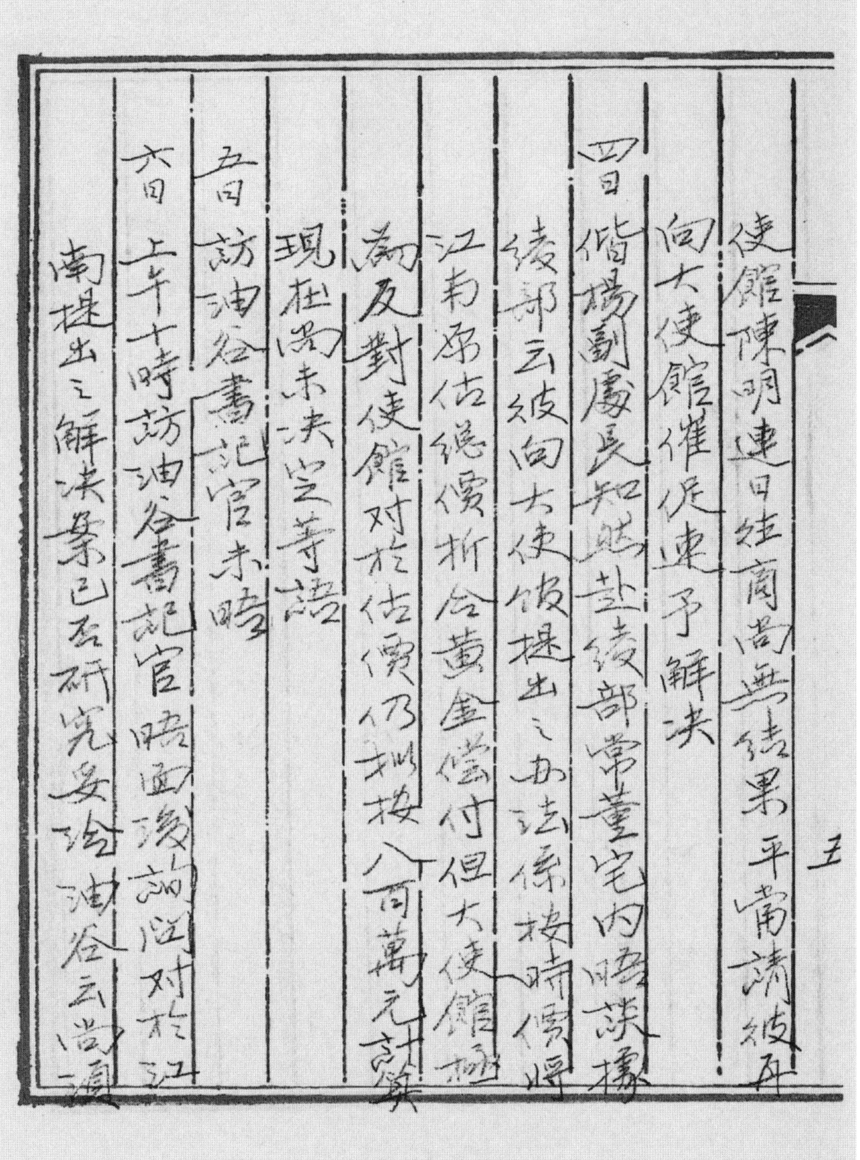
使館陳明連日往商尚無結果平常請彼再　五
向大使館催促速予解決
四日　偕揚副處長知照赴綾部常董宅内晤談據
綾部云彼向大使館提出之办法係按時價賠
江南原估總價折合黃金償付但大使館極
力反對使館对於估價仍擬按八百萬元計算
現在尚未决定等語
五日　訪油谷書記官未晤
六日　上午十時訪油谷書記官晤面後詢以对於江
南提出之解决案已否研究妥洽油谷云尚須

稍候數日詢以研究至何程度油谷乃轉詢平云
君是否有交涉全權倘接江南所送之估價總
額以儲備券支付君有權接受否平答謂
余因向南京大使館催問多次均無結果特由
南京來此代表江南催請從速解決各常董均
在天津如解決辦法業已決定余可赴津請
示不悉尊意對於支付黃金辦法有何意見
油谷云頗為困難詢以能否用聯銀券支付油
谷思索片刻後謂可平謂如不以黃金支付
現時物價（卅三年十月估價時）又復昂騰甚多此點請注意旋

八

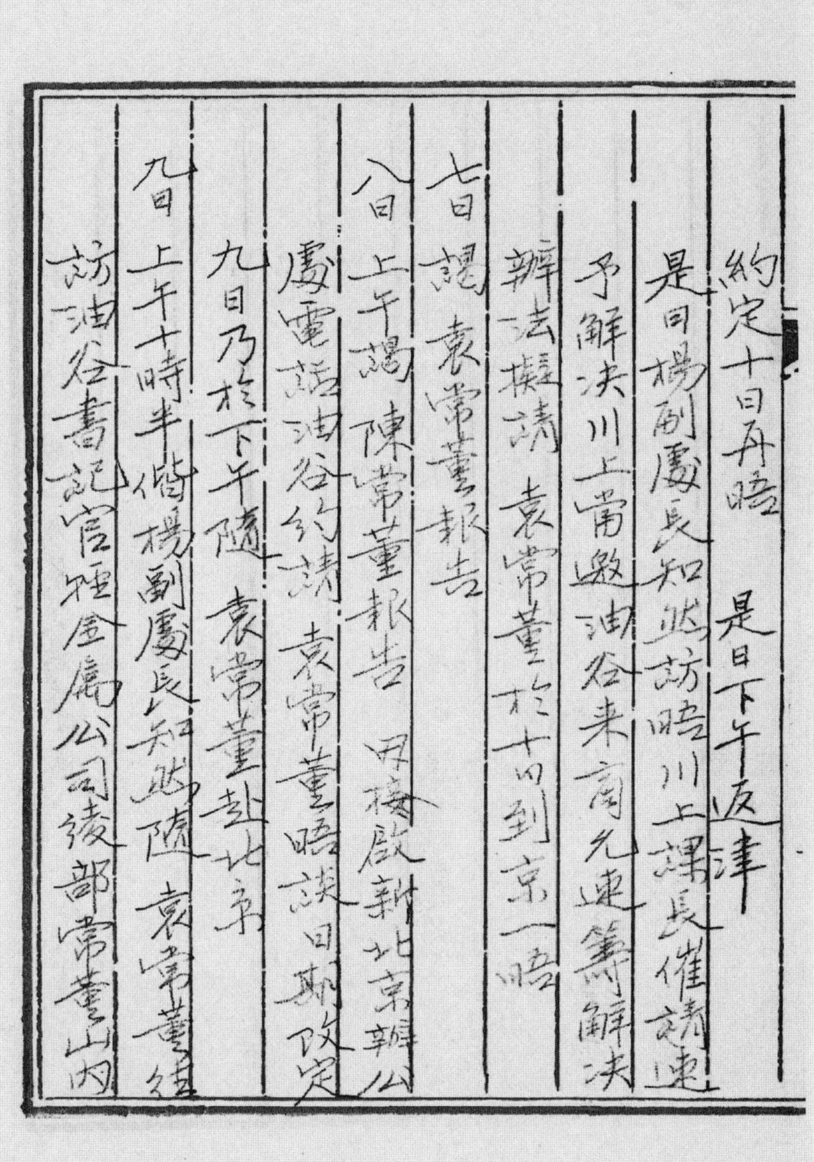
約定十日再晤　是日下午返津
是日楊副處長知照訪晤川上課長催請速
予解決川上當邀油谷來商允速籌解決
辦法擬請　袁常董於十日到京一晤
七日　謁　袁常董報告
八日　上午謁　陳常董報告　因接啟新北京辦公
處電話油谷約請　袁常董晤談日期改定
九日乃於下午隨　袁常董赴北京
九日　上午十時半偕楊副處長知照隨　袁常董往
訪油谷書記官暨金庵公司總部常董山內

事務局長伊藤課長均在座油谷云關於價格問題經金屬主張之八百萬元及江南主張按工年十月間金價折合黃金等於原估價額之四倍均可不必再加研究擬即照江南原送估價單所列款額以儲備券支付如江南同意余可徵詢使館各關係部課意見後予以解決袁常董仍請用黃金支付四分之三或二分之一油谷云如堅持黃金此事即無法解決後部云如江南購買黃金經金屬或可任斡旋之勞油谷云原則上仍用儲備券支付能代斡

七

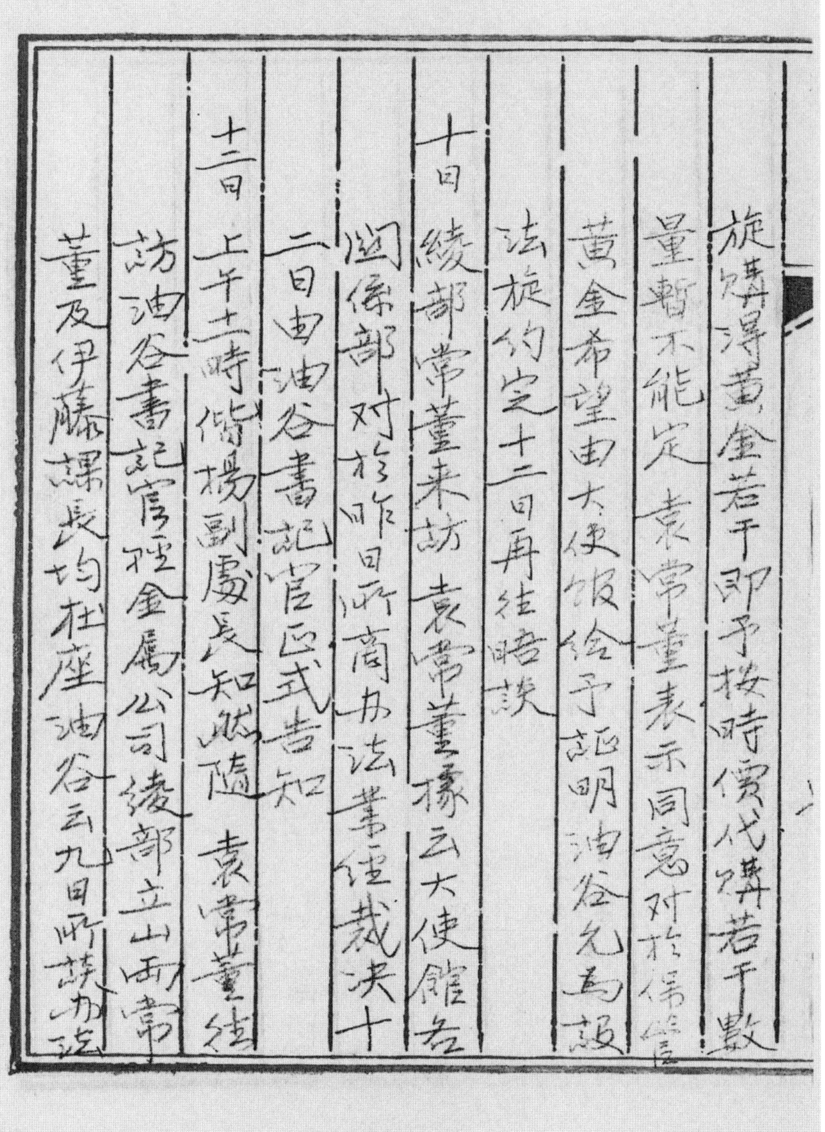

旋購得黃金若干即予按時價代購若干數
量暫不能定 袁常董表示同意对於保管
黃金希望由大使館給予證明油谷允為設
法旋約定十二日再往晤談
十日 綾部常董来訪 袁常董據云大使館各
關係部对於昨日所商办法業經裁決十
二日由油谷書記官正式告知
十二日 上午十一時偕楊副處長知照隨 袁常董往
訪油谷書記官經金屬公司綾部立山兩常
董及伊藤課長均在座油谷云九日所談办法

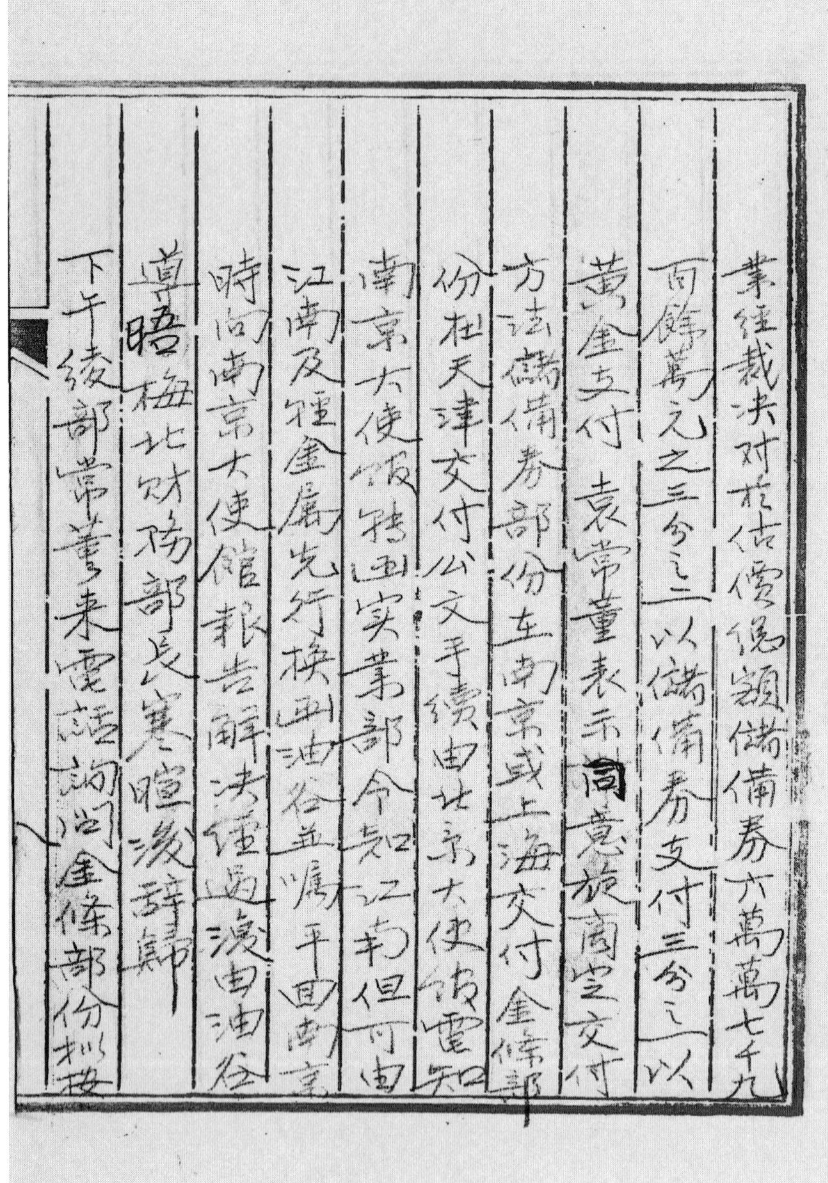
業經裁決對於估價總額儲備券六萬萬七千九
百餘萬元之三分之二以儲備券支付三分之一以
黃金支付　袁常董表示同意旋商定交付
方法儲備券部份在南京或上海交付金條部
份在天津交付公文手續由北京大使館電知
南京大使館轉函實業部令知江南但可由
江南及鍾金庸先行換函油谷並囑平田向南京
時向南京大使館報告解決經過後由油谷
導晤梅北財務部長寒暄後辭歸
下午總部常董來電話詢問金條部份擬按

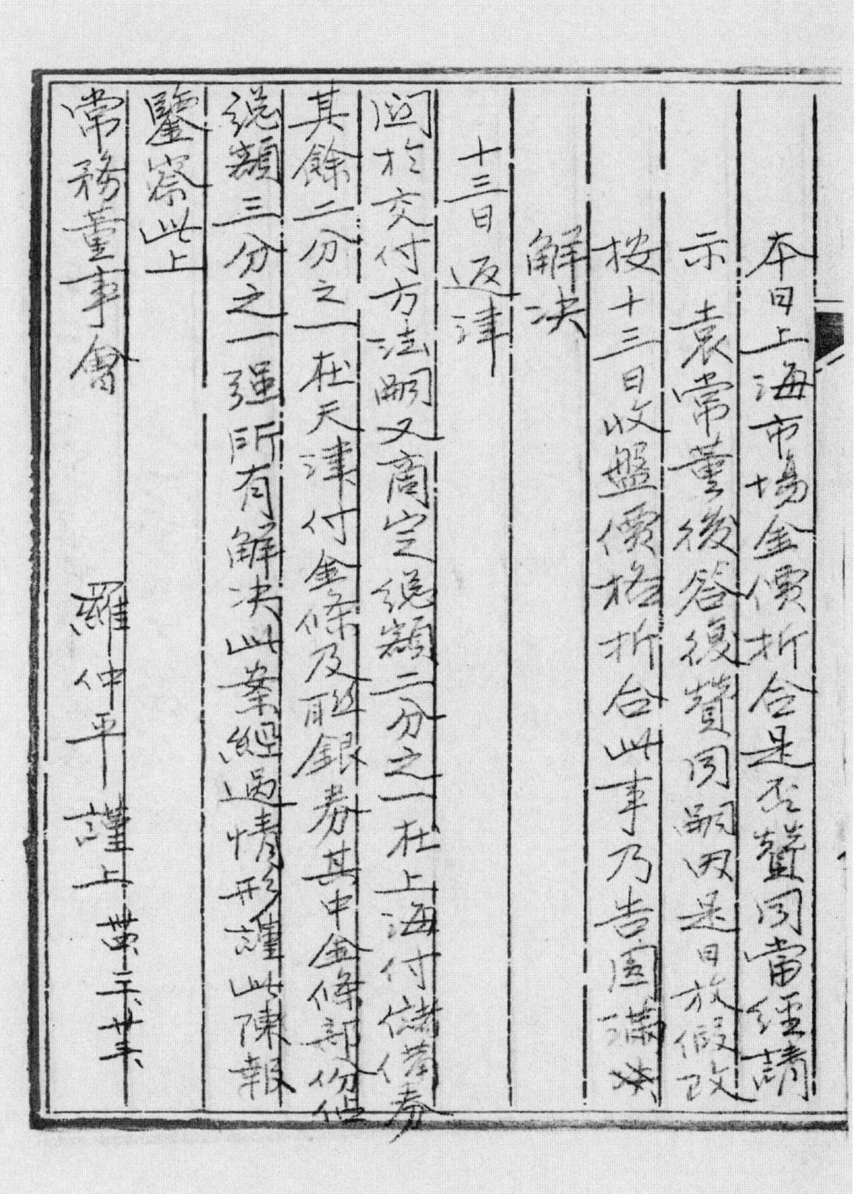

本日上海市場金價折合是否贊同當經請
示袁常董後答復贊同聯因是日放假故
按十三日收盤價格折合此事乃吉園議決
解決
十三日返津
關於交付方法聯又商定總額二分之一在上海付儲蓄券
其餘二分之一在天津付金條及取銀券其中金條部份但
總額三分之一強所有解決此案經過情形謹此陳報
鑒察此上
常務董事會
羅仲平 謹上 卅二、十、廿

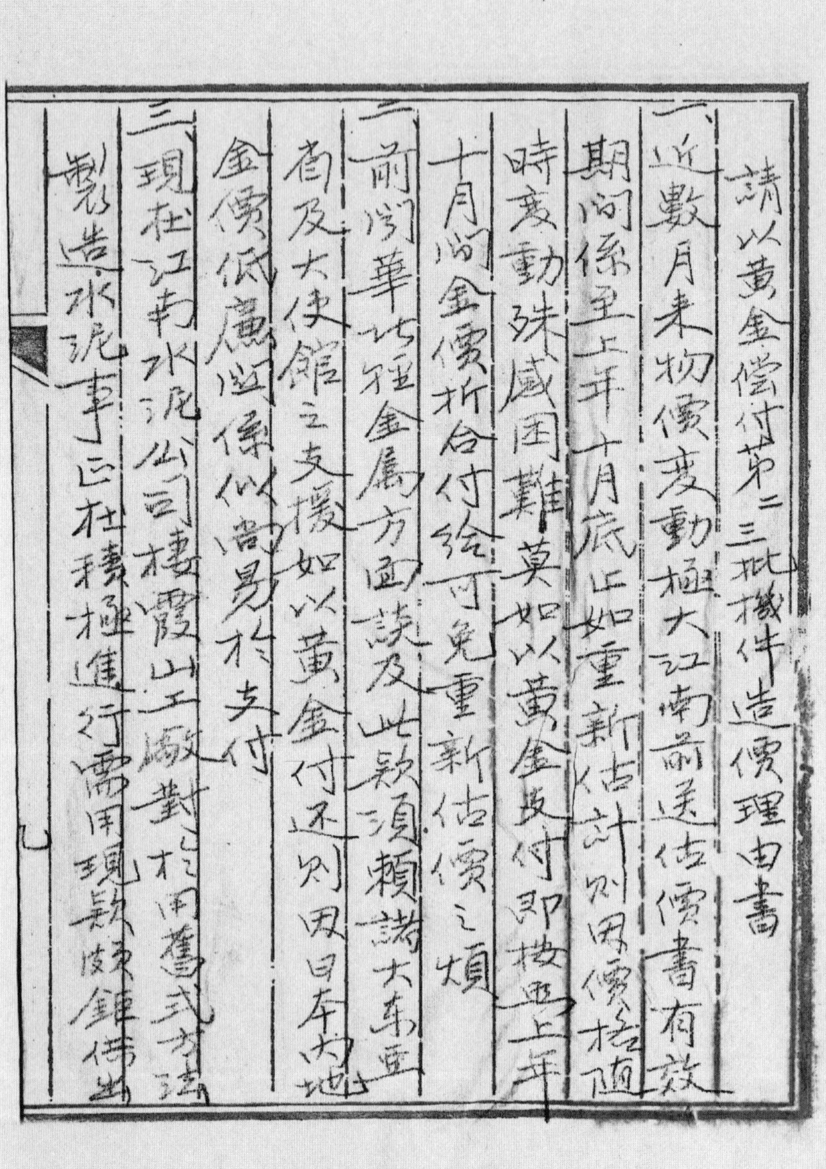

請以黃金償付第二三批機件造價理由書

一、近數月來物價變動極大，江南前送估價書有效期間係至上年十月底止，如重新估計則因價格隨時變動殊感困難，莫如以黃金支付，即按照上年十月間金價折合付給，可免重新估價之煩

二、前聞華北經金屬方面談及此款須賴諸大東亞商及大使館之支援，如以黃金付還則因日本內地金價低廉似係似尚易於支付

三、現在江南水泥公司棲霞山工廠對於用舊式方法製造水泥事正在積極進行，需用現款頗鉅，借出

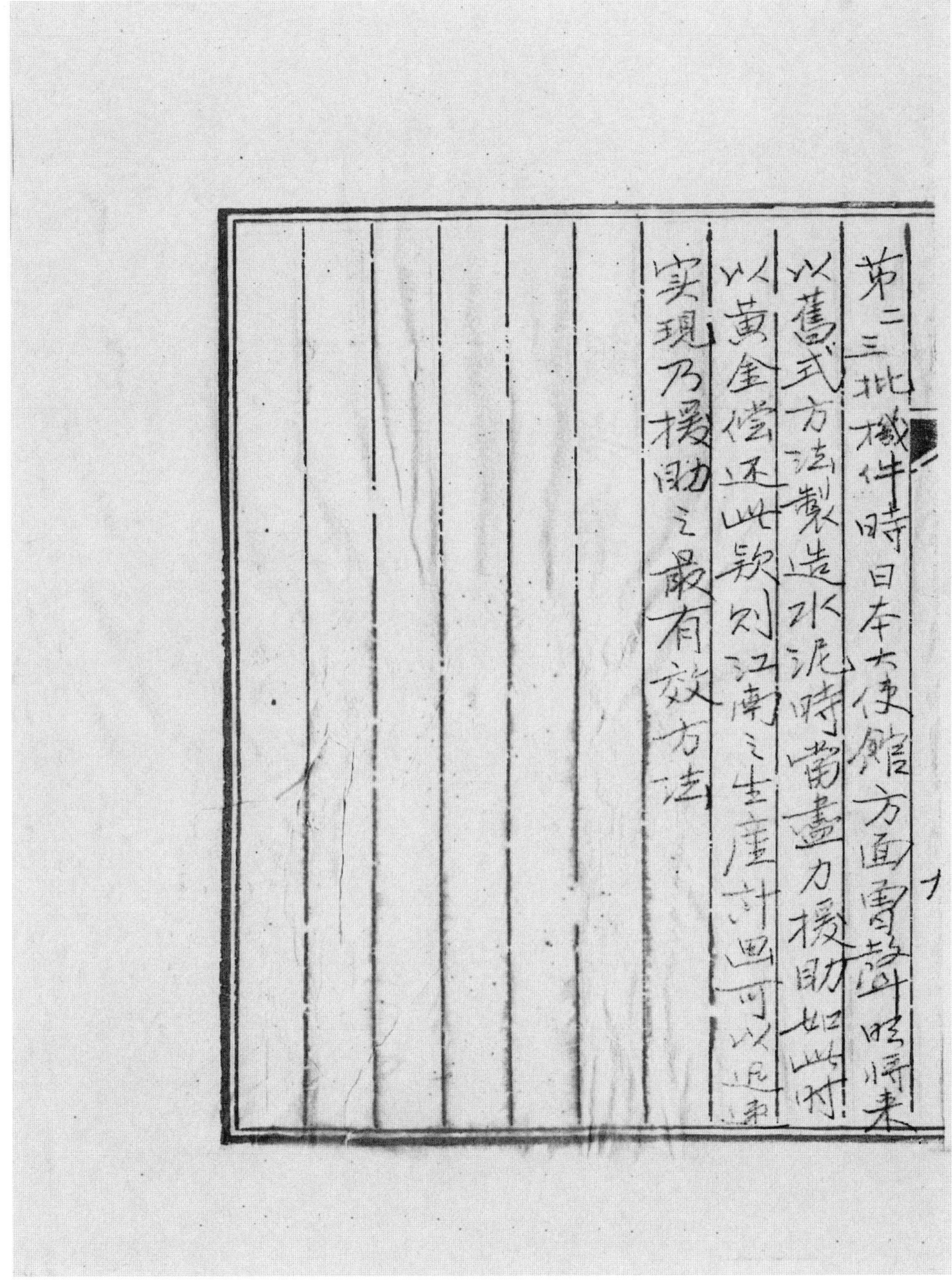
第二三批機件時日本大使館方面曾聲明時來以舊式方法製造水泥時當盡力援助如此則以黃金償還此款則江南之生產計畫可以迅速實現乃援助之最有效方法

袁心武等關于江南水泥廠第二、三批被拆移機件估價的報告（一九四五年三月二十四日）

檔號：1041-1-36

報告案

奁棲廠被拆移之第二三批機件估價經過情形業於上屆董事會報告在案嗣奉三十三年十月二十日實業部工字一七八號批示抄發實業部致堀內公使工字第四四二號公函經委託啓新沙詠滄楊知然局修會君在北京與經金進行交涉（經過情形詳啓新京處十一月廿二日來函及談話紀錄）本年一月間公司呈請實業部轉函日使館催飭速日償付旋經羅秘書仲平適赴北京與沙楊兩君會同與

輕金洽商輕金仍堅持二
三 批械件係去年七月間拆遷應按七月間滬市價格估計我方表示現已拖至本年三月按現時市價比較則去歲十月之估定造價已相差甚鉅遑論七月輕金總謂彼方按去年七月公定價格估計不過八百萬元實無如是鉅額我方要求其即按此價造還原件爭執多日幾經折衝始以實業部送出之估單為準前途勉無異議本月廿日輕金代表綾部君來津商談付給辦法遂商妥由

我方出具請付書（付款辦法載明）計廿二日午前輕金照請付書第四項付來金條八十二條是日午後照請付書第三項交付聯銀券貳千零零捌萬貳千捌百貳拾伍元、另託沙詠滄君攜帶收據赴京代領請付書第二項滙滬交庚經理宗淮之款儲幣叁萬叁千玖百伍拾叁萬壹千貳百伍拾元以上共爲儲幣陸萬柒千玖百零陸萬貳千伍百元爲造還之遺債完全支付同時並與前途接洽第一批拆移機器

由其開立借據聲明返還之時以照原樣裝好爲原則如有損壞消耗
由其負責賠償彼允考慮後書立借據所有以上經過情形理合報告
董監諸公公鑒
附實業部工字一七八號批及抄件
十一月廿二日啓新京處函
本年一月公司呈部文稿

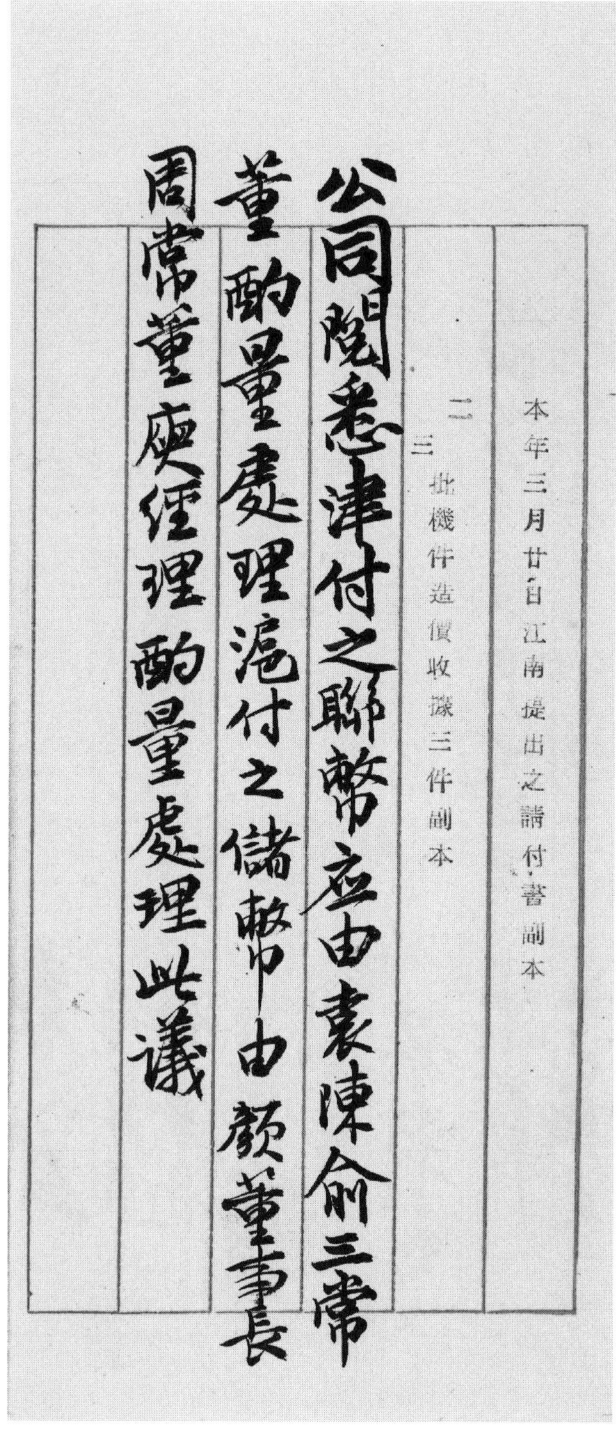

本年三月廿日江南提出之請付書副本

二

三 批機件造價收據三件副本

公司閱悉津付之聯幣應由袁陳俞三常董酌量處理滬付之儲幣由顏董事長周常董處經理酌量處理此議

袁心武

陳範有

俞君飛

王少濤

周寅之

孫章甫

吳少皋

[illegible]培之

卅四年三月廿四日

日軍爲租用江南水泥廠作爲酒精工廠致江南水泥股份有限公司的函（原、譯文）（一九四五年四月二十日）

檔　號：1041-1-36

建物貸與相成度件依頼

昭和二十年四月二十日　南京特別市連絡部長富田大佐

江南水泥公司殿

今回在上海登部隊本部（責任者同部隊本部兵器部長）ヨリ棲霞山セメント工場ヲ酒精工場トシテ利用スル目的ヲ以テ取得斡旋方依頼アリタルニ付御迷惑トハ存シ候得共參戰中國ノ大局的見地ヨリ貸與方煩度別紙依頼書寫添附依頼ス

追而借受條件ノ私案參考トシテ左ニ附記ス

左記

借受條件

一、建物借受料　御希望ノ程度協議豫定
二、期　　限　昭和二十年五月ヨリ一ヶ年
三、建物使用ノ範圍　萬一貴廠ニ於テセメント製作ノ
意嚮アルトキハ之ガ建物ヲ按配シ且電力等ヲ便宜
供與ス
四、現在ノ器械類ハナルヘク使用セス
五、中國側（國民政府ヲ含ムトノ合辦法ニ就テモ考慮ス
六、前項ノ場合製産量中相當量現品ヲ中國側ニ交
付シ日常ノ自動車使用ニ便宜ヲ與フ（燃料及原
料供出量ヲ斟酌ス）
七、重役ニ對シ利益配當ヲ考慮ス（現在休業中ナルモ
操業シアルモノトシテ）
八、尚細部ニ関シテハ御協議ニ應シ度意嚮
九、現從業員ハ本人ノ希望ニ依リ其ノ儘使用又ハ
他ニ就職斡旋ノ豫定

譯文

函請租用建築物由

昭和二十年四月二十日　南京特別市建設部長富田大佐

江南水泥公司台鑒

運輸者駐上海登部隊本部（責任者為該部隊本部兵器部長）囑代斡旋租用棲霞山水泥工廠作為酒精工廠請就參戰中國之大局着想租給應用茲特檢同本函副本函請

查照並租用條件現經擬就草案附閱於左藉作參考

計開

租用條件

一、建築物租金　擬按照所希望者商定

二、期限　自昭和二十年五月起一年

三、建築物使用範圍 萬一 貴厰有製造水泥之意时可將房屋分配應用並可供給電力及予以其他便利

四、現在之機械數決不使用

五、对於与中國方面（包括國民政府在内）合辦方法擬加以考慮

六、如有前項情事时可將產量中之相當數量交付中國方面对於日常使用之汽車予以便利（如能供給燃料及原料之相當數量）

七、对於董事監察等擬分与紅利（現雖停工也可認作開工）

八、一切細目可与 貴公司協商

九、現有人員擬接本人希望照舊任用或代為介紹職業

（日）華中礦業棲霞山礦業所爲借用土地致江南水泥股份有限公司的信函（附圖）（一九四五年四月二十八日）

檔號：1041-1-36

華中鑛業棲霞山鑛業所土建係

江南水泥公司殿

高家村江南公司農園中借用豫定地面積

計算書

首題ノ件ニ關シ次ノ通リ面積計算候也

一、面積　五、四七畝

右之通リニ相違之無候也御參考ノ爲別

紙圖面添附候

民國三十四年四月二十八日

華中鑛業棲霞山鑛業所

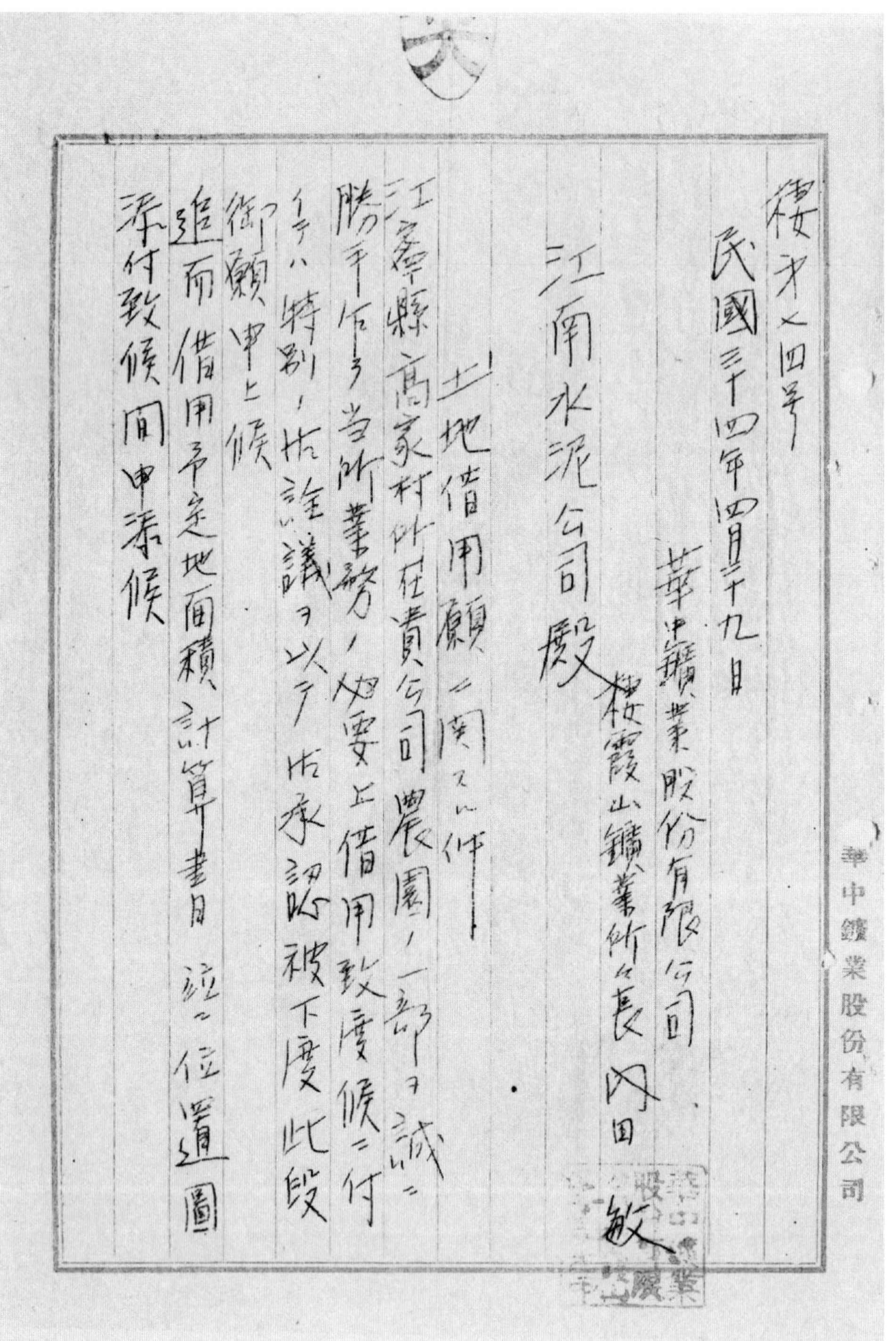

櫻才七四号

民國三十四年四月二十九日

華中鑛業股份有限公司

櫻霞山鑛業所々長　内田　敏

江南水泥公司殿

土地借用願ニ関スル件

江寧縣高家村所在貴公司農園ノ一部ヲ誠ニ勝手乍ラ当所業務ノ必要上借用致度候ニ付キテハ特別ノ御詮議ヲ以テ御承認被下度此段御願申上候

追而借用予定地面積、計算書目並ニ位置圖添付致候間申添候

華中鑛業股份有限公司

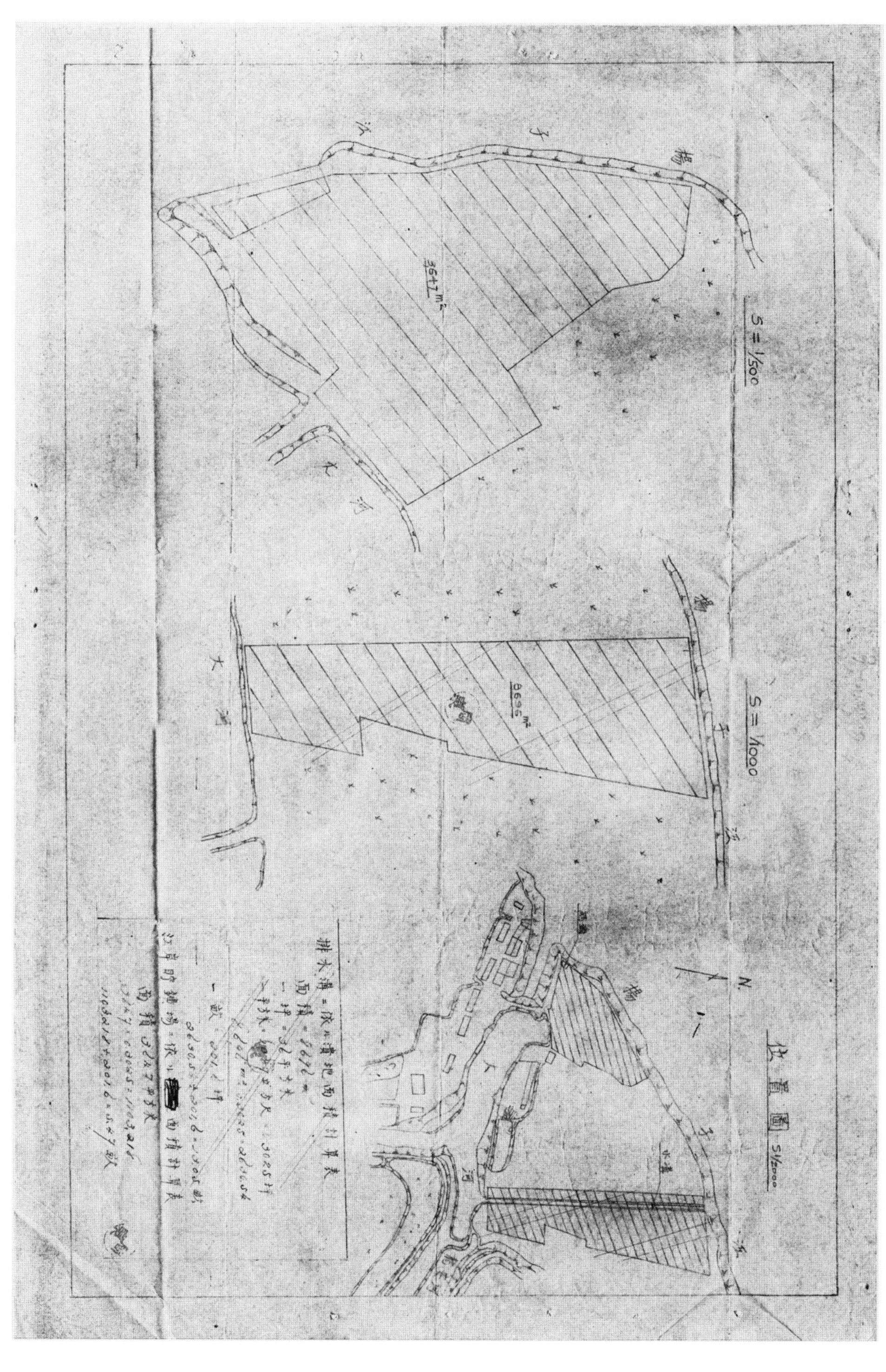

S = 1/500
S = 1/1000
N

（日）華北輕金屬股份有限公司爲强奪江南水泥廠第一批機器致該公司的借用證（附清單）（一九四五年五月八日）

檔號：1041-1-36

譯文

借用證

依據昭和十八年十二月十七日國府實業部致日大使館公函関於供出机器事已得貴方同意茲借用另紙所載机件（第一次供出机器）已由貴棲霞山廠移設於敝張店工廠至交還時當仍旧按裝完畢交付再如有破損則由敝公司賠償之。

昭和二十年五月八日

華北輕金屬股份有限公司
董事長 越智主一郎

江南水泥股份有限公司
董事長 顏惠慶台照

(1) 磨四部

附件

1) 喂料盤八個
2) 油泵四個
3) 齒輪四個
4) 馬達四部
5) 馬達用油開關四個

(1) 4 Mills.
(2.2m × 14m)

Auxiliarys:

1) 8 Feeding tables.
2) 4 Starting pumps.
3) 4 Reduction gears.
4) 4 Motors.
5) 4 Oil switches for motors.

(2) 旋窰二部

附件

1) 馬達二部
2) 馬達開關二個
3) 煤風扇二個
4) 滾輪二十八個
5) 看火罩二個
6) 空氣閘閥二個

(2) 2 Rotary Kilns.
(3.3 × 2.5 × 2.8 × 131m)

Auxiliarys:

1) 2 Motors.
2) 2 Switches for motors.
3) 2 High pressure fans.
4) 28 Rollers.
5) 2 Burners hoods & coal pipes.
6) 2 Louvre dampers.

江南水泥股份有限公司第四十一次董監會議案（股東維持費案、栖廠機器拆遷經過情形等）（一九四五年五月十一日）

檔號：1041-1-58

三十四年五月十一日董監會議 第四十一次

討論關於五月十二日股東臨時會提案如左

一、報告棲廠機器拆遷經過情形案

二、提議墊發股東維持費案

三、監察人任滿改選及董事缺額一席請選任案

四、報告接到寧實業部飭辦理公司登記案

五、提議修改公司章程案

董事長顏惠慶

主任常務董事袁心武

副主任常務董事陳範有

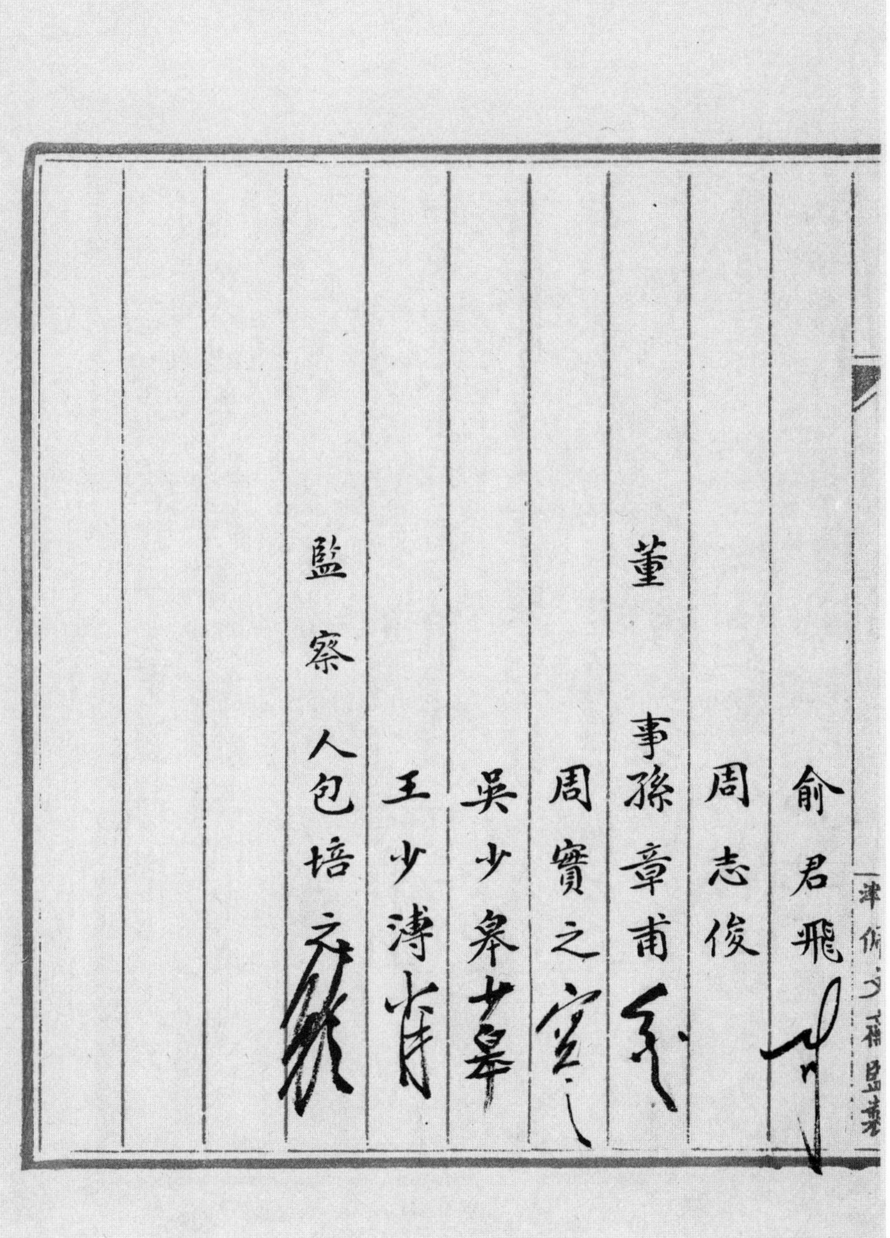
俞君飛
周志俊
董事孫章甫
周寶之
吳少皋
王少溥
監察人包培之

卅年五月十三日　董監議案

查此次股東臨時會通過股東維持費案載明將來得由股息扣還乃係墊發股息性質按之本公司章程及第二次董事會議核訂之同人酬勞分配細則遇股息超過四厘即應分配董事長常董董事監察人暨辦事同人酬勞此次股東會既議決墊發股息即應照章支付酬勞惟此項墊發維持費究非真正盈餘正式發息性質似未便逕照盈餘分配之規定辦理此祇發給股東全不分配同人亦非持平之道茲

擬折中辦法，姑照此次墊發股東維持費總額壹千陸百萬元，按照章程八與六之比，董監同人應得之數核減爲三分之一，即聯幣約百萬元，分配董監職工維持生活，將來發放酬勞時，得視當時情形一次或分次扣還。是否有當，理合提請

董監諸公核議施行。

如擬辦理，同於此項董監職工維持費分配辦法，應按照二十四年五月九日第二次董監聯席會議決之董監暨辦事同人酬勞分配細則

比例推算准常董以下之職員現因工廠未曾開工南京總局亦未成立職員人数減少且有只支津貼而未支薪金之職員茲議決該部分办法分為一百分支配如左

(一)五十分按支薪金之同人以最近十二個月(去年五月至本年四月止)所得薪金額比例分配之

(二)三十五分按後列原則由常董會支配之

甲、同人對公司有特殊功績勞績者

乙、為公司服務之同人只支津貼而未支薪水者

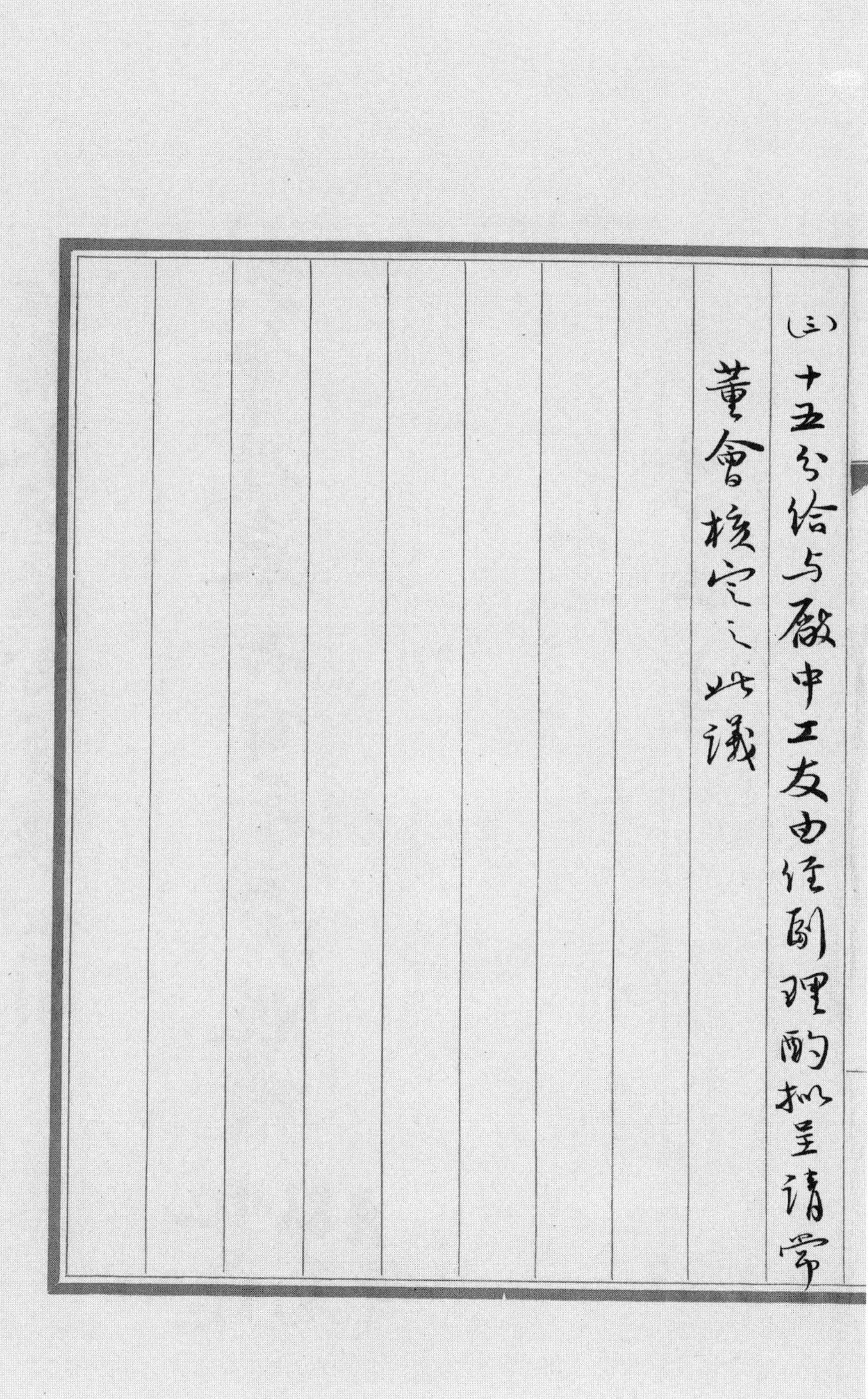

(三)十五分給与廠中工友由經副理酌擬呈請常

董會核定之此議

江南水泥股份有限公司股東臨時會程序單、各項提議及決議記録等（一九四五年五月十二日）

檔號：1041-1-28

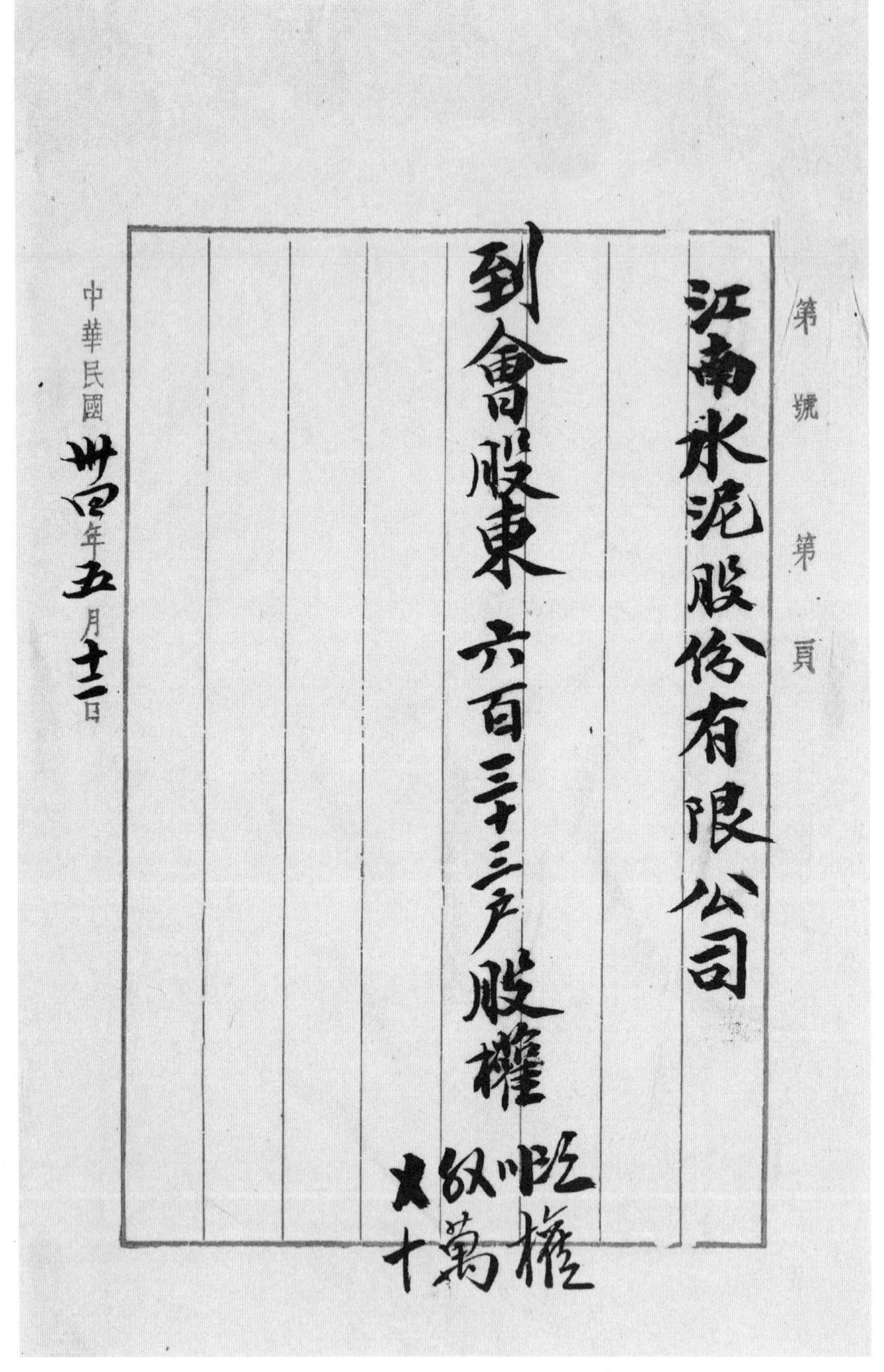

第　號　第　頁

江南水泥股份有限公司

到會股東　六百三十三户股權

股權 叁拾叁萬 七十

中華民國卅四年五月十二日

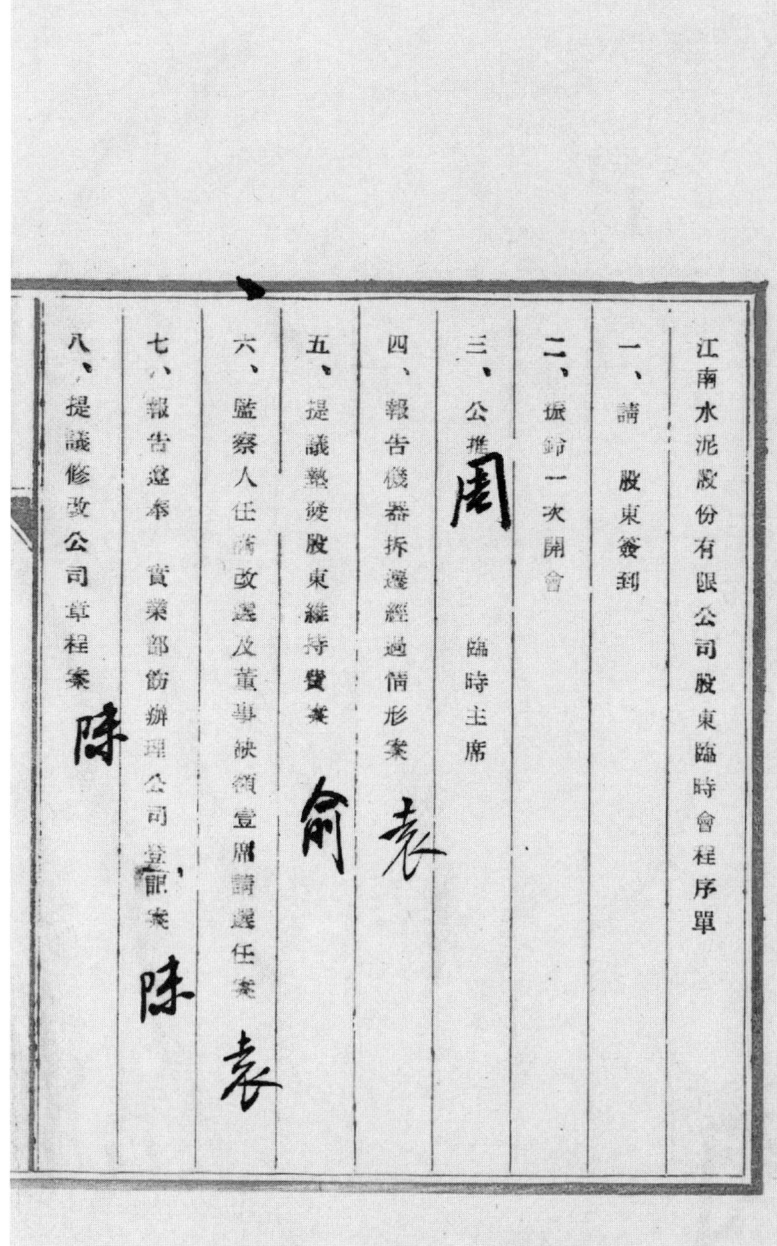

江南水泥股份有限公司股東臨時會程序單

一、請　股東簽到

二、振鈴一次開會

三、公推　周　臨時主席

四、報告機器拆遷經過情形案　袁

五、提議慰勞股東維持費案　俞

六、監察人任滿改選及董事缺額壹席請選任案　袁

七、報告遵奉　實業部飭辦理公司登記案　陳

八、提議修改公司章程案　陳

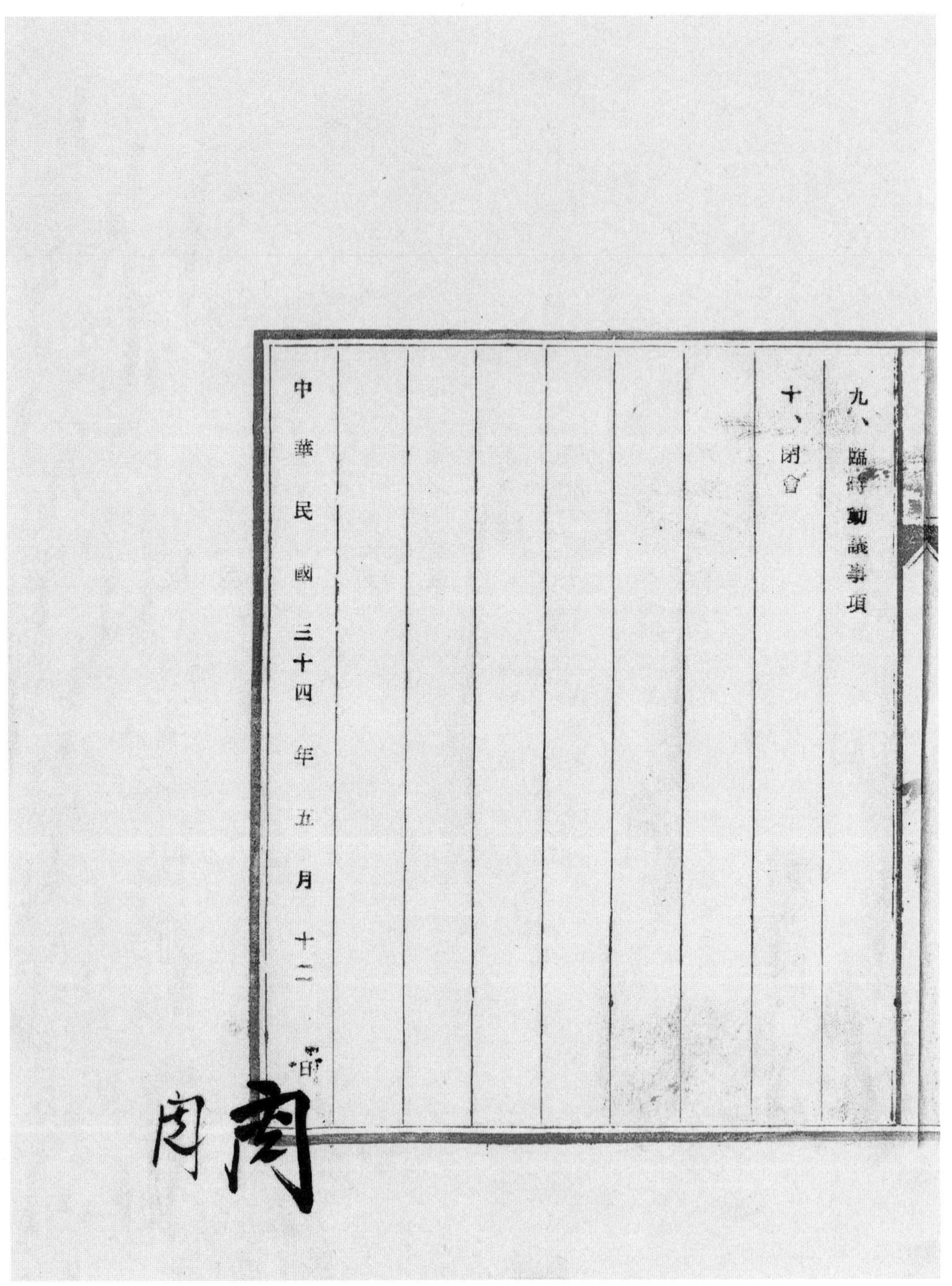

九、臨時動議事項

十、閉會

中華民國三十四年五月十二日

閱 閱

報告棲廠機器拆遷經過情形案

查棲廠機器拆遷案自三十二年七月間發動迄是年十二月十五日接奉　實業部工字第三〇一號訓令十七日又奉實業部工字第二五號通知令江南遵照附開清單交出機器並派部員駐廠監督拆卸自三十二年十二月二十三日起始拆卸（以上經過情形均經報告於三十三年一月卅一日股東臨時會）迄三十三年七月間拆遷將竣之際又奉　實業部工字第九二一號訓令（讀原文並抄附）令繼續照單供出機件（以下簡稱第二三批機件）附抄日本公使來函一

件（譯原文）表示此項機件供出後凡在滬能製者擬由輕
金屬代爲供給計自七月中旬起始拆遷第二三批機件迄八
月初旬拆竣本公司一面向上海各工廠接洽探詢仿製第二
三批機件工料價值一面與輕金屬公司接洽如何由彼供給
據其表示彼可根據估價單付價經本公司取具估價單後送
呈實業部請函日使迅飭輕金付價製還嗣奉三十三年十
月二十日實業部工字第一七八三號批抄發實業部致日
使工字第四四二號公函（以上文件均照譯並抄賚請閱
覽）十二月間又經本公司呈請實業部催日使館轉飭輕

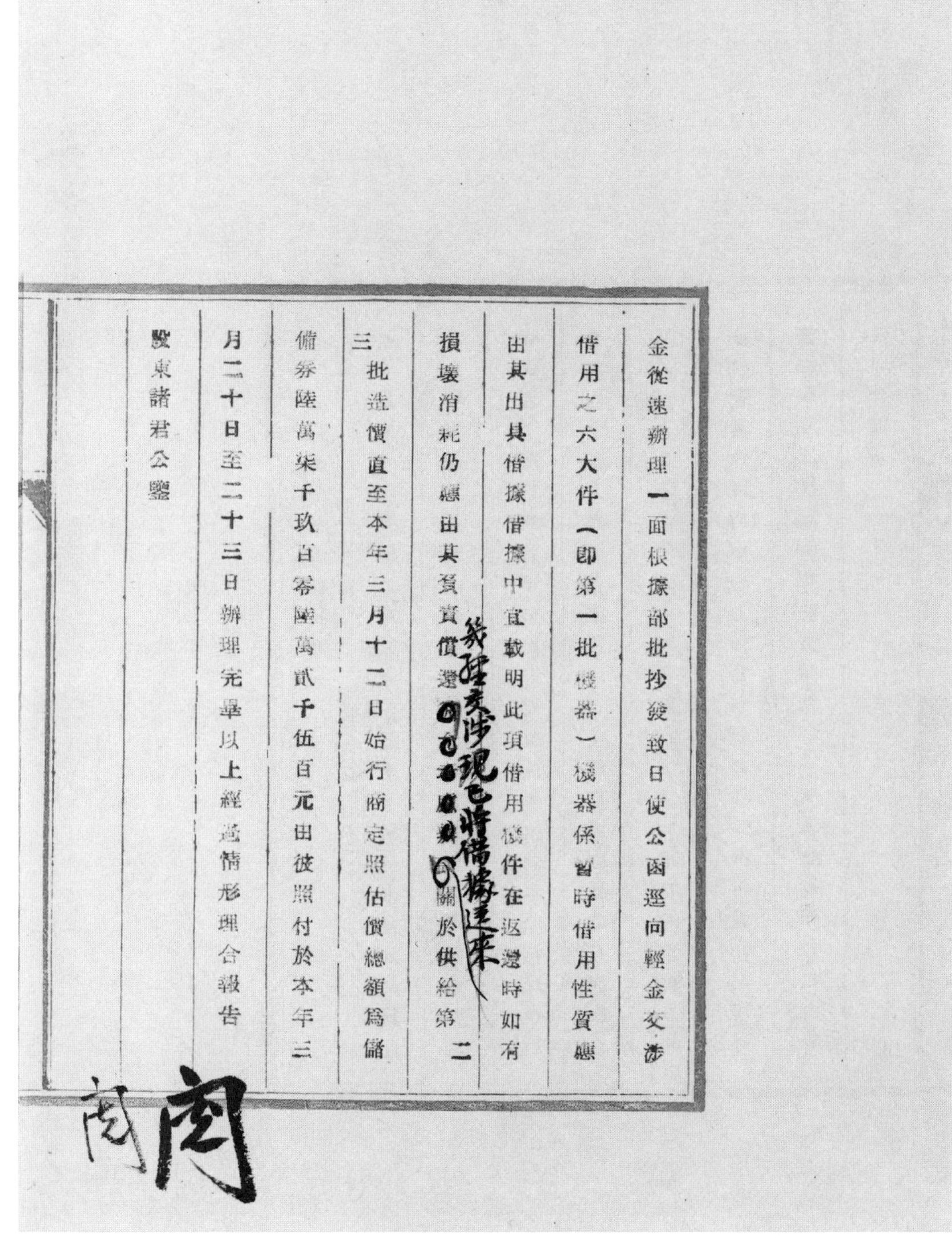

金從速辦理一面根據部批抄發致日使公函逕向輕金交涉借用之六大件（即第一批機器）機器係暫時借用性質應由其出具借據借據中宜載明此項借用機件在返還時如有損壞消耗仍應由其負責償還[illegible]關於供給第二三批造價值至本年三月十二日始行商定照估價總額爲儲備券陸萬柒千玖百零陸萬貳千伍百元由彼照付於本年三月二十日至二十三日辦理完畢以上經過情形理合報告

股東諸君公鑒

提議墊發股東維持費事

迭接股東來函聲稱公司成立已逾十年股息未發分文顯此生活物價畸形高漲之時股東困苦異常希望公司能墊發維持費若干按每股若干墊發以資維持等語查本公司股東戶數達四千以上散在各處照現在生活物價高漲之實況股東困苦自在意中但使公司有可能設法之餘地自應墊發股東維持費若干以濟艱難茲擬每股墊發聯幣貳拾元作爲維持費將來發放股息時得視當時情形一次或分批扣還是否有當理合提請

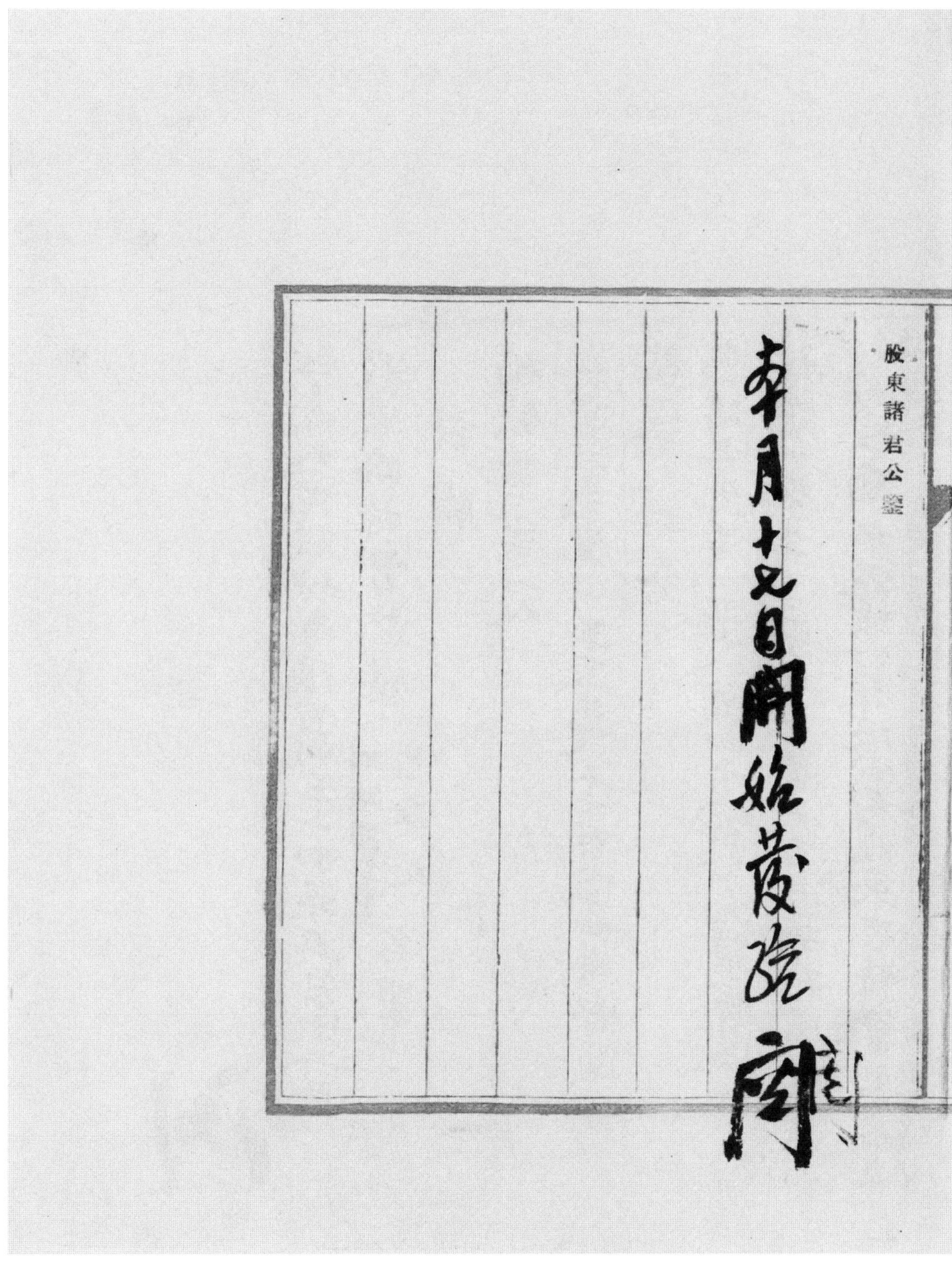

股東諸君公鑒

本月十九日開始發給

江南水泥股份有限公司三十四年五月十二日

股東臨時會選舉補缺董事監察人名單

計開

補缺董事一人

庾宗溎先生　三十八萬八千四百七十四權當選

監察人二人

包培之先生　三十八萬四千八百八十九權當選

陳鳴一先生　三十九萬零六百三十六權當選

江南水泥股份有限公司股東臨時會主席

江南水泥股份有限公司股東臨時會決議錄

日　期　三十四年五月十二日

地　點　天津市海大道一一五號二樓

到會股東　六百三十三戶股權四五四三七七權

公推　周實之先生主席

主席報告到會股東六百三十三戶股權四五四三七七權已超過法定人數股權數

宣告開會

袁常董代表董事會報告去年七月間棲廠第一批拆遷機器將竣之際又接實業部

工字第九二一號訓令（讀原文）令繼續照單供出第二三批機件附抄日使來

函表示此項機件供出後凡在滬能製者可由輕金屬公司照樣製造歸還江南本公司明知第二三批被拆之機件爲歐西名廠出品質料精良非上海機器廠所能比擬堅不應允但僞政府已明令供出於前日方仍續强拆遷計自七月中旬起始拆遷第二三批機件迄八月初旬拆遷完竣嗣後日方並未照樣製還直至本年三月間始按照半年前估計造價將價款交來（儲備券六萬七千九百零六萬二千五百元）託本公司代造本公司即向上海各機器廠商詢照製事宜乃因原料缺乏電力限制均未能代製本公司已將不能代製機件之實際情形據實向輕金屬明彼亦未有何種表示在此情勢之下機器已被强拆若再將造價退回本公司所有損失更無絲毫擔保擬再向其聲明將該項造價保留爲日方應賠償江南種種

損失之一部擔保金俟將來返還機件安裝復工之際確實查明損失數字再行

提出

股東無異議

俞常董代表董事會提議迭接股東來函聲稱公司成立已逾十年股息未發分文

除此生活物價畸形高漲之時股東困苦異常希望公司能墊發維持費若干按

每股若干墊發以資維持等語查本公司股東戶數達四千以上散在各處照現

在生活物價高漲之實況股東困苦自在意中但使公司有可能設法之餘地自

應墊發股東維持費若干以濟艱難茲擬每股墊發聯幣貳拾元作爲維持費將

來發放股息時得視當時情形一次或分批扣還

主席付表决

全體起立通過

主席宣告於本月十七日開始發給股東職工維持等費

施股東問發維持費後是否影響復興廠務補充機器

袁常董謂所發維持費既係股東要求又占本公司資材一小部分不致因此影響

全部復工

陳常董謂所有借去之機器佔本公司全部資產約百分之四十二第二三批機器

機佔全部資產約百分之五

施股東問餘款作何用項

袁常董報告餘款大部分在上海一部分在天津分别置辦股票地產等實物

袁常董代表董事會報告監察人任满改選並董事出缺壹席請補選

主席請股東二人監匭並請股東寫票投票

陳常董代表董事會報告本公司遵照實業部飭辦理登記事查二十八年六月三十

日股東臨時會議决增加資本天津通用國幣叁百伍拾萬元連原有資本肆百伍

拾萬元共爲捌百萬元因種種關係尚未向南京實業部辦理登記三十二年五月

間因實業部嚴限華中各公司未登記者趕辦公司登記本公司以在南京實業部

登記應將股款换算爲儲備劵若按資本總額及每股金額原數换算均有畸零之

數若按資産價值估算則恐今日估定日後又不適合是以一面考慮一面迭呈實

業部請求展期乃迭奉批文嚴飭依限辦理不准再遲本公司遂將二十八年股東會議決增資成案向南京實業部呈請登記股本總額捌百萬元每股聯幣拾元按照官定滙率折合中儲券伍拾伍元伍角伍分仍爲捌拾萬股以期本公司資產股份均能保持原狀一俟執照發下擬即將每股折合中儲券數目製戳加蓋於原股票之上不擬換製股票

股東無異議

陳常董代表董事會提議修改章程第六條宜修改爲「本公司股本總額定爲國幣（中儲券）肆千肆百肆拾肆萬元分爲捌拾萬股每股國幣伍拾伍元伍角伍分一次收足」又本公司章程第二十二條規定「本公司設董事十三人其中有董

事長一人常務董事四人均直接由股東會就股東中持有股票滿二百股以上實註本身姓名者選任之」第二十三條規定「本公司設監察人三人由股東會就股東中持有股票滿一百股以上實註本身姓名者選任之」查此項規定原為民國二十四年本公司股本總額國幣貳百肆拾萬元時所議訂者其後一再增加資本現時資本總額捌百萬元較原定資本已增加三倍以上上開規定似宜加以修正修正之標準以距公司法施行法規定之標準相近而可隨股份數目伸縮為合宜茲擬修正條文如下

「第二十二條本公司設董事十三人其中有董事長一人常務董事四人均直接由股東會就股東中有本公司股份千分之一實註本身姓名者選任之」

「第二十三條本公司設監察人三人由股東會就股東中有本公司股份千分之一實註本身姓名者選任之」

主席付表決

股東全體起立通過

施股東問二十八年議決之增資案啓新入股依何價格

袁常董謂啓新入股在三十一年十二月間其時江南股票價格較票面十元略低啓新遂照票面繳款祇入七十五萬元其餘五萬元嗣後照市價售出溢價收入「暫存收益」內

主席報告選舉票計數當選人姓名如左

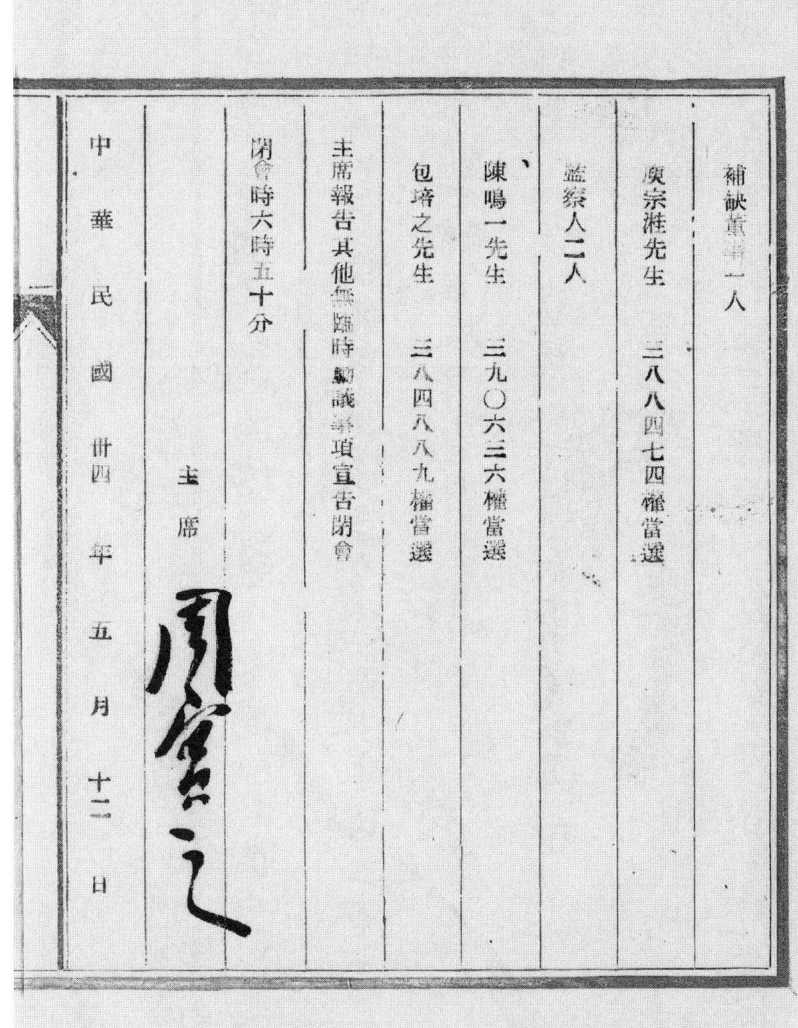

補缺董事一人

庾宗濰先生　三八八四七四權當選

監察人二人

一、陳鳴一先生　三九〇六三六權當選

包琦之先生　三八四八八九權當選

主席報告其他無臨時動議事項宣告閉會

閉會時六時五十分

主席

中華民國卅四年五月十二日

庚宗淮爲派員至張店看護被掠機件等致袁心武等人的信函（一九四五年八月三十日）

檔號：1041-1-65

第一頁

34年8月30日

心武
範有
志俊
君飛

常董惠鑒：邇來南北通信無論函電萬分困難，此間自八月二日接七月廿三日輔兄來函後，迄今將逾月未接函電，十分系念。今晨十時接奉八月十三日大函，拜悉一切，欣慰無似。謹將各事條呈於左：

（1）自八月十四日正式宣佈世界全面和平後，職即於病榻中（病瘧疾一週，現已痊可，照常入公司辦公）請柏軒兄於八月十九日函告輔兄，呈請速派員向輕金公司洽商派該公司職員陪伴吾方職員赴張店看守并保護吾方

第二頁　年　月　日

被運去之機件恐張店附近不良份子入軽金廠將棲廠
機件偷竊毀損也
(2)八月十九日下午　駿公以電話囑　職速電津請派幹員往
張店接收機件因無錫慶豐紗廠唐星海經理電告
駿公已派員赴張店接收該廠透平發電機　職即以
電話与唐君接洽據云擬即相機办理旋請柏兄往
謁　駿公洽商办法乃於八月廿日函　中夫兄請將
駿公意貯　尊處速派員携帶公司封條赴張店接

第 三 頁　　年　月　日

收機件轉呈諒該函已收達
(3)妻店附近四乡甚夥謠諑蜂起(1)欲入店劫械(2)欲加害
於職工等，店中治安十分危岌職工萬分恐惶乃請羅秘
書來滬商議護店辦法 職等即伴同羅君面謁
駿公面商應付方針當即決定三種辦法(1)寧願犧牲
物資槍械絕對不可交出(2)添僱儆警兩名充實自
衛(已僱妥於廿八日赴店)(3)請先遣國軍儘力保護(已
由委員長滬寓行營主任蔣先生電京辦理)故即於八

第 四 頁　　年　月　日

月廿四日致輔兄函請轉呈（副張附於卅函正張內）
（4）近日因恐郵件不通乃於八月十八
廿　廿七日疊發三急電（電底
附呈）未卜收到否
（5）今晨奉八月十三日　大函及轉致　駿公函一件拜悉一切所
囑各節當遵　命相機儘速办理今日午後擬晋謁
駿公面呈來函并詳商進行办法惟甯滬一帶國軍尚未
抵達主要機関均未成立高級長官尚未蒞臨現僅有委
員長行營在滬成立蔣伯誠將軍為主任黄柏樵先生

第五頁　卅四年八月三十日

為秘書長蔣黃兩先生均為駿公之知友柏樵先生職亦甚熟故已持駿公函於廿五日謁柏樵先生請轉請蔣先生派國軍保護妻店已有覆函謂已電甯办理矣職意貴處現可預備(1)妻店機件被劫經過節略(預備以私人交誼函呈新主管機關長官)(2)呈文一二份經北方董事蓋章正式呈請新主管機關(機關名稱暫緩填入)命令前途送還被劫機件并責令拆下運返棲廠負責裝竣及試車出貨

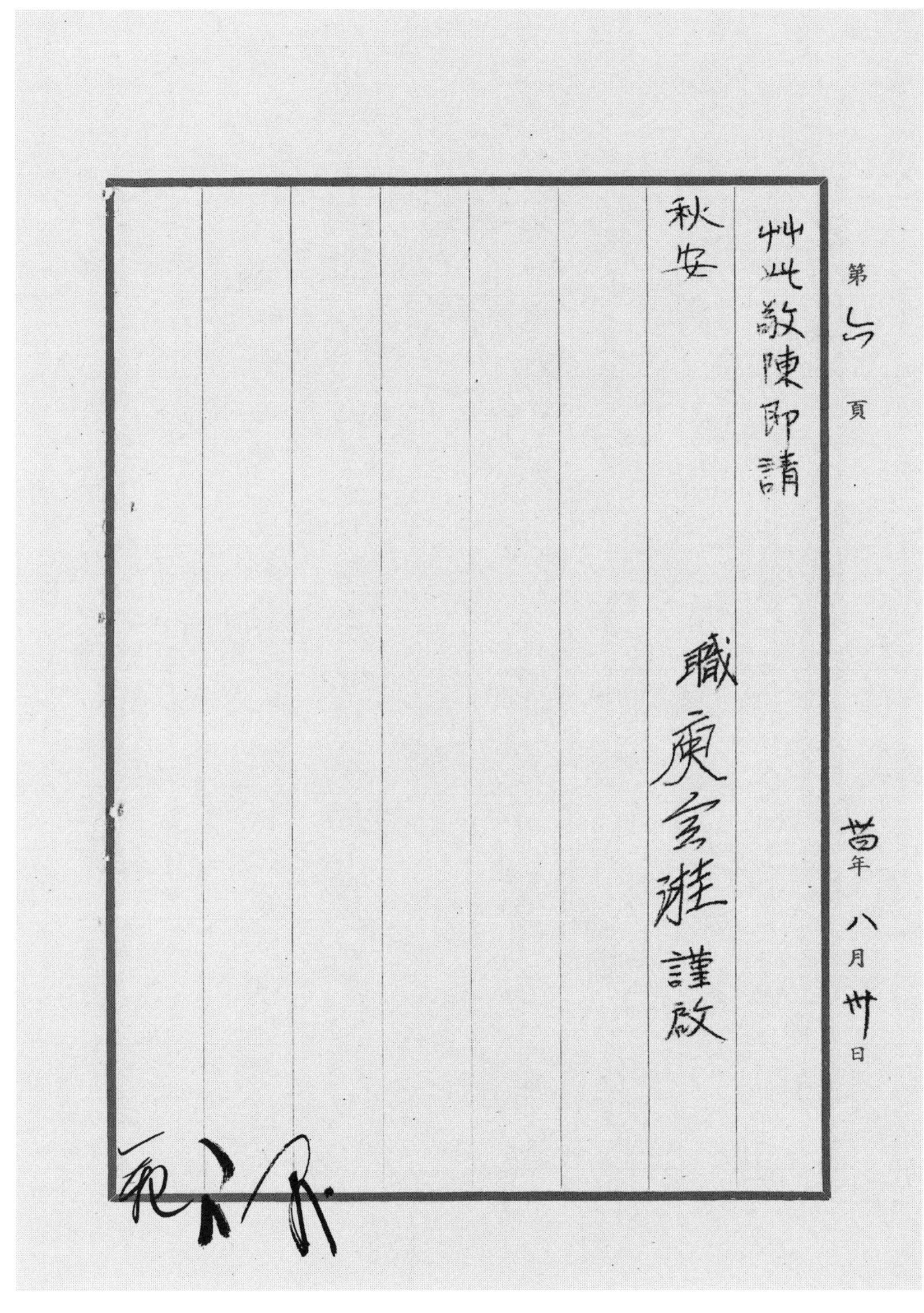
第六頁

艸此敬陳即請

秋安

職 龐宗雄 謹啟

廿年 八月 廿日

第　頁

卅四年八月廿日

再啟者，慶豐公司之經理唐星海先生為 駿公之友，來函請協助暫代看管該公司被拆移往張店之電機，茲將原函附呈，請 酌辦。又附棲廠機件被劫大事記一份，請留存備查。

企見善後問題 駿公十分顧慮，希望預為佈置籌劃，免受責難。職 每謁 駿公時，輒向 職 談及，茲順便述及，請為注意。

職 王桂舟謹

頃（廿下午五時）啟新茶役席廣仁送俄警弍人往棲廠後返滬，悉廠中要去一部份國軍約三四百人已抵龍潭，恐係派往棲霞保護之軍隊

肆

申請賠償

日軍第一六一師團司令部提出將江南水泥廠作爲集結地并借用房屋致新六軍軍長廖耀湘及江南水泥公司函
（一九四五年九月七日）
檔　號：1041-1-36

江南水泥公司使用ノ件申請
日軍申請使用江南水泥公司之件
昭和二十年九月十七日　第百六十一師團司令部
首題ニ係ル水泥公司ハ目下セメント製作
機械皆無ノ爲當師團ノ一部宿營用ト
シテ使用方認可相成度申請ス
兹所提言之水泥公司因爲正當公司
裡無一製作洄門汀之機械本師之一

部欲作宿舍而用特寫申請貴軍許可

陸軍中將 廖耀湘 殿

新編第六軍長

陸軍中將 廖耀湘 閣下

查龍潭棲霞地區已指定爲日本集結地區上項請予注意

新陸軍參一課長擬請兄定奪

代批

建物借用方ノ件依頼

第百六十一師團司令部

昭和二十年九月七日

當分ノ間棲霞山貴公司建物ノ一部ヲ軍隊宿營用トシテ借用致度依頼ス

江南水泥公司御中

江南水泥股份有限公司棲霞工廠被劫機件詳細單（抄件）（一九四五年九月八日）

檔號：1041-1-9

江南水泥公司棲霞工廠被劫水泥機件詳細單

卅四年九月八日抄

編號	機件名稱及件數		
	偽實業部業工字第301號訓令及業工字第25號通知強迫交出之機件		
A主要機件	磨四部（原料磨二部、水泥磨二部）		4 Mills, 2.2m x 14m, (2 Raw Mills & 2 Cement Mills)
附件 (1)	喂料盤	八個	8 Feeding Tables
(2)	油泵	四個	4 Starting Pumps
(3)	齒輪	四個	4 Reduction Gears
(4)	馬達	四部	4 Motors
(5)	馬達用油開關	四個	4 Oil Switches for Motors
B主要機件	旋窯式部		2 Rotary Kilns, 3.0 x 2.5 x 2.8 x 131m.
附件 (1)	馬達	式部	2 Motors
(2)	馬達開關	式個	2 Switches for Motors
(3)	煤風扇	式個	2 High Pressure Fans.
(4)	滾輪	二十八個	28 Rollers.
(5)	看火罩及輸煤管	式個	2 Burner hoods & Coal pipes.
(5)	空氣開關	式個	2 Louvre dampers.
	偽實業部工字第921號訓令強迫交出增拆之機件		
一	原料~~粉碎機~~（磨）及~~仕上粉碎機~~（水泥磨）之附屬品		Accessories for raw mills and cement mills:-
(1)	Table Feeders 四台之附屬品		Accessories for 4 Table Feeders:-
甲	~~電動機~~（馬達）	四部	4 Motors
乙	減速機	四部	4 Gear Speed Reducers
丙	起動止動裝置	四部	4 Starting & Stopping Equipments Complete Set.
丁	電線	一式（即全部）	Complete Installation of Electrical Wires.

P.2

編號	機件名稱及件數	
(2)	635K.W.電動機四台上之附屬品（馬達 部）	Accessories for 4 635 K. W. Motors:-
甲	電纜及電線一式(即全部)	Complete Installation of Electrical Cables and Wires.
乙	配電盤一式(即全部)	Switches Boards Complete.
(3)	Slide Shoe Pumps 四台上之附屬品（部）	Accessories for 4 Slide Shoe Pumps:-
甲	起動止動裝置 一式(即全部)	Starting & Stopping Equipment Complete Set.
乙	管類油及其他附屬各件一式(即全部)	Pipes, Lubricating oil, & other accessories.
(4)	減速機內所用潤滑油 全部	Lubricating oil for reduction gears.
(5)	吸塵機,管類風車馬達 一台（全套）	Bag filter with bags, pipes, fan, & motor complete.
二	原料及仕上機電動機室內天井手動走行機（磨房手搖起重機） 一具	Hand operated crane.
三	旋窰之附屬品	Accessories for rotary kilns:-
(1)	Air Seal 二台	2 Air Seals
(2)	吸烟風車 二台	2 Suction fans
(3)	至烟突之鉄板烟道及馬達 二組	2 Steel plate ducks, smoke exhausters, incl. motors.
(4)	電動機(包括起動止動裝置及電線)（馬達及附件） 二組	2 Motors & accessories.
(5)	風車所用之電動機（馬達）(包括起動止動裝置及電線) 全部	Motor for fan incl. starting & stopping equip. & elect. wires.
(6)	Control panel(包括管類) 二組	2 control panels & pipes.
(7)	Roller bases for 2 Kilns 十八個	18 Roller bases for 2 kilns.
(8)	鍊(附於二窰內者) 二窰均有	Iron chians in 2 kilns.
(9)	備貯火磚 一式(即全部)	All fire bricks stored in works.
四	立式空氣泵(馬達及附屬機器一套) 三座	3 vert. air compressors with motors & accessories.
五	室外變壓器 四座	4 High tension transformers.

~~P.3~~

編號	機件名稱及件數	
六.	搖動式輸送機馬達在内(包括起動止動及電線)及附件 一座	1 Shaking conveyor with motor & accessories.
七.	原料泵(馬達及坿屬機件一套 此外原料倉下及由泵至原料倉间鋼管一組) 五台	5 Slurry pumps with all steel pipes.
八.	煤磨2.0x7m 一座連該磨坿屬機器	1 Coal mill with accessories:-
(1)	送煤管子 一座	1 Set of coal pipes.
(2)	煤磨用馬達 一座(包括起動止動裝置及電線一套)	1 Motor for coal mill, with accessories.
(3)	分別煤粗細之機器及附件 一座	Coal separater with pipes and exhauster.
(4)	餘熱利用管及煤磨坿屬鋼管等 一式(即全部)	Coal feeders with hot air pipes.
(5)	煤倉及粉煤引出裝置 二份	Coal bins, coal pipes, air pipes and accessories.
九.	配電盤(但工廠使用配給水、電燈、發電石灰石採掘及粉碎用部份除外)	14 Switch boards.
十.	成品輸送泵一座及輸送管一式(即全部)	Fluxo Transporter with cement conveying pipes & other accessories.
十一.	成品計量自動秤 一個	Automatic weighing machine incl. motor and pipes.

江南水泥股份有限公司棲霞山工廠（江南水泥廠）制造水泥機件被日方外交官强迫拆遷至山東張店節略
（一九四五年九月十五日）

檔　號：1041-1-52

江南水泥公司棲霞山工廠製造水泥機件被日方外交官强迫拆遷至山東張店節略

民國卅四年九月十五日

江南棲霞山工廠之製造水泥機件爲東亞最新式最優秀之製水泥機件世界聞名因之日本水泥業十分注意於棲霞工廠建造時恆派人來華作直接及間接詳細調查迨至棲霞山淪陷日軍即將該廠列爲軍管理工廠委三井洋行及小野田水泥廠代爲管理自是威脅利誘無微不至希望與之合作製造水泥以供軍用而江南公司當局決心抗拒絕不合作以明大義雖於淪陷時期失却政府保護猶艱苦奮鬪堅志抗拒寧爲玉碎不爲瓦全絲毫不被利用於其間困苦艱險抗拒情形實非筆墨所能詳述至卅二年七月中旬日本軍人變本加厲指使日方外交官設策毀滅棲霞工廠乃於七月十四日北平日方外交官突向江南公司袁心武常董提出擬强迫拆遷棲霞工廠全部機件至山東張店供華北輕金屬股份有限公司鍊鋁灰塊之用旋江南公司屢開董事會股東會一致反對拒絕拆遷并由庾宗淮經理一再向上海日方外交官及輕金屬公司技術人員據理力爭抗拒拆遷機件明知無效不過藉此以拖延時日使日方爲趕製飛機原料計劃拖延五閱月又半致不克成功差堪告慰旋因日軍既存心破壞我國重工業不可理喻乃令僞南京政府以僞國防最高會議議決依照日本方面意見辦理於是僞實業部於卅二年十二月十三日竟發來工字第三〇一號訓令內飭江南公司棲霞工廠迅將指定製鋁所必需之機件交出又於十二月十七日送來工字第二五號通知附來應行拆移之機件名稱件數清單一份計磨四部旋窰二部及附屬機件日本方面根據此項命令及通知於十二月廿六日派武裝日兵及技術人員入棲霞工廠以武力强拆主要機件同時用軍運方式陸續以黑田部隊名義運往山東張店（沿膠濟鐵路距博山約一百六十公里）爲華北輕金屬公司鍊鋁灰塊之用至卅三年四月中旬六大主要機件拆遷殆盡日方又提議增拆第二及第三批附屬機件經江南公司南北兩地當局及庾經理等竭力反對增加拆遷機件并申明擬增拆之第二及第三批附屬機件滬上機器廠均可代製無須向棲霞

廠拆遷理由甚爲正大無奈日軍對於我國重工業必須根本毀滅不允稍留恢復餘地迫不及待竟單方面決定先行拆遷允日後再爲在上海造還族使僞實業部於七月三日送來工字第九二一號訓令飭棲霞工廠迅將日方單列各機件（即第貳叁批增拆之機件）供出并敘述日方申明日本單列各機件供出後凡在上海能製造之機械將由華北輕金屬公司代爲供給云云雖江南公司以日方增拆之件爲歐西名廠出品質料之佳非滬上製造者所能比擬其萬一堅不應允但日方仍依據僞實業部訓令於七月四日將第二三批附屬機件開始拆卸至八月十七日全部機件被拆移完竣事後經僞實業部及日外交官調查第二三批機件在滬造價向輕金屬公司交涉履行造還之諾言歷時半載輕金屬公司始允照辦但變更原定計劃不願直接向滬機器廠造還第二三批機件而允償付該項機件之造價交由江南公司自行委託機器廠造還江南公司以環境惡劣該增拆之件既被日方強制拆遷輕金屬公司所付造價祇可強勉收受隨即委請滬上廠家分別製造但因原料缺乏電力限制迄未如願所幸抗戰勝利上項二三批機件造價可作爲機件拆遷運輸安裝等之費用並以補償機件拆裝兩次所遭巨大損失以及遷還裝置耗費時間對於營業上所受損失之賠償如尚有餘則退還於我政府亦可以抵償日本賠償我國賠款之一部份謹檢同機件清單僞實業部訓令通知抄件據要錄陳

附機件清單一份僞實業部訓令通知抄件共三件

江南水泥股份有限公司董事長

江南水泥股份有限公司棲霞山工廠（江南水泥廠）制造水泥機件被日本大使館强迫及由僞實業部訓令拆遷至張店簡略大事記（一九四五年九月十六日）

檔號：1041-1-52

江南水泥公司棲霞山工廠製造水泥機件被日本大使館强迫及由僞南京政府實業部訓令拆移至張店簡略大事記

卅四年九月十六日抄 P.1

年	月	日	記事
32	7	14	北京日本大使館向袁常董提出强迫借用棲霞山江南水泥工廠水泥機件作日方輕金屬股份公司在濟南張店（沿膠濟鐵路博山附近）製造鋁灰塊之用
	7	16	胡蔭伊先生代表袁常董來滬向穎董事長面洽并向南中各股東報告結果一致反对借用機件
	7	20	庾经理向僞實業部報告日方擬借機件並請協助拒绝王家俊僞司長允盡力爲之
	8	23	庾经理在沪日大使館与技術人員會談表示拒绝拆遷機件
	8	27	庾经理在南京日大使館与技術人員會談表示拒绝拆遷機件
	8	23	致梅思平先生節略梅先生允盡力拒绝
	9	6	上海日本大使館奥田新三经濟部長面交穎董事長書面條款六條强迫借用江南廠水泥機件全部
	9	9	庾经理在棲霞工廠与僞南京政府派員及日方技術人員辯論以冀避免拆遷機件
	9	14	上海日本大使館田尻愛義公使致穎董事長公函将條款六條增為七條
	9		全體董監事上僞國民政府主席呈文請拒绝借用江南廠機件
	9	10	天津闢股東談話會一致反对拆移機件
	9	21	上海 〃 〃 〃 〃
	9	22	上海日大使館譯官田中丰千代訪穎董事長催索復函
	9	25	穎董事長覆日本田尻愛義公使函
	10	7	上海日使館田尻愛義公使再上穎董事長公函請疏通股東
	10	5	龔穎晝三老先生致重光外相函請求協助拒绝借機件
	10	13	僞南京國防會議議決依照日本使館方面意見办理
	10		穎董事長再覆日本田尻愛義公函使
	10	22	僞南京實業部送来工字0002号通知速洽商办理
	11	17	日本大使館奥田经濟部長及水野調查官同訪穎董事長
	11	20	天津闢臨時股東大會全体一致反对日方七條條件
	12	3,8,11	庾经理同趙、孫副经理在上海及南京兩地与僞政府官吏及日本大使館技術人員連闖技術會議三次
	12	3	全体董監事再上僞國民政府實業部呈文拒绝拆遷機件
	12	13	僞南京實業部發来工字201号訓令交出機件
	12	17	〃 〃 〃 〃 0025号通知交出機件詳单計二窰四磨及其附屬機件
	12	26	輕金屬公司代表寺坂開始拆移棲廠機件同時有武装日軍進駐廠内
	12	27	僞南京實業部業工字第0403号批示業经商定拆遷機件
33	3	13	輕金屬公司開始用火車装運機件出廠直至四月中旬将上述之六大主要機件全部拆遷完竣

P.2.

年	月	日	記事
33	2	18	偽南京实業部發来工字0026号通知為日方借用219馬力柴油發電機一座
	4	20	南京日本大使館水野調查官交下擬拆移第二批機件表當即表示反对增加拆移機件
	5	8	偽实業部工業司尹以煊司長交閱擬增加拆移第二及第三批機件表據云係水野調查官交去
	5	17	天津舉行董監會議反对增加拆移機件
	6	6	南京日本大使館田边新之調查官与庾经理談話要求第二及第三批機件全要并取銷大使館以前所發出之文件及口頭意見數日後訪偽实業部長官作同樣表示
	6	21	庾经理同尹以煊偽司長向南京日本大使館太田科長要求保留機件
	7	3	偽实業部送来工字第921号訓令棲廠依照日方单列機件供出(即第二及第三批增拆之機件)計餘存製造水泥必需之附屬機件及主要電器機件
	7	1	南京日本大使館派尹藤君等来棲廠将应拆機件上粘貼預先印就之白紙紅字條
	7	4	轻金屬公司開始拆卸增拆之機件
	7	19	〃 〃 駐棲廠負責代表寺坂良秀等三人在徐州撞車遇害
	8	17	增拆之機件已被拆竣
	9	4	一切機件被轻金屬公司運往濟南張店之運輸事務完竣
	9	中旬	轻金屬公司,三井洋行芦野組及原組等拆機件員工全体離開棲霞山工廠

江南水泥股份有限公司爲第二、三批被拆機件遭受損失應給予賠償致（日）華北輕金屬股份有限公司函

（一九四五年十月六日）

檔　號：1041-1-36

一

敬啓者查

貴公司於三十二年十二月間拆遷敝江南水泥廠之機器使敝公司蒙受重大損失茲奉達意見

如次

㈠敝廠被拆遷之機器全係新機器計由棲霞山至張店拆卸裝卸各兩次以及南北運送機件本

身所受損害自不待言又機件短少破損在所難免應向　貴公司保留賠償一也

㈡機件如運回安裝效能減低（機器效能以敝公司購機合同爲標準）或在張店業已開動使

用機件所受損害（即機器效能減低之損害）應向　貴公司保留賠償二也

㈢此時公路鐵路急需修復一切建設疾速推進水泥一項供不應求其他同業工廠得此時機業

二

務均大有起色乃敝廠因機器被
貴公司拆遷復工遲延遂落人後業務上蒙受鉅大損失應向 貴公司保留賠償三也
(四)如 貴公司不能將敝廠機件妥爲拆遷至棲霞山敝廠負責照原樣裝妥所有上開拆卸裝運
以及安裝之一切費用應由 貴公司完全擔負付給敝公司此應向 貴公司保留賠償四也
右開四項損害賠償先行聲明保留一俟敝公司派員赴張店調查機器情形運輸狀況以及華
中水泥市場情形再行據以編製損失數字送達
貴公司再關於第二三批之附屬機件雖經
貴公司付價委託敝公司在滬代造歸還但以滬上資材之缺之時局急轉滬上各廠均未能代

江南水泥股份有限公司

三

造所有二三批機件願請一併與主要機器歸還敝公司其委託代造之何項可作爲抵補

貴公司應賠償敝公司損失之一部相應函達統希

察照見復爲荷此致

華北輕金屬公司

江南水泥股份有限公司啓

十月六日

卅四　九

江南水泥股份有限公司

事變後江南水泥股份有限公司大事記（一九四五年十月六日）

檔　號：1041-1-52

應歸卷比照　十六　卅四年

事變後江南水泥公司大事記

一、二十六年十二月首都淪陷之同時全廠職工除留極少數人伴同德丹廠代表人看守廠物外其餘均向漢口撤退

二、二十六年十二月以後敵商三井上海支店屢次尋問江南廠關係人態度極為傲慢時常出電話招往究問公司工廠一切事項追根問底儼同法官最注意者為督促江南廠開工愈逼愈緊關係人惟設詞搪塞最後答以江南董事會在天津爭關重要工廠職員無權答復

三、二十七年三月間敵商三井洋行在天津向江南提出覺書要求與之簽立協定五項如下㈠促進江南水泥公司迅速開工製貨㈡謀小野田洋灰

株式會社與江南作技術上之提攜（三）江南水泥銷售在華日本人方面者由其一手經銷（四）三井願居間效勞斡旋江南對於中國方面同業中之圓滿協調（五）江南工廠設備或變更其組織並營業時須先與三井商議之」會談之頃三井態度強硬恫嚇迫脅經公司常董會答以籌備開工事項正在調查中目下尚無須協助之必要未便簽定任何協定等語以拒絕之

四、二十七年四月迄二十八年十月三井對所提要求簽立協定之事項頻繁催促情緒激烈每謂日本軍部切望江南早日開機出貨常此延宕必有一日不能支持大非所宜均經常董會婉詞延宕

五、二十八年十一月小野田常務董事朝枝及三井水泥部長西田來滬要求

面談表示協力合作之必要關於軍部方面對於江南並不諒解深爲不滿

請江南注意經常董會答以江南以中國人自營爲原則至於江南開機發

實因遵奉安裝未竣電力材原料現均無辦法祗能俟明春再派員入手

調查實際情形再行酌辦等語以搪塞之

六、二十九年七月上海方面敵軍管理工廠整理委員會召集軍管各廠定期

開會先期由三井[illegible][illegible]商店分頭向江南廠及江南董事會函致參會通知

江南與會之函盼望出席措辭迫切經復以江南廠未被軍管無資格出席

三井乃臺稱軍部確委彼爲江南廠管理人但彼方希望江南與之簽立協

定等於取得江南之管理權尚未過廠管理並非江南不在軍管之列[illegible]經

本廠呈請當地主管機關向關係機關解釋准予撤銷江南廠於軍管理之字樣敵方發委會明白表示江南水泥廠已於廿七年三月廿日置於敵軍管理之下（到此方借三井於廿七年三月提出簽立協定之由來）應還照申請發還手續辦理遂按照其所定手續申請發還

七、自二十六年起至三十二年七月敵方屢次以利誘威脅促使開工本公司一再設辭延宕迄未照辦乃三十二年七月敵使館對江南表示江南廠既一再延宕不進行開工機器應有供生產遂將江南廠機器拆來華北啟新造船廠令江南務須協力並囑董事長須當面答以事屬更動廠產必須得股東同意董事無權應允敵方一再恫嚇要求均予婉拒

八、三十二年九月十日由董事會在平津一帶招集股東在天津開談話會同月廿一日請華中股東在滬開談話會均表決不贊成拆遷江南廠機器每遇敵使館催迫之時即答以股東不贊成之決議以事搪塞

九、三十二年十月偽實業部致江南業工字第〇〇〇二號通知文內開案准日本大使館埔内第三一六號函送駐上海日本大使館致該公司董事長顏惠慶函開查江南水泥公司工廠施設移往華北一案云云查此案最高國防會議意見以爭圖協助大東亞戰爭應予協助對於棲霞山工場機件日方既急需拆遷時間迫切應速洽商辦理合行通知仰即遵照（卅二年十月廿二日發出）

十、僞實業部通知之同時敵方即派兵到江南廠並派員工進廠察看計畫拆卸經江南廠主管人員以未奉總公司命令拒其即行動手敵方遂向江南公司加緊催迫董事會以未經正式股東會討論董事無權主持推諉之

十一、三十二年十一月二十日在滬召集股東臨時會對於敵使館所提拆遷江南廠機器辦法全體表示不贊成爰即以決議通知敵方

十二、三十二年十一月廿五日敵使館方面派員到滬訪江南董事與仙舟暨心武適袁常董去唐山時董事患病由周修會代見敵方表示敵軍方對江南股東堅持反對拆遷機器深有惡意似有抗日嫌疑已令敵憲兵搜捕袁尚被該使館攔住希望貴方速往省當經江南在滬董監開緊急會議推袁陳

前三常董到北平說明股東會之決議董事無權變更仍要求前途尊重股東意見勿行拆遷前途不予考慮並云此事已由中國政府下令遷移總部遂暫卒無結果只得再函電上海南京兩偽實業部抗爭並說明拆移困難及損失

十三、三十二年十二月十二日偽實業部業工字第三〇一一號致江南水泥公司訓令關於查日方擬拆卸該公司棲霞山工場機件移往華北蒙疆一案本部前准日本堀內公使暨外交部轉准日本谷大使先後來函業於本年十月廿二日抄譯以業工字第二號通知該公司在案茲准該公司派員來部申叙困難情形復經本部召集雙方一再磋商終未得結論現以時間急迫

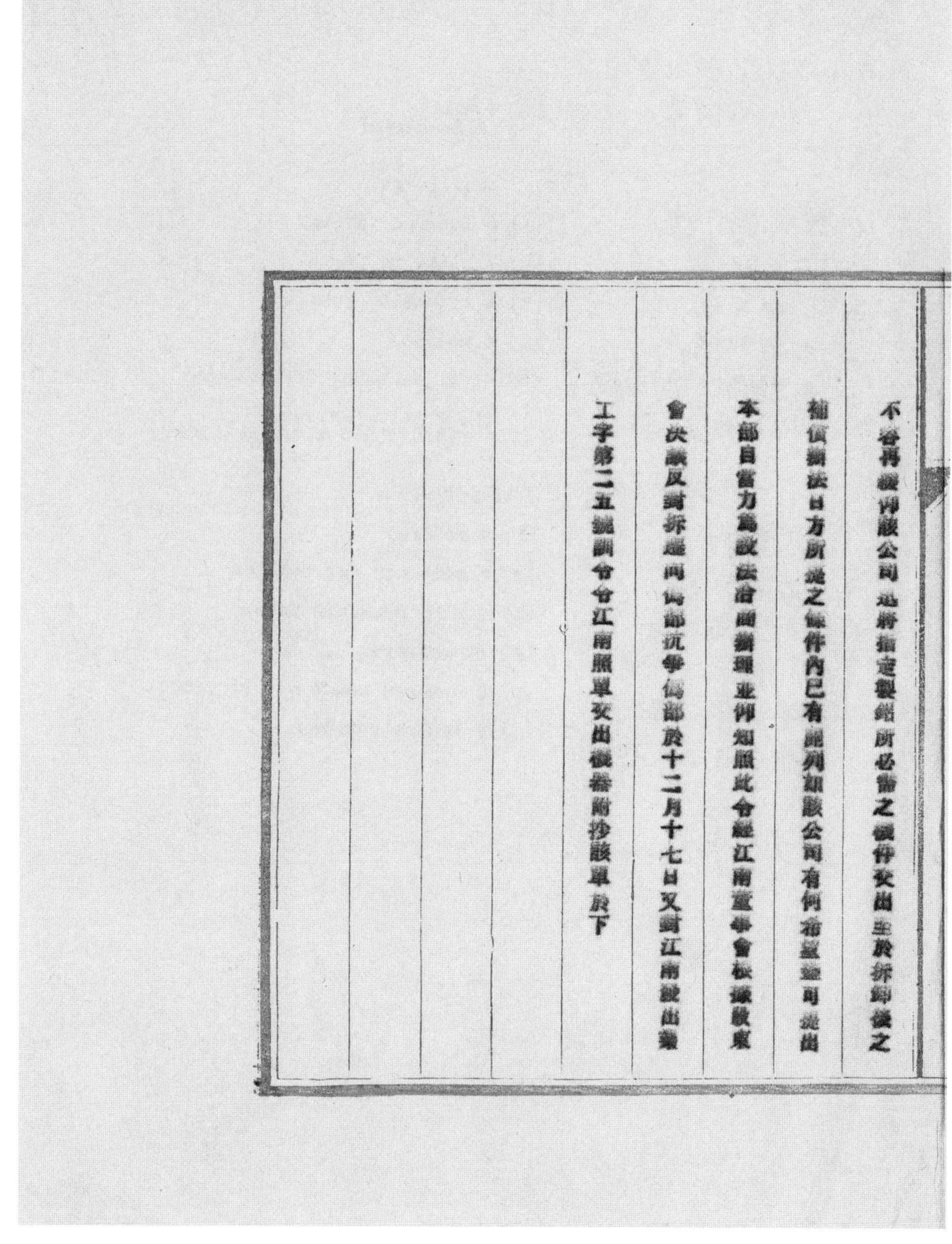
不容再拖俾該公司迅將指定機器所必需之零件交出至於拆卸後之補償辦法日方所提之條件內已有規列如該公司有何爭議亦可提出本部自當力爲設法合理辦理並仰知照此令經江南董事會根據股東會決議反對拆遷向偽部抗爭偽部於十二月十七日又對江南發出業工字第二五號訓令令江南照單交出機器附抄該單於下

(1) 磨四部　(1) 4 mills.
(2.2m x 14m)

下同

附件　Auxiliarys: (ie)

1) 喂料盤八個　(1) 8 feeding tables.

2) 油泵四個　(2) 4 starting pumps.

3) 蓋輪四個　(3) 4 reduction gears.

4) 馬達四個　(4) 4 motors.

5) 馬達用油開關四個　(5) 4 oil switches for motors.

(2) 旋窰二部　(2) 2 Rotary Kilns.
(3.0 x 2.5 x 2.8 x 1310m)

附件　Auxiliarys:

1) 馬達二部　(1) 2 motors.

2) 馬達開關二個　(2) 2 switches for motors.

3) 煤風扇二個　(3) 2 high pressure fans.

4) 滾輪二十八個　(4) 28 rollers.

5) 香火罩二個　(5) 2 burners hoode & coal pipes.

6) 空氣開關二個　(6) 2 louvre dampers.

THE KIANG NAN CEMENT COMPANY, LIMITED, TIENTSIN.

十四、三十二年十二月廿三日敵方員工在敵軍監視之下開始動手拆卸江南水泥公司棲霞山工廠之主要機器迄七月間拆遷完畢分批運送山東之張店讓接江南廠因抱定不出賣宗旨敵方催促出賣至再至三均嚴詞延宕計猶豫閱五年餘敵方目爲不與其合作毋寧將機器廢置不事生產有消極抗拒日軍嫌疑乃將機器强行移往張店

以上均係事變期間江南水泥公司所受迫害損失之事實

江南水泥廠因拒絕與敵日合作機件强被拆遷經過（一九四五年十月十二日）

檔號：1041-1-65

節略摘要

江南水泥廠因拒絕與敵日合作機件強被拆遷經過

第一批機件被拆經過

第二三批機件被拆經過

[illegible]

江南製水泥機件不適於造鋁 張店無造鋁優良原料

張店製造大量水泥泥無市場銷售 運輸極感不便

該設備運江南被拆機件運回棲霞工廠製造水泥供建設之急需

張店整全套工廠可否由設計委託江南代為接收 以節省人力時間

江南~~機件強被敵拆遷之原因~~因拒絕與敵日合作机件強被拆遷

一江南水泥公司棲霞工廠自廿四年開始籌備迨八一三抗戰軍興仍進行不懈預定廿六年年底開機出貨不幸戰事迫近廠址遂告停頓當將一部份輕巧機械秘密收藏一面商請丹麥國華售機器洋行俾以債權人立場派員駐廠掩護故棲霞山淪陷未被日軍佔領敵日數度來商合作製造水泥以供軍用威脅利誘無所不用其極江南公司藉詞機械不全堅決拒絕敵方旋復督促開工歷五年之久均經設詞婉拒敵日軍部痛恨江南公司不與合作設策毀滅江南工廠此江南機件強被敵日拆遷之原因也

第一批機件被拆經過

卅二年秋間敵日軍部指使其北平外交官突向江南公司袁心武常董提出擬強迫拆遷棲霞工廠全部機件至山東張店供華北輕金屬公司煉製人

(1)

（2）

工礬土之用江南公司屢開董事會股東會一致反對拆遷而敵日加緊壓迫無可理喻江南公司雖明知抗拒無效然仍本抗戰精神從事折衝以拖延時日如是者歷時五閱月又半日方既知江南公司無妥協可能終於嗾使偽南京政府由偽實業部於卅二年十二月間先後發來工字第三〇一號訓令及工字第二五號通知附機件清單飭將單開機件迅速交出日方根據此項偽令遂派武裝日兵及技術人員入棲霞工廠以武力開始拆卸二窰四磨及其附屬機件運往山東張店

第二三批機件被拆經過

卅三年四月間日方又提議增拆第二及第三批附屬機件經江南公司竭力反对並申明增拆之附屬機件滬上機器廠均可代製無需向江南廠拆遷奈日軍對我重工業必須根本毀滅不允稍留恢復餘地單方面決定先行

拆遷日後再在上海造還仍復嗾使偽實業部於七月三日送來工字第九二號訓令飭將第二三批機件借出併叙明借出後凡在滬能製造之機械將由華北輕金屬公司代為供給云云日方依據此項偽令復於是年七月初強拆第二三批機件至八月中旬全部機件被拆移完竣事後經偽實業部及日外交官調查第二三批機械在滬造價向輕金屬公司交涉造還歷時半載輕金屬公司始允照辦但變更原定計劃不願直接向滬機器廠造還而允償付第二三批機件之造價交由江南公司自行委託機器廠造還江南公司以環境惡劣該第二三批機件既被日方強拆於先此項造價如再拒收於後徒予敵方以經濟上之便宜故暫為收受一面委請滬機器廠分別製造但因原料缺乏電力限制未克如願上述造價祇得待至抗戰勝利之後作為機件拆遷運輸安裝等之費用並以補償機件拆裝兩

(3)

(4)

次因遭巨大損失以及遷還裝置耗費時間對於營業上所受損失之賠償如尚有餘則退還於我

政府亦可以抵償日本賠償我國賠款之一部設或不敷尚請

政府交涉補足

江南製水泥機器不適於造鋁張店無造鋁優良原料

張店附近既無礬土（bauxite）可供造鋁原料

江南製水泥機械不適於造鋁之用是以事實上敵日在魯煉製人工礬土之計劃迄未成功不得不中途改為製造水泥

張店製造水泥既無市場運輸極感不便

張店不但無水泥銷場且無水路可供運輸如大量生產運銷他埠成本過

重不合承平時代之經濟原則

請求 政府發還江南被拆機件運回棲霞工廠

江南為拒絕与日方合作停頓八年已損失不貲所有被拆機件請求

政府迅賜發還以便早日生產供國家建設之需

張店輕金屬工廠可否由 政府委託江南代為接收

江南公司為節省人力時間計希望 政府委託江南公司派技術人員接收

張店輕金屬工廠於接收之後除運還江南被拆機件外餘均交還

政府可否之處出自

鈞裁

附機件清單一份 偽實業部訓令通知抄件共三件

江南水泥股份有限公司董事長顏惠慶

卅四年十一月十二日

（5）

蘇浙皖區敵僞産業處理局駐蘇辦事處鎮江分處爲派員接收日本遺留制酒精機件與江南水泥股份有限公司棲霞工廠（江南水泥廠）的往來公函（一九四六年七月二十日至十一月八日）

檔號：1041-1-36

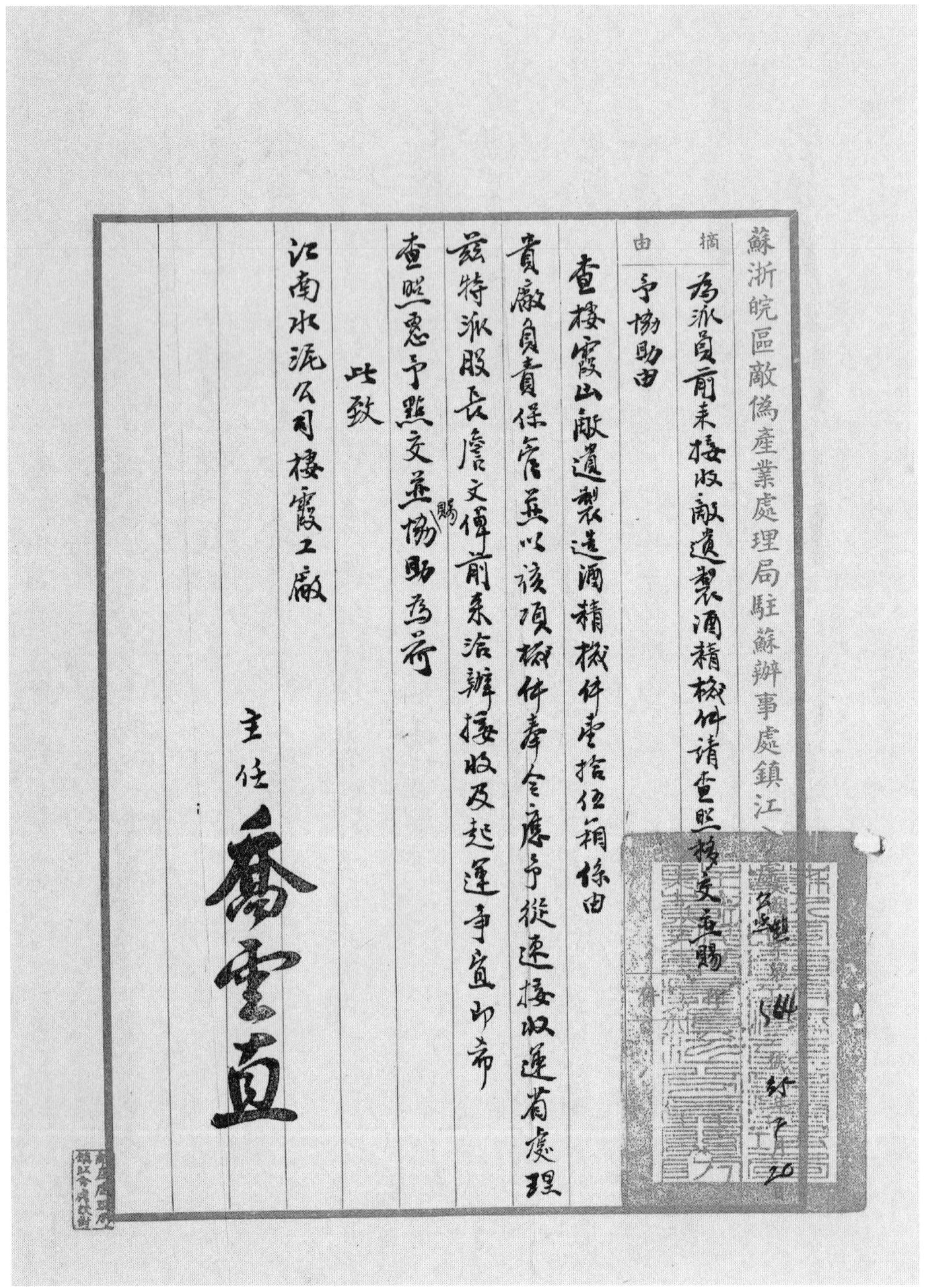

蘇浙皖區敵僞產業處理局駐蘇辦事處鎮江分處

摘由：爲派員前來接收敵遺製酒精機件請查照接交並賜予協助由

查棲霞山敵遺製造酒精機件壹拾伍箱係由貴廠負責保管茲以該項機件奉令應予從速接收運省處理茲特派股長詹文偉前來洽辦接收及起運事宜即希查照惠予點交並賜協助為荷

此致

江南水泥公司棲霞工廠

主任 喬雲直

地址 鎮江中華路一四七號 原件寄滬

蘇浙皖區敵偽產業處理局駐蘇辦事處鎮江分處公函 蘇鎮字第[illegible]號 卅五年十月廿日

摘由 為函請繳解敵遺物件價款見復由

業奉

本總局本年十月九日滬清丙字第五〇六八〇號訓令內開：

「案准經濟部發字第一三九九八號公函以據該處駐蘇辦事處代電為江南水泥廠收歸國有物資係尚未運全之機械另件非專家無從辨認檢同原發清單請核轉等情檢附原單轉請核辦等由准此業已照單評定總價計法幣叁佰肆拾壹萬元除函復外合行檢發評價單乙份仰即

轉知該廠遵照繳款具報爲要

等因附發評價單一份奉此相應抄同評價單乙份函請

貴廠查照迅將該項價款計法幣叁佰肆拾壹萬元整解鎮

江中央銀行本處敵偽產業變價專户以便轉解並請將解款

日期先行見復爲荷

此致

江南水泥公司棲霞工廠

附抄評價單一份

主任 喬雲直

蘇浙皖區敵偽產業處理局收歸國有部份評價單

物件（原料，物料，成品，半成品） 廠名 江南水泥公司（收歸國有） 地址 棲霞山

品名說明	數量	限價或市價 單價	限價或市價 總價	折舊率	評定價值 單價	評定價值 總價	備註
白鉄元筒分縮器即蒸溜塔	2節	直径4呎				400,000	敵日降服前
〃 〃 〃	〃	〃				400,000	存置棲霞之製
〃 〃 〃	3節	〃				600 000	造濾精物品計
〃 〃 〃	4節	〃				800,000	十五桶管由經
〃 〃 小冷卻器一個						100,000	濟部蘇浙皖特
鉄件 該項机件不全似為一鉄案						250,000	派員駐江蘇辦事
冷卻器 1	套					250,000	處派員點查存
分縮器 1	節					200,000	物品約如左
分管器 1	具					100,000	
裝品及發蒸汽 1	組					} 30,000	
試驗器 1	組						
玻璃管 玻璃器（看濃度時用）	2個					5,000	內有損壞
配管関係 配管6寸寬4尺長	〃					} 60,000	
彎頭6寸寬	〃						
追桐配管 6寸寬 5尺長	3個					} 300,000	
2寸寬 5尺長	15個						
預備玻璃管 玻璃器（看濃度時用）	2個					5,000	內有損壞
玻璃管 小玻璃管						10,000	〃 〃
總計						3,410.000	

35年9月23日　正/副主任委員 [印]　組長 [印：曾廣方]　評價員 呂音諧

苏浙皖区敌伪产业处理局收归国有部份评价单

厂名——江南水泥公司

地址——栖霞山

资本性质

项目	评定价格	备注
厂基	—	
住宅	—	
机械设备	3,410,000	
原动力	—	
建筑	—	
生财	—	
物料	—	
原料	—	
半成品	—	
成品	—	
总计	# 3,410,000	

评价者 吕音韶　　核定者 方书广印 王止圻

1946.9.23.

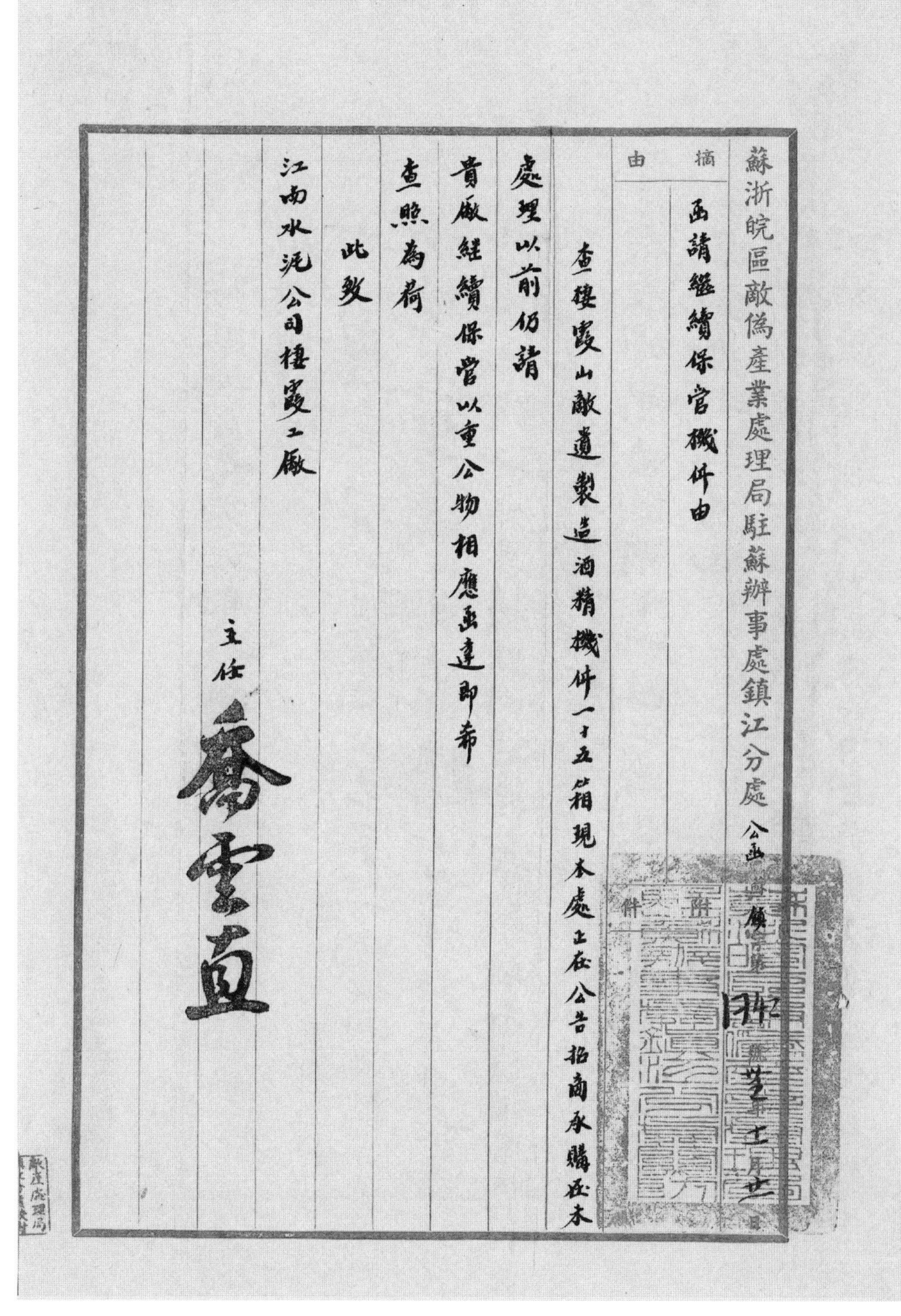

蘇浙皖區敵偽產業處理局駐蘇辦事處鎮江分處 公函 鎮字第1342號 卅五年十二月廿 日

摘由：函請繼續保管機件由

查棲霞山敵遺製造酒精機件一十五箱現本處正在公告招商承購在未處理以前仍請

貴廠繼續保管以重公物相應函達即希

查照為荷

此致

江南水泥公司棲霞工廠

主任 喬雲直

致敵僞產業處理局駐蘇辦事處鎮江分處函稿

敬啓者：接奉

貴分處卅五年十月廿一日蘇鎮字第一四一六號公函，以敵日

降服前存置敝廠之製造酒精物品業經評定價格，囑

由敝廠繳解價款等因，並附評價單到廠。查該項製造

酒精物品計十五木箱，係上年敵因擴強佔敝廠一部份

房屋作製造酒精之用，阻止無效，於七月間擅自運

來。嗣勝利後曾由

經濟部蘇浙皖特派員駐江蘇省辦事處派員來

廠點查，當以該項物品應歸國有，而請從速運去，聞

經將陳在案敝廠在抗戰期間損失重大現正籌備
復工製造水泥對於該項物品並不需用是以無意承
購相應函復即希
查照迅速運出以免妨礙復工工作為荷此致
蘇浙皖區敵偽產業處理局駐蘇辦事處鎮江分處
江南水泥公司棲霞工廠啓
卅五、十、八

出旋由日軍進廠強迫拆往山東張店供華北輕金屬公司煉製人工礬土之用抗战勝利後上述被刼机件商公司業已呈請

政府發还惟報載張店敵日工廠幾全部被毀膠濟鐵路破壞尤鉅当此南北交通困难商公司被拆机件已不完整短期内决無運回復工之可能间我

國善後救濟總署向美國購有水泥机器兩部（每部每日出産水泥一千桶）備救濟抗战期间受有損害水泥廠之用商公司工廠在抗战期间始終不願生産並拒絶与敵日合作所有机件強被拆遷適合救濟條件所幸原有廠房及修机间採石及挖泥設備裝包設備庫房灰塊倉泥漿倉水泥倉以及天然原料石山土山均安然無恙且技術員工均極齊全交通方面除有自建

鐵路岔出道銜接京沪路外且有揚子江可供水路運輸公路可通京
杭國道祇要有水泥机器在最短期间即可生産擬請
鈞署體念商公司為愛國奮鬥損害重大准將向美國購来之水
泥机器二部運交商公司工廠装用以便及早生産供首都建設之需
再領用此項机械如需繳價商公司自當遵辦除分呈江蘇省
政府建設廳外理合檢同偽実業部訓令及通知並棲霞工廠平面略
圖備文呈請仰祈
鑒賜核准实為德便謹呈
善後救濟総署蘇寧分署

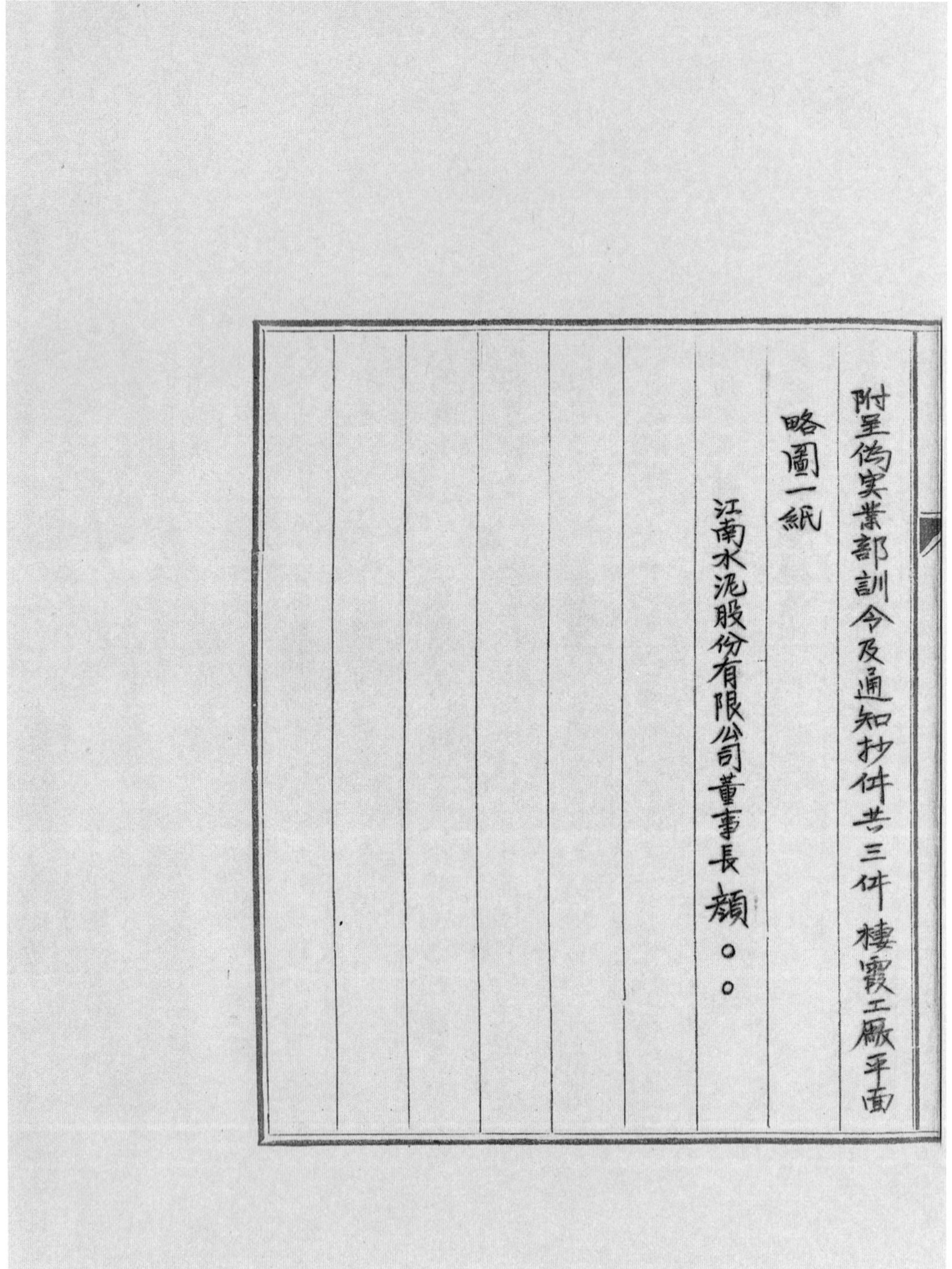
附呈偽實業部訓令及通知抄件共三件　棲霞工廠平面略圖一紙
江南水泥股份有限公司董事長顔○○

抄件

善後救濟総署蘇寧分署代電　鎮技字第六五七〇號

為奉総署電知關於該廠請撥水泥机件可予優先補助轉電知照由　卅五年八月二日

江南水泥廠案查該廠前請撥配水泥机件一案業経轉請総署核撥在案茲奉総署本年七月十五日滬工字第三四〇九號代電節開「查該區鑛用器材除煤礦方面已配售炸葯五噸外其餘物資准先行登記陸續装配至華東煤礦所請新設水泥廠部份業経審查限於預算礙難照辦江南水泥廠則可予以優先補助合行電仰分別飭知為要」

等因奉此除分行外合行電仰知照署長陸子冬鎮技未冬印

江南水泥股份有限公司爲請發還被日本强拆運至張店的機器致魯豫晉區特派員的呈文（一九四六年九月十四日）

檔　號： 1041–1–9

副本

爲江南水泥廠被敵寇强拆運至張店之機器亟待領回懇請
迅賜發還由

清單　照片
抄件

呈為江南水泥廠被敵寇强拆運至張店之機器亟待領回懇請
迅賜發還仰祈
鑒核示遵事竊商公司於抗戰期間拒絶與敵日合作致遭敵方仇視將棲霞工廠機件强行拆奪運至張
店迨日寇投降後商公司於去年十月間將機件被敵强拆經過詳情遞呈
經濟部請求發還至十一月間　經濟部戰時生產局蘇浙皖區特派員派接收專員來廠接收復經商公
司將被拆機件經過詳情具呈報告請賜發還由江南公司派遣技術人員赴張店會同接收旋奉蘇浙皖
區特派員於本年一月卅一日通知棲霞工廠准予發還關於被拆機件已函請
鈞處詳查嗣於本年三月七日接奉　經濟部蘇浙皖區特派員辦公處發字6379接114號通知開案准本部
魯豫晉區特派員辦公處魯電字第八二號代電開「本年一月十七日發字第四一七二號子篠代電以
江南水泥公司機件被敵强迫拆遷至張店地方現據該公司呈擬請准予派遣技術人員赴該處會同接

收似可照准囑為查照等由自應照辦相應復請查照為荷」等由准此合行通知查照為要等因各在案商

公司本應遵派技術人員前往張店聽候

鈞處指示會同接收被拆機器乃以張店附近交通及治安未恢復平時狀態無法前往茲聞濟南張店間業

已通車特此呈請

鈞處明示發還日期以便招致技術員工籌備接收拆運理合檢同被拆機件清單暨偽實業部訓令及通知

照片抄件等件備文仰祈

鑒核批示施行謹呈

經濟部魯豫晉區特派員楊

附被拆機器清單一式二份　偽實業部訓令及通知照片抄件一份

江南水泥股份有限公司　謹呈　江南水泥股份有限公司

董事長　顏惠慶

稿　繕寄九、十六　青備用

為詳陳敝廠增拆之議幷曾迫收一部分造價經過情形仰祈
鑒核由

照片　抄件

呈爲詳陳敵寇增拆之機件（即第二三批強拆之機件）曾迫收一部分造價經過情形仰祈
鑒核事竊商公司爲被敵寇強拆運至張店之機器亟待領回曾檢同被拆機件清單暨僞實業部訓令及
通知照片抄件等呈請
鈞處垂示發還日期在案查檢呈被拆機件清單內曾標明有「僞實業部工字第921號訓令強迫交出增拆之機件」一批此項增拆之機件敵寇於強拆第一批機件後復提出強行借用之意稱爲第二三批機件均經商公司毅然拒絕敵寇乃唆使僞實業部又復下令強迫江南照單交出即第921號之僞令也（附呈照片及抄件）查僞令中所稱「日使來函……凡在上海能製造之機械撥出華北輕金屬公司代爲供給」之語即係針對商公司數月堅持「日方可能在上海自製無須取之江南」拒絕之詞表示此項機件江南既仍不願接受任何條件而不肯交出敵方換出輕金屬公司代爲在上海造還計敵僞於三十三年七月間開始強拆第二三批機件迄九月間全行拆運嗣事商公司乃向敵僞質詢如何由輕金屬

公司代爲在滬製造供還江南敵方乃索閲上海製造廠家估計單强嚇江南自行監製商公司乃於三十三年十月間檢集上海製造廠家估計單送交敵方當時聲明此項估計單所列造價數字係自十月一日（計三批机件造價爲偽幣中六万七千九百零六万二千五百元）起至多以一個月爲限逾期暫按物價變動比例另行估計蓋江南之目的在收回實物決不肯空懸一估價數字收取代價乃敵方迄至三十四年三月下旬忽由輕金屬公司照五個月以前即三十三年十月間所估造價迫交江南領收其時物價工價較之五閱月前增加約爲三四倍是敵方不曾付以四分之一之造價而迫使自造如江南拒收該款要求重估恐其仍行搞匯莫如暫予接收作爲造還機價之一部分一面重行估計詎其時上海物料昂貴製造廠均不願接收定單商公司曾向輕金屬公司聲明所有增拆之第二三批機件已不能在上海製造但未敢明言其迫交之一部分造價願作爲中國勝利後預付之賠償擔保金而無形中予以扣留因其時日寇敗形漸著極易觸惹疑怒凡遇華人說「快完了」三字或說「最後勝利」四字均不願聽其猙惡無倫由目可以遍見此事經過情形業經商公司於去年廿月編有限公司

逕呈

經濟部文中叙明并經呈報 經濟部蘇浙皖區特派員駐江蘇辦事處特派員各在案理合檢同偽實業部工字921號訓令照片暨抄件各一份備文呈請

鈞處鑒核備案謹呈

經濟部魯豫晉區特派員楊

附偽實業部工字921號訓令照片暨抄件各一份

江南水泥股份有限公司 謹呈

董事長 顔惠慶

趙慶杰總技師赴張店廠查點機器清單（一九四六年十一月二十一日）

檔　號：1041-1-9

趙慶杰總技師赴張店廠查点機器清單

1

編號		机件名称	原有件数	鋁業公司点收数	江南查出数	存放地点	損壞程度
A		磨	4部	4部	4部		磨本身0%，小件100%
	(1)	喂料盤	8个	8个	8个		20%
	(2)	油泵	4〃	1〃	4〃	1架装在非江南之磨　1架装在江南之磨 1〃〃精製室　1架在燒成室東露天	80%
	(3)	齒輪	4〃	3〃	4〃	3个在磨坊内，另1个在箱（在燒成室東边）	齒輪本身0%，小件100%
	(4)	馬達	4部	3部	4部	3〃〃〃，另1个在電氣工作室	0%
	(5)	馬達用油開関	4〃	0	4〃	在電氣工作室	開関本身0%，小件100%
B		旋窯	2部	2部	2部		0%滾圈生銹
	(1)	馬達	2	2	2		50%
	(2)	馬達開関	2	0	2	在電氣工作室	80%
	(3)	煤風扇	2	0	2	露天在燒成室東	20%（生銹）
	(4)	滾輪	28个	0	28个	9个在燒成室東，7个在發電所西，12个在發電所南	20%（生銹），滾輪瓦70%
	(5)	看火罩	2	1	0		未尋着
	(6)	空氣閘閥	2	0	0		
(1)							
	甲	電動机	4	0	0		
	乙	減速机	4	0	2	在燒成室東露天	
	丙	起動止動装置	4	0	0		
	丁	電線	1式	0	0		
(2)							
	甲	電纜及電線	1式	0	0		
	乙	配電盤	1式	0	1式	在電氣工作室	80%
(3)							
	甲	起動止動装置	1式	0	0		
	乙	管類油及其他附屬各件	1式	0	0		
(4)		減速机内所用潤滑油	全部	0	0		
(5)		吸塵机	1台	1	1台		60%（小件全無）
二		手動走行机	1具	0	0		
三							
	(1)	Air Seal	2台	0	2台	露天在燒成室東	50%（生銹）
	(2)	吸烟風車	2台	0	2台	〃〃〃	50%（〃〃）
	(3)	至烟突之鉄板烟道	2組	0	2組	〃〃〃	20%

編號		机件名称	原有件數	鋁業公司点收數	江南查出數	存放地点	損壞程度
	(4)	電動机	2組	0	2組	在電氣工作室	50%
	(5)	風車所用之電動机	2个	0	2个	〃〃〃〃	0%
	(6)	Control Panel	2組	0	2組	〃〃〃〃	80%
	(7)	滾輪底座	18个	0	14个	露天發電所東北2个又西面12个	20%(生銹)
	(8)	鍊		0	3大堆	在發電所外1堆 燒成室東南大路旁2堆	0%
	(9)	備貯火磚	1式	0	散處各地		100%
四		立式空氣泵	3座	0	3座	露天 在燒成室東	70%(小件全無)
五		室外变压器	4座	2	2座		40%
六		搖動輸送机	1座	0	1座	机件在工廠東北角 馬達在電氣工作室	50%(小件全無)
七		原料泵	5台	4	5台	4座在精製室 1座在燒成室東露天	4座0% 1座50%
八		煤磨	1座	1	1座		0%
	(1)	送煤管子	1座	0	1座	在工廠東北角	散置各處恐不全
	(2)	煤磨用馬達	1座	0	1座	在電氣工作室	0%
	(3)	分別煤粗細之机器	1座	0	1座	在工廠東北角	20%(小件全無)
	(4)	餘熱利用管	1式	0	1式	〃〃〃〃	散在各處恐不全
	(5)	煤倉及粉煤引出裝置	2份	0	2份	煤倉在工廠東北角引出裝置在廠房	20%
九		配電盤	14塊	0	10塊	在電氣工作室	僅存大理石板 電表全無
十		成品輸送泵	1座	0	0		
十一		成品計量自動秤	1个	0	1个	在工廠東北角	60%

附註：(1)工廠內野草甚高，点覓机件頗感困难，小件或低矮机件，埋在草内而未点清者，容後俟野草清除当重行清点。

(2)編號係根據三十四年十月二十二日江南水泥公司所開之机件被拆單。

(3)此單於卅五年十一月廿二日交張店鋁業公司籌備處二份，損壞程度未列入。

民國卅五年十一月廿一日

江南水泥股份有限公司股東臨時會關于赴張店接洽收回機器等各項提議決議案（一九四六年十二月二十日）

檔號：1041-1-28

江南水泥股份有限公司股東臨時會程序單

一、股東簽到

二、振鈴一次開會

三、公推　臨時主席

全體肅立對黨國旗及　總理遺像　蔣主席肖像行三

鞠躬禮默讀　總理遺囑靜默三分鐘

四、報告二十八年第三次增資業於三十年一月十八日按

法幣收足案

監察人宣讀第三次增資股款認繳足額報告書

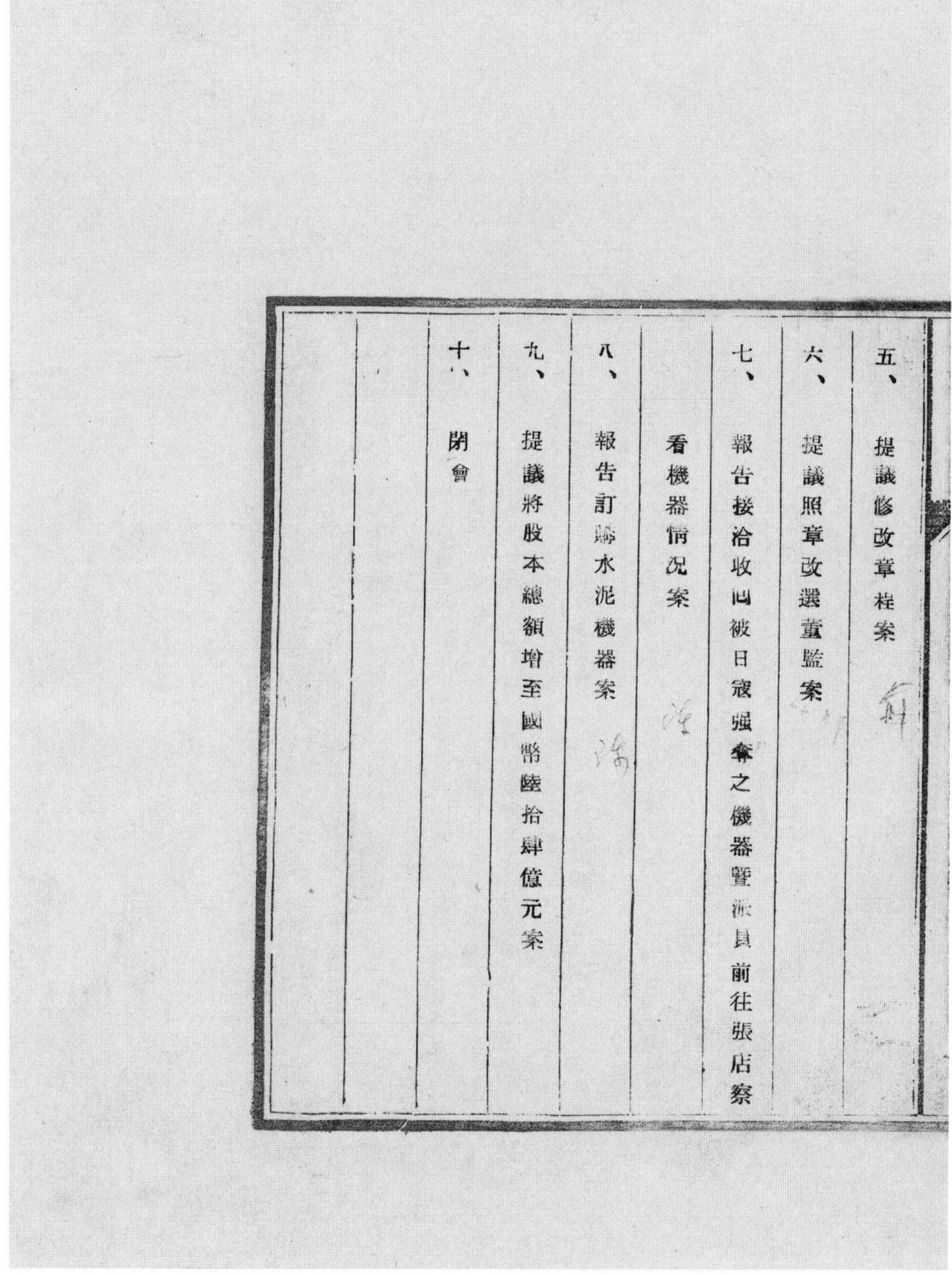
五、提議修改章程案
六、提議照章改選董監案
七、報告接洽收回被日寇强奪之機器暨派員前往張店察看機器情况案
八、報告訂購水泥機器案
九、提議將股本總額增至國幣陸拾肆億元案
十、閉會

報告接洽收回被日寇刼奪之機器暨派員前往張店實地察看機器情況案

本公司在勝利後即節次遞呈 經濟部暨 蘇浙皖區特派員辦公處及 經濟部魯豫晉區特派員 山東青島區敵偽產業處理局請求發還被日寇強奪置張店之本廠機器於本年十月十四日接奉 行政院山東青島區敵偽產業處理局元字第六六七二號批開呈暨詳單均悉查魯省張店之敵營輕金屬工廠已歸資源委員會接管除已將原呈抄轉資委會請迅予清查核辦外仰即知照等因本公司一面與資源委員會接收張店工廠主管人員接洽並約請技術專家趙慶杰君（前充棲霞工廠副理）於十一月十七日飛往濟南值交通尚未恢復幸趙君能克服困難經由張店至南定工廠（本公司被刼機器所在地）查勘據其報告調查情形稱綜計江南

被刼機件在南定廠已安裝者僅原料磨洋灰磨共三部喂料盤八只齒輪一座原料磨馬達一只其餘均未安裝已裝者均未裝齊由此判斷均未用過惟機件上之小件有損失者第一批被刼機件如運回或運至他處均能使用惟須配齊零件其效率不致減少等於新機器之效率等語（以上係摘錄趙君報告原文）本公司歷次所遞呈官方之呈文均附檢證件證明(一)第一批被刼機件純係强奪敵僞雖迭次表示可予補償本公司均未接受談判(二)第二三批機件亦係强奪但因敵方表示可在上海按件造還嗣後變爲由江南估計造價由敵僞輕金屬公司付交江南自造實際支付造價時期（三十四年三月）距估計造價時期（三十三年十月）已逾半年物價變動物資缺乏其時上海已不能製造本公司已函達輕金屬公司聲明將該款保留

爲賠償損失之用現須俟資委會核辦以上經過各情理合報告

股東公鑒

報告訂購水泥機器案

查本公司棲霞工廠被日寇劫奪之機器雖可望發還但值交通梗阻拆卸運回非短期所能辦爲期早日生產以供國家建設於今春呈請救濟總署代向美國訂購與被劫機件相同之機器經行總聯總迭次派員至廠查勘認爲本公司損害之情形最適合救濟條件在申請配售廠家中本公司竟得列爲第一位但一波再折困難重重最後經行總派員飛美商得聯總同意始於本年十月間按照本公司需要情形向美國斯密芝公司訂造二窰四磨及其附屬零件（生產能力爲每日四千桶每年廿萬噸）於

明年五月底在美交貨計美金壹百柒拾貳萬餘元按照現行官價滙率及遠期外滙結算共爲國幣陸拾叁億伍千餘萬元已於卅五年十二月二日與行總成立契約此次訂購機器優點有三㈠到貨迅速其他民營公司訂購機器皆無如此之速㈡按官定叁千叁百伍拾元滙率結付遠期外滙不欠美金㈢除分二期先繳付三成外其餘七成結爲法幣俟貨到上海再付如機器遲到吾方款亦遲付只擔負月息八釐之利息此項新機可望於明年八月運到卅七年春間開機出貨當爲國內水泥新廠完成最速者至於被刧至張店之機件俟交通恢復亦可整理運回或爲本

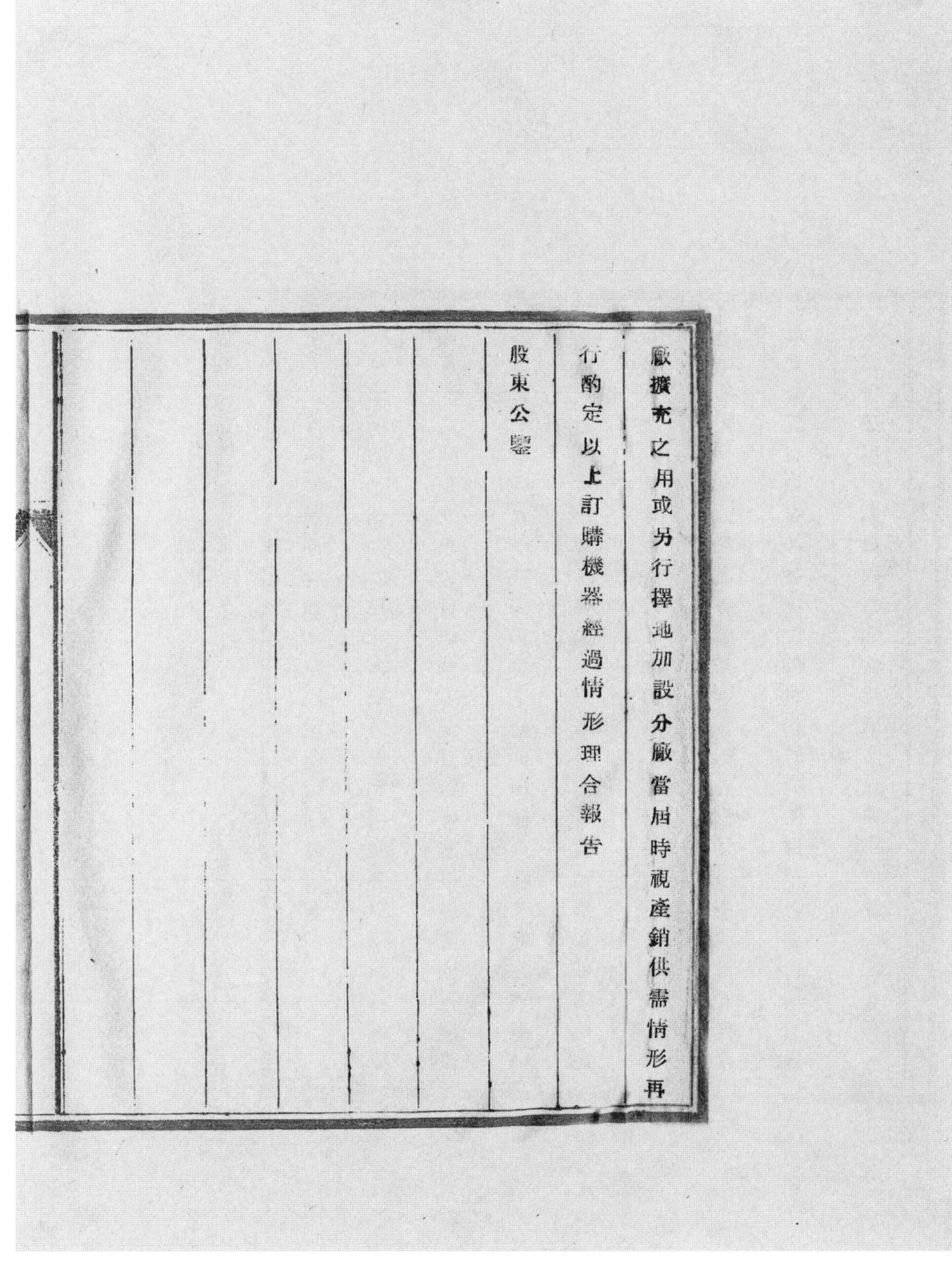
廠擴充之用或另行擇地加設分廠當屆時視產銷供需情形再
行酌定以上訂購機器經過情形理合報告
股東公鑒

提議將股本總額增至國幣陸拾肆億元案

查本公司訂購新機器在上海交貨價爲美金壹百柒拾貳萬零伍百貳拾肆元分三次付清按遠期官定外滙率結定國幣陸拾叁億伍千餘萬元按本公司目下棲霞山廠內未被刧之機器以及房屋建築及一切設備於本年七月間估值國幣壹百捌拾柒億陸千餘萬元均屬精確估計其被拆之機件估值貳拾玖億伍千餘萬元是本公司之資產在貳百貳拾億元以上相當充實惟現金缺乏必須增加資本爲籌付新訂機器價款之需茲擬改定本公司資本總額爲國幣陸拾肆億元分爲陸億肆千萬股每股

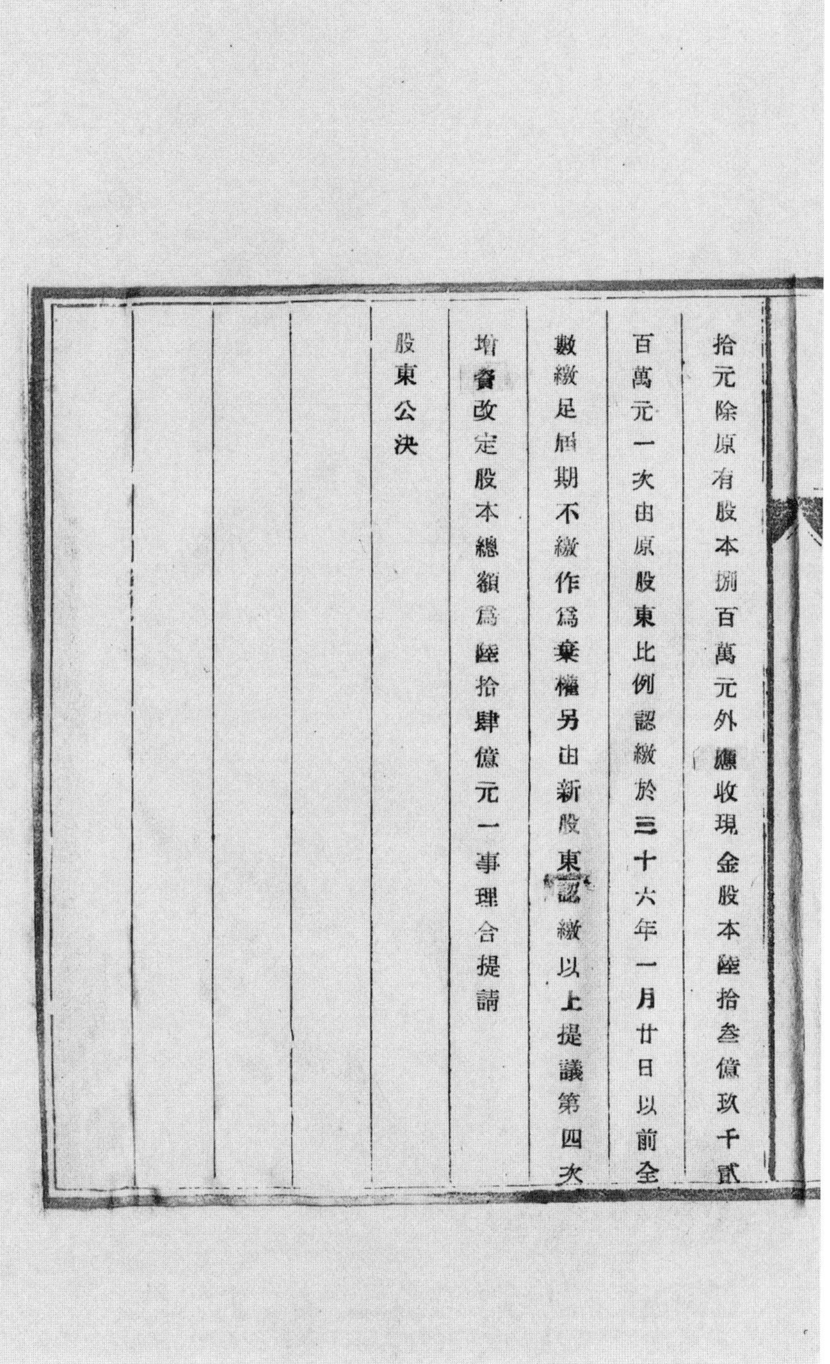

拾元除原有股本捌百萬元外應收現金股本陸拾叁億玖千貳百萬元一次由原股東比例認繳於三十六年一月廿日以前全數繳足届期不繳作爲棄權另由新股東認繳以上提議第四次增資改定股本總額爲陸拾肆億元一事理合提請股東公決

江南水泥股份有限公司財産損失報告單及請求政府給予救濟節略（一九四七年九月一日）

檔號：11041-1-65

財產損失報告單 （表式二）

填報日期 36年9月1日

損失年月日	事件	地点	損失項目	購置年月	單位	數量	價值（國幣元）購置時價值	價值（國幣元）損失時價值	證件
廿六年十二月至廿八年九月	本公司棲霞山工廠機器安裝甫竣戰	江寧縣	原料磨	廿五年五月	座	2	385,749.82	176,673,417.56	
〃	事迫近廠址遂告停頓因淪陷時拒	棲霞山東	水泥爐		〃	2	1,446,820.83	662,185,940.14	附證件照片及附件共四種。
〃	不開工遭敵日仇視致從未開過之機器被其劫往	攝山渡	水泥磨	〃	〃	2	356,811.40	164,259,621.20	
〃	魯省張店	〃	煤磨	〃	〃	1	183,367.29	84,206,638.82	
〃	〃	〃	齒輪	〃	套	4	375,983.67	172,206,100.86	
廿六年七月至廿七年九月	〃	〃	大小馬達及附件	〃	個	135	531,464.63	243,410,800.54	
小計							3,259,697.64	1,492,941,519.12（估計損失價值實為481,425,905,585.00）	見說明一
廿六年七月至廿四年八月	敵日強開本公司工廠内仙人洞石山	江寧縣棲霞山攝山渡東	石子	廿三年四月	立方尺	6,000,000		800,000,000.00（估計損失價值實為12,000,000,000.00）	見說明二
合計								2,292,941,519.12	

附註：按國民政府統計局之物價指數係用中國内地各種物價之平均數，江南水泥公司之損失爲機件，查國外機件價於戰時漲價亦甚巨，加之我國外匯率上漲，因之機件之倍數用統計局之物價指數似覺過低。

受損失者　江南水泥股份有限公司

直屬機關學校團體或事業名稱　印信

填報者　姓名　陳範有　服務處所與所任職務　江南水泥公司總經理　與受損失者之關係　股東　通訊地址　上海江西路406号320室　蓋章

財產損失報告單附帶說明

說明一：單列機器總值為國幣81,898,246,000.00（本公司向行總配購美水泥機器價$67,100,436,000.00由滬運廠運費$1,000,000,000.00本公司逕向美國史密芝公司訂購電機等價$13,797,810,000.00三者相加合如上數）如由張店運回本公司之廠所受損失及運費等計列如下：

(1) 兩次拆卸計折舊損傷缺少約為機價50%　　40,949,123,000.00

(2) 在張店維之裝卸機件之費 普通 技機 = 21600 14400 之 @20000 45000　　1,080,000,000.00

(3) 由張店運棲霞山之廠各項費用 { 運費 裝箱之料費 裝卸費 } 2926噸 @95,701.50 @[illegible],000.00 @310,000.00　　3,966,782,589.00

(4) 在棲霞山之廠安裝費 { 小工 技工 脚手材料之類 約合上列之資總值1620,000,000.00 50% }　　2,430,000,000.00

以上四項共計國幣　　48,425,905,589.00

照填表時美匯市價 CNC$39,000合U.S.$1.00
U.S.$1,241,689.89

說明二：

石子　六百萬立方尺　@立方尺2,000　　12,000,000,000.00　U.S.$ 307,692.31

民營事業財産間接損失報告表（表式20）

填送日期 35年7月1日

分類 / 受損失者	可能生産額減少	可獲純利額減少	費用之增加			
			拆遷費	防空費	救濟費	撫卹費
	一説明一 3,500,000,000,000.00	説明二 24,480,000,000.-				

受損失者 江南水泥股份有限公司

填報者 姓名 服務處所與所任職務 與受損失者之關係 蓋章

陳範有 江南水泥公司總經理 股東 （陳範有印）

通訊地址 上海江西路406号320室

民營事業財產間接損失報告表附帶說明

說明一：

(甲) 本公司棲霞工廠機器廿六年十一月間裝竣 預定十二月初開工 但因廠址所在地淪陷本公司不願資敵陷於停頓迨卅二年十二月至卅三年七月機器復被敵日掠往魯省張店致始終未能生產可能生產額之減少計算如下：

二十六年十二月至三十四年八月共93個月

每天產水泥4,000桶每月產水泥120,000桶93個月共可產水泥　11,160,000 桶

(乙) 勝利後因機件被掠未能開工呈蒙　行總配售機器由美運華預計安裝竣事需卅七年十月方可生產自卅四年九月至卅七年九月共37個月根本未能生產額之減少計算如下：

每天產水泥4,000桶每月產水泥120,000桶37個月共可產水泥　4,440,000 桶

以上甲、乙，兩項可能生產額之減少共計　15,600,000 桶

自廿六年十二月至卅七年九月平均每桶水泥價 $ 260,000.00

15,600,000 桶總價應為國幣　$ 3,900,000,000,000.00

說明二：

(甲) 廿六年十二月至卅四年八月共93個月

水泥生產額減少　11,160,000 桶

每桶可獲純利按國幣1,000元計　$ 11,160,000,000.00

(乙) 卅四年九月至卅七年九月共37個月

水泥生產額減少　4,440,000 桶

每桶可獲純利按國幣3,000元計　$ 13,320,000,000.00

以上甲乙兩項可獲純利額之減少共計國幣　24,480,000,000.00

節略

江南水泥公司機件被敵日強迫拆往山東張店業已呈請

政府發還惟據聞張店敵日工廠被刧內部機件破壞短少頗鉅且南北交通困難短期內決無運回恢復生產之可能

擬請

政府賜予救濟以重工業

一、臨時救濟　聞我國救濟善後總署（CnRRa）向美國購有水泥機器兩部（每部每日出產水泥一千桶）備救濟抗戰期間受有損害水泥廠之用商公司工廠設於首都郊外棲霞山原有水泥機器兩部（每日產水泥四千桶）因抗戰期間始終不願生產並拒絕與敵日合作機件遂被拆遷適合救濟條件所幸原有廠房及修機間採石及捲泥設備裝包設備庫房灰塊倉泥漿倉水泥倉以及天然原料石山土山均安然無恙且技術員工均能齊全交通方面除有自運鐵路沿道銜接京滬路外且有揚子江可供水路運輸公路可通京杭國道祇要有水泥機器在最短期間即可生產擬請

政府將上述二部水泥機器准予運交商公司工廠裝用作爲臨時救濟且可及早生產水泥供國家建設之急需

二、永久性救濟　聞租借法案可借款給中國受有損害工廠建設之用商公司工廠原有水泥機器每日可產水泥四千桶如第一項請求蒙

政府核准每日僅產水泥二千桶祇逮商廠原有生產設備之一半擬請

江南水泥股份有限公司

政府准予在租借法案內借款備 商 公司添購水泥機器二部之用每部產水泥二千桶俾與 商 公司工廠原有設備符合此項借款本息可由 商 公司分期繳還或以產出水泥抵償借款

江南水泥公司董事長顏惠慶

江南水泥股份有限公司

江南水泥廠機器被劫及日本投降後增資重購新機要略（一九四八年）

附件：江南水泥股份有限公司爲請盡快發還被日本劫往張店的機器致山東省政府工礦部的呈文（一九四九年）

檔號： 1041-1-52

江南水泥公司工廠機器被劫，及日敵投降後增資重購新機要略。

㈠第一批被劫機器：本公司工廠機器於一九三七年冬安裝完成，適値抗戰軍興，戰火迫近廠址，陷於停頓，雖日敵迭備開工，均經本公司董事會設詞延宕，避與合作，致遭嫉視，於一九四三年七月間，北平敵日使館復提出欲拆遷全部機器至山東張店造鋁，復經本公司董事會據理拒絕，歷時五閱月，竟於同年十二月十三 十七日先後由日敵嗾使汪僞實業部訓令並通知（附件第一及附件第二）本公司，迅將指定造鋁所必需之機器交出，在日軍脅迫監視之下，我廠二窯四磨及其附件佔全部百分之七十五的主要機器自一九四四年一月開始被劫裝車，運往張店。

㈡第二三批被劫機器：一九四四年六月第一批機器已大半拆移，日敵猶以爲未足，續開列第二三批應拆機件清單再囑汪僞實業部於六月卅日以僞令（附件第三）通知本公司繼續拆遷，經本公司竭力反對，終於無效，至同年十月止，又將第二三批機器全部拆走。

㈢日敵在第二三批機器估價後五個月，以不夠造還之價款付給本公司；在强拆第二三批機器之工字第九二一號僞訓令中，曾允凡在上海能製造之機件，擬由敵方指定之輕金屬公司代爲供給，嗣又表示由本公司在滬自覓廠家先行估計造價，本公司恐其食言，隨即商請上海機器廠家到廠查勘，開列估價單，共估計總額為偽儲幣六億餘元，當時偽儲幣貶值甚劇，估價單有效期間至多以一個月為限，乃敵方拖延至一九四五年三月廿二日始由其輕金屬公司照一九四四年十月間估價單所估，計偽儲幣六七九、〇六二、五〇〇．〇〇元，迫交本公司領收，自行定造，其時物價工價較五個月前已增加約三四倍，製造廠家均不願接收定單，因此無法製造。

(四)偽處理局發還機器時，竟索鉅額代價：一九四五年秋，日敵投降，本公司首先分向偽經濟部魯豫晉特派員辦公處及偽山東青島區敵偽產業處理局申請發還上述之機器，延至一九四七年二月中旬，偽處理局（附件第四及其附表）通知發還機器時，竟稱「該公司被日寇移拆之機器曾由華北輕金屬公司付給價款偽儲幣六七九、〇六二、五〇〇．〇〇元，應按規定照黃金升值，折合國幣六五八、一〇四、一七二．七〇元，分期繳付後洽運機件」等語，按第一批被刼主要機器，本公司根本未收分文代價，第二三批被刼機件，據偽處理局通知，所附現存機器情形表內開，較拆遷時已短少甚多，乃偽處理局不顧事實，獨對不夠造還第二三批機器之價款欲升值收回，本公司以其處理失當，且以交通關係，上述機件，一時難以運回，因此未向偽處理局作進一步交涉。

㈤向國外訂購機器：本公司爲迅速籌備復興工廠起見，於一九四六年具呈僞行政院善後救濟總署蘇寧分署，轉託聯合國救濟總署准予配售，經其調查後，同意配售，（附件第五）本公司遂將被刼應補充之機器淸單（附件第六）開交僞行總詢價，其中除製水泥機器一小部及電氣設備之全部，（約合卅五萬餘美金）因時間所限製造不及未能商妥外，其餘大部份均由僞行總在美代爲訂妥，旋於一九四六年十二月三日由僞行總物資購銷總經理處正式來函，訂定條件，並由本公司在來函副本上簽字證實送還，此卽等於本公司與行總訂立購機器之合約，（附件第七）其付款及結匯等辦法，均詳該函中，（係當時僞行總規定之一般辦法，）

㈥訂購機器價款付出情形：經僞行總訂購機器，總共爲上海交貨美金壹百七十二萬零五百廿四元，訂約時卽須預付三成，計美金五十一萬六千餘元，按照當時牌價美匯，計合僞法幣十七億二千九百餘元，先付五億元，作爲定金，其餘十二億二千九百餘元，與僞行總洽商認息，展期十九天，于十二月廿一日交付，其餘七成，亦均[illegible][illegible][illegible][illegible]于貨到上海後交付淸訖，除行總代訂之機器外，尙缺被拆製造水泥機器之小部及電氣設備全部，仍不能恢復生產，隨由本公司于一九四七年五月初旬委託史密芝公司在美分五廠家代爲訂購，共計美金卅五萬三千七百九十元，延至一九四七年十一月廿五日始經核准，其中美金十三萬零二百九十五元（附件第八）由中國銀行按照指定銀行結售外匯，其餘廿餘萬元，均係本公司自行籌付。

(七)委託僞行總訂購機器原因及本公司籌款辦法：在日敵投降後，民營工業向國外訂購機器極爲困難，不但請購外匯層層阻滯，且歐美各國在第二次大戰後，工業復員尚未就緒，對於國外訂購機器交貨期限異常遲緩，爲爭取提前製造交貨之便利，惟有由僞行總轉託聯合國救濟總署訂購，計僞行總代訂與本公司直接委託史密芝公司訂購機器合共價款爲美金貳百〇七萬餘元，均係由本公司股東自一九四六年起三次增加資本項下支付，（附件第九及附件第十）

附件第一（業工字第〇三〇一號訓令之照片及抄本）

附件第二（業工字第〇〇二五號通知附清單之照片及抄本）

附件第三（工字第九二一號訓令與附函清單之照片及抄本）

附件第四（(36)元字第九六六九號通知附現存機器情形表及分期付款表之抄本）

附件第五（僞蘇寧分署鎭技字第一八六四號代電之抄本）

附件第六（擬購補充機器詢價單）

附件第七（僞行總原函照片與譯文及付款程序表之抄本）

附件第八（自購部份機器及電氣設備價格與結匯數字表）

附件第九（每次增資登報公告摘要表）

附件第十（三次增資收款情況表）

查敝公司在南京附近棲霞山設立之水泥工廠機器優良於廿六年安裝完成因事變停頓未克出貨雖日寇迭催開工均經敝公司董事會設詞延宕避與合作致遭嫉視於卅二年七月間由北平敵日使館提出欲拆遷敝公司水泥全部機器至山東張店造鋁復經敝公司董事會據理拒絕歷時五閱月竟於是年十二月十三日由汪僞實業部訓令（業工字〇三〇一號訓令附照片）敝公司迅將指定造鋁所必需之機件交出繼又於同年十二月十七日以僞實業部通知（業工字第〇〇二五號通知附照片）强行拆移在日軍脅迫監視之下被日寇所辦之輕金屬公司將敝廠重要機器劫拆裝車（此係第一批附詳單）由鐵路運往張店嗣又令拆（工字第九二一號訓令附照片）第二三批附屬機件運往該處

勝利後交通未暢至卅五年秋敝公司分向僞經濟部魯豫晉特派員辦公處及僞

行政院山東青島區敵僞產業處理局申請發還（卅六年九月廿六八日分呈兩處）同時並與張店僞鋁業公司接收人員接洽於卅五年十二月派 敝廠總技師趙慶杰君前往查明機器價放地點及件數均經報告有案（附趙技師報告清單）關於卅六年二月中旬接僞處理局通知准予發還（附抄（36）元字第九六六九號通知）並附發分期付款表及機器現存情形表各乙紙 敝公司接悉之下不勝駭異

緣敵方於卅三年四月中旬拆卸第一批主要機件將完時突於四月廿日增拆第二三批附屬機件經 敝公司竭力反對終於無效至八月十七日又將第二三批機件全部拆完（此係第二三批附詳單）在工字第九二一號訓令中僅允凡在上海能製造之機件擬由敵方指定之輕金屬公司代爲供給嗣又表示由 敝公司在滬自覓廠家先行估計造價 敝公司恐其食言隨即商請上海機廠到廠查勘開列估價單計

估計總額爲僞儲幣六億餘萬元時上海物價變動甚劇估價單有效期間至多以一個月爲限在 敝公司之目的以收回實物俾工廠復興時可以節省時間決不肯空懸一估價虛數作爲代價乃敵方拖延五個月之久至卅四年三月廿二日始由敵方指定之輕金屬公司照卅三年十月間所造估價單計僞儲幣六七九・〇六二・五〇〇・〇〇元追交江南領收其時物價工價較之五閱月前已增加約爲三四倍而敵方竟以原估造價追使 敝公司自行定造如當時拒收該款要求重估價格勢必又將此事擱置莫如暫予收賬一面重行估計造價俾作追償之依據詎其時上海物料昂缺製造廠均不願接收定單無法製造 敝公司曾向敵方輕金屬公司鄭重聲明機件既不能代製該項暫收款項除修葺工廠因被强迫拆遷機件時房屋建築所受破壞之部份外其餘保留爲機件拆遷所受損失及運回重裝各費用之賠償金

凡此皆係當時之實在情形並經呈明在案乃僞處理局不顧事實於上項通知發還時竟稱「該公司被日寇移拆之機器曾由華北輕金屬公司付給僞價款僞儲幣六七九・〇六二・五〇〇・〇〇元應按規定照黃金升值折合國幣六五八・一〇四・一七二・七〇元分期繳付後洽運機件」對　敝公司全部被拆機器之損失完全價之不顧乃於其不得已暫收之微款則欲升值收回衡諸情理豈得其平

復查附發之現存機器情形表與諸總技師實地查點之報告畧比對名稱既間有歧異數量亦短少甚多（該通知亦謂機器零件多有散失）敝公司對此殊形殷慮但以　敝公司遠在上海工廠在南京棲霞被奪之機器在山東張店在未解放以前地域阻隔勢難辦理申請發還之事惟有靜候解放以後再向主管機關申請幸自本年四月起寧滬相繼解放　人民政府扶助民族生產工業此實爲人民所欣慶之事

綜括上述各節謹復摄陳於下㈠敝公司工廠機器被日寇强行劫奪毫無疑義㈡强
第一批所劫重要機件約佔敝廠全部機器百分之七十五損失慘重概可想見㈢强
拆第二第三批機件允在上海製造供還敝公司不得已暫收之款全屬估價之付款
相隔至五個月之久僞儲幣貶值甚劇不能認爲係代付製造該第二三批附屬機件
之用更不能認爲即作該第二三批附屬機件之代價事實甚明
查敝公司工廠正在復興之際該項機件亟待領回故當天津解放後敝公司董事
會即檢具各項證件於本年二月廿八日向華北人民政府申請發還承姚秘書面洽
告以張店不在華北人民政府轄區囑向轄區逕行申請在案兹查張店區域係隸屬
鈞部管轄謹再臚陳原委並附呈各項有關證件懇請
鑒核迅賜無代價發還以資生產實爲德便

謹呈

山東省政府工鑛部

附呈一、業工字第〇三〇一號訓令照片

二、業工字第〇〇二五號通知照片

三、工字第九二一號訓令照片

四、第一批被拆機器詳單

五、第二三批被拆機器詳單

六、趙技師實地査點機器報告單

七、卅八元字第九六六九號通知抄件 附 分期繳款清單抄件
現存機器情形表

江南水泥股份有限公司

董事長顏惠慶□謹呈

江南水泥股份有限公司被日本劫掠機器詳單（時間不詳）

檔號：1041–1–63

日寇劫掠之機器單——原本

第一號至

第五十八號

No.1 ミル関係

三月十三日發送明細表

品名	符號又ハ箱番號	個數	一ケ重量kg	總重量kg	一ケ容積才	總容積才	貨車番號
閘ゲート板 A		12	124	1,488	450	5,400	ムコ 60452
〃 B		8	118	944	120	9,600	〃
〃 C		24	151	3,624	670	16,080	〃
〃 D		12	81	972	310	3,730	〃
〃 E		4	118	472	520	2,080	〃
ドラフクベッフ 27枚入	301～323	23	440	10,120	130	29,900	〃
〃 30枚入	325～345	21	390	8,190	130	27,300	〃
〃 18枚入	324	1	270	270	130	130	〃
スユーパーリング 27枚入	370	1	430	430	210	210	〃
〃 27枚入	377～383	7	430	3,010	210	1,470	〃
木パッキング	367～368	2	300	600	460	920	〃
〃 カップリングボールト	364	1	500	500	226	226	〃
計		116		30,620		97,046	

No.2 江関係

三月十三日發送明細表

品名	符號又ハ箱番號	個數	一ケ重量 kg	總重量 kg	一ケ容積立糎	總容積立糎	貨車番號
ライナー 1		8	103	824	670	5,400	ムコ 60374
〃 2		183	132	24156	670	12,260	〃
マンホールガスケット 4枚入	346~354	9	350	3,150	600	5,400	〃
オイルメタルケーシング 1~6	1~6	6	150	900	810	4,860	〃
〃 7~16	7~16	10	170	1,700	460	4,600	〃
〃 17~24	17~24	8	100	800	780	6,240	〃
		224		31,530		387,600	

180×250

三月十九日發送明細表

品名	符号又ハ箱番号	個数	一个重量 kg	総重量 kg	一个容積 立方	総容積 立方	貨車番号
テーブルフィーダー 仕入2、(中)	230~231	2	1.350	2.700	2.411	4.822	ムコ 60174
〃 仕入2至4(小)	232~234	3	950	2.850	1.369	4.107	〃
減速機 メタルスプリング	165~166	2	2.080	4.160	160	320	〃
化 組 フルオ鋼押ヘ板	375	1	800	800	529	529	〃
化 2組合 大瓦敷金	376	1	800	800	540	540	〃
化 組合 ギヤーシャフト	173	1	400	400	350	350	〃
ライナー	ZP454-A	100	132	13200	160	1.600	〃
オイルポンプ 仕入2、3、4、	112~115	4	850	3.400	870	3.480	〃
減速機 ピニオンメタル	151~154	4	1.070	4.280	390	1.560	〃
〃 ギヤーカバー	161~162	2	1.000	2.000	1.410	2.820	〃
計		120		34.590		20.128	

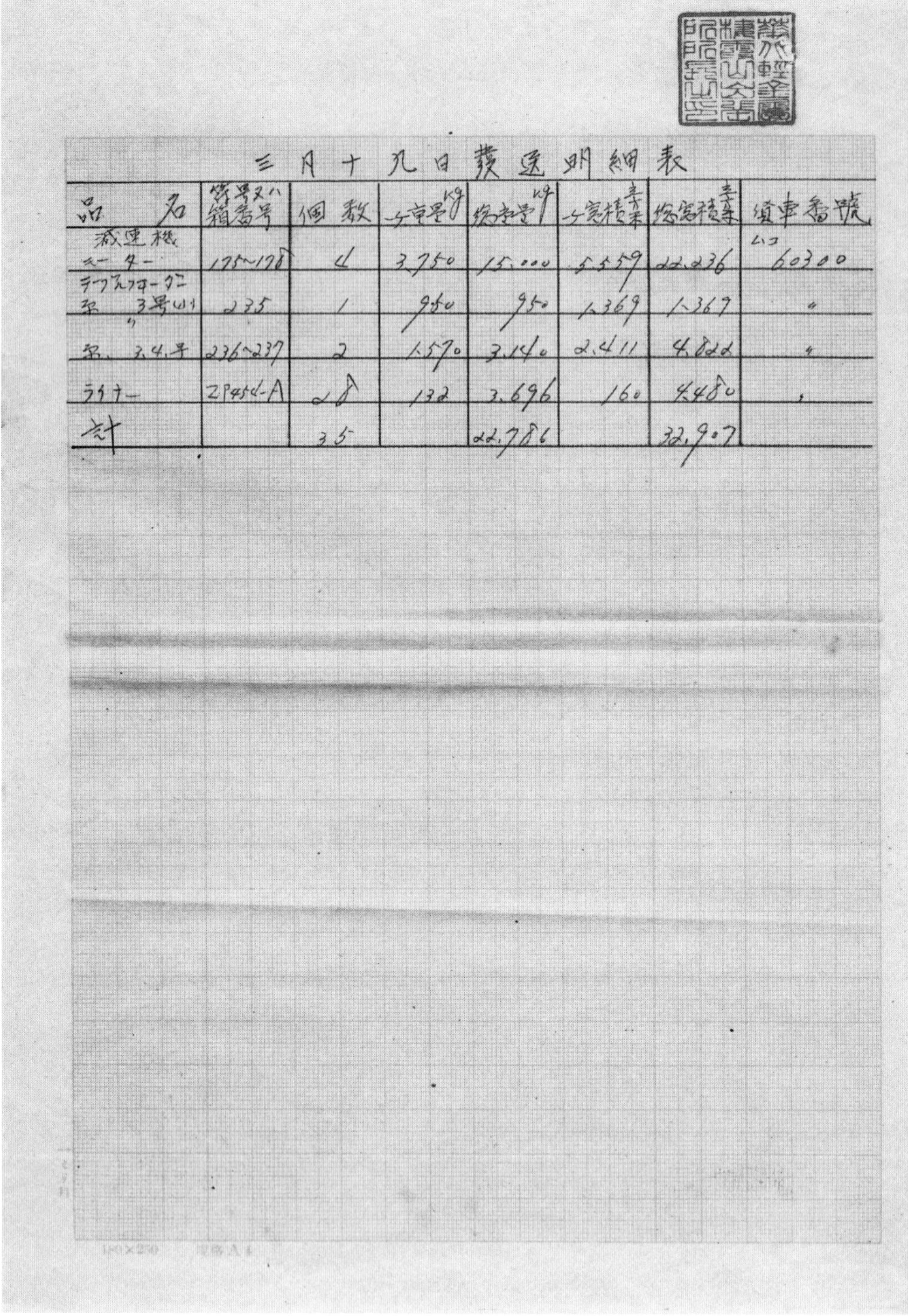

三月十九日發送明細表

品名	符号又ハ箱番号	個数	一个重量 kg	總重量 kg	一个容積 立方米	總容積 立方米	貨車番號
減速機モーター	175~178	4	3,750	15,000	5.559	22.236	ムコ 60300
テーブルフォーク二条 3号(山)	235	1	950	950	1.369	1.369	〃
〃 条 3.4.号	236~237	2	1,570	3,140	2.411	4.822	〃
ライナー	ZP454-A	28	132	3,696	160	4.480	〃
計		35		22,786		32.907	

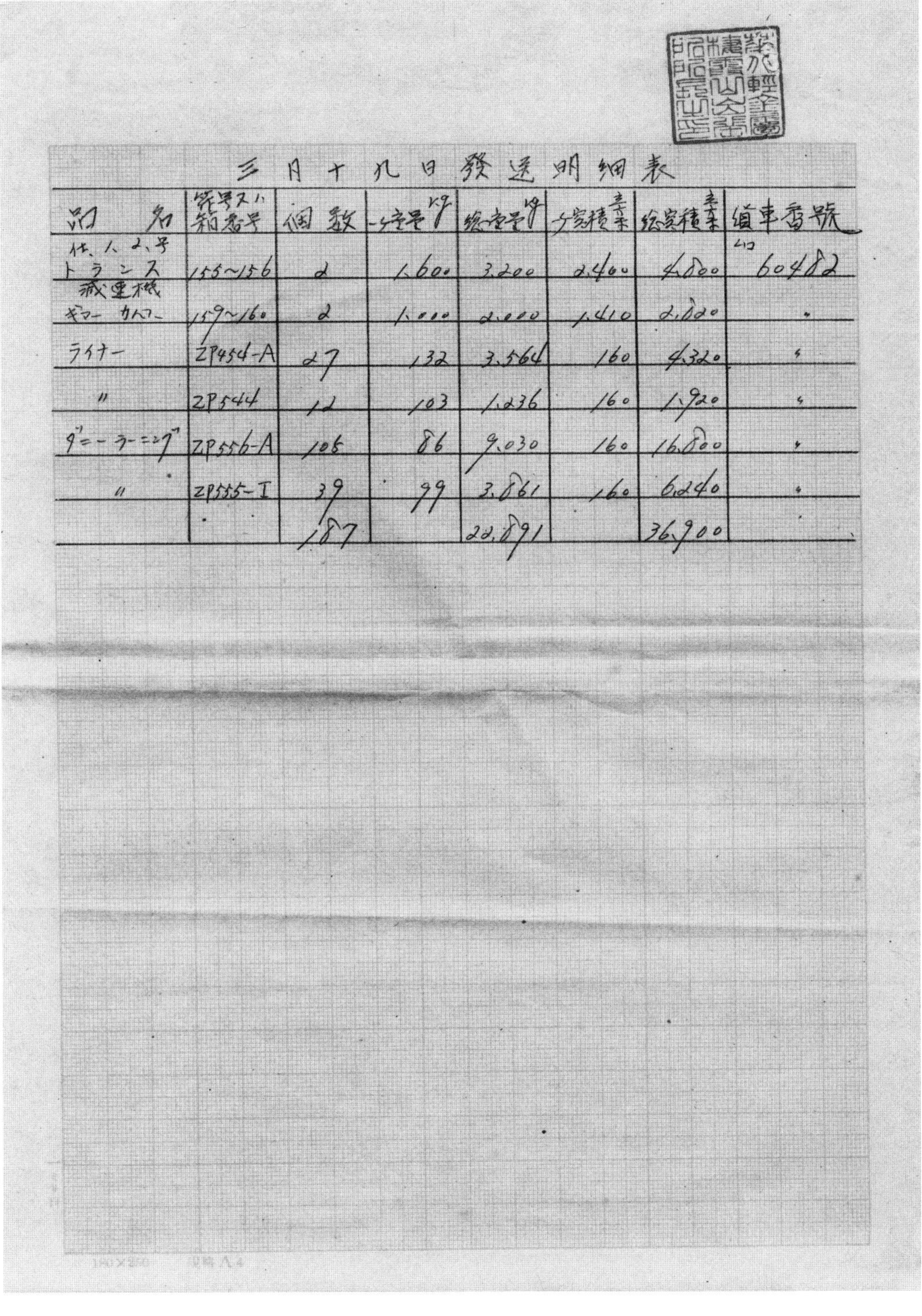

三月十九日發送明細表

品名	符号又ハ箱番号	個数	一个重量 kg	総重量 kg	一个容積 立米	総容積 立米	貨車番號
仕、人、ㄙ、号 トランス	155~156	2	1,600	3,200	2,400	4,800	40 60482
減速機 ギヤー カハー	159~160	2	1,000	2,000	1,410	2,820	〃
ライナー	ZP454-A	27	132	3,564	160	4,320	〃
〃	ZP544	12	103	1,236	160	1,920	〃
ダニーラーニング	ZP556-A	105	86	9,030	160	16,800	〃
〃	ZP555-I	39	99	3,861	160	6,240	〃
		187		22,891		36,900	

三月十九日發送明細表

品名	荷造又ハ箱番号	個数	一ケ重量 kg	総重量 kg	一ケ容積 立	総容積 立	貨車番號
閉止切板 取付ボールト	365	1	204	204	1,270	1,270	ロ60349
閉止切板 ベアリング前部	366	1	100	100	780	780	〃
家 8枚入 ホワーベーリング	369	1	260	260	1,930	1,930	〃
ール 7枚入 〃	371	1	260	260	1,930	1,930	〃
家、化 4台分 フルサ網[illegible]カバー	372	1	280	280	3,420	3,420	〃
化 2台分 閉止切板グラトン金物	373	1	400	400	2,436	2,436	〃
化、家、4台分 大型閉止切板ボールト	374	1	250	250	1,239	1,039	〃
テーブルフォーダー ハンドル	201	1	400	400	739	739	〃
〃 家、化 4台分(小)	202	1	550	550	803	803	〃
〃 ハンドル付属金物	203	1	550	550	388	388	〃
〃 化家4台分ホッパー	204~207	4	235	940	562	2,248	〃
〃 シユート	208~213	6	40	240	182	1,092	〃
〃 シユート(大)	214~215	2	50	100	199	398	〃
〃 付属金物	216	1	154	154	157	157	〃
〃 化2 〃	217	1	125	125	101	101	〃
〃 家2 〃	218	1	154	154	121	121	〃
〃 家4 〃	219	1	260	260	432	432	〃
〃 4台分 シヤフトカラー	220~221	2	45	90	438	876	〃
〃 ブラケット	222~225	4	53	212	111	444	〃
〃 4台分[illegible]部分	226~229	4	39	156	282	1,128	〃
オイルポンプ パイプ4台分	101	1	310	310	647	647	〃
〃 ベイプコンプグランプ	102	1	240	340	630	630	〃
〃 小タンク4台分	103~106	4	85	340	157	636	〃
〃 4台分 コンプレーサーグランプ	107	1	240	240	266	266	〃
〃 タンク〃(大)	108~109	2	300	600	284	568	〃
付属品4台分	116	1	350	350	367	367	〃
〃 パイプ	117	1	43	43	72	72	〃
〃 パイプ	118	1	50	50	765	765	〃
〃 パイプ	119	1	75	75	136	136	〃
〃 パイプ	120	1	55	55	765	765	〃
〃 パイプ	121	1	45	45	722	722	〃
〃 パイプ	122	1	10	10	520	520	〃
〃 パイプ	123	1	40	40	423	423	〃
ボマーカバー フルサ網4台分	25	1	550	550	608	608	〃
閉止切座金 化、家4台分	26	1	430	430	339	339	〃
化と2台分 水切板	27	1	500	500	1,782	1,782	〃
化と 閉止切座金	28~29	2	350	700	1,175	2,350	〃
化、家4台分 シヤフトカバーボールト	167	1	360	360	466	466	〃
〃 〃	168~169	2	105	210	717	1,434	〃
〃 モーター取付ボールト	170	1	134	134	191	191	〃
〃 ルーフーバックボールト	171	1	57	57	60	60	〃
〃 取付ボールト	172	1	190	190	326	326	〃
化 ダーラーニング	#Z-555-I	50	99	4,950	60	3,000	〃
〃	#Z-556-A	105	86	9,030	60	6,300	〃
家 27枚入 ホワーベーリング	355~360	6	430	2,580	292	1,752	〃
化 ドラックベック	361~363 364~370	10	400	4,000	141	1,410	〃
テーブルフォーダー シユート取付ボールト	238~239	2	15	30	109	218	〃
〃 シユート家C.D	240~241	2	45	90	324	648	〃
〃 シユート家C.D	242~243	2	25	50	120	240	〃
計		241		32,044		49,681	

(ミル)　　三月二十八日發送明細表

品名	符號又ハ箱番號	個数	一ケ重量kg	総重量kg	一ケ容積立米	総容積立米	貨車番號
減速機 サイドギアー	179~181	3	4.950	14.850	7.808	23.424	ムイ 7961.
減速機繋 カツプリング	193~196	4	940	3.760	1.059	4.236	〃
減速機 メーンシヤフト	191~192	2	2.700	5.400	1.045	2.090	〃
計		9		24.010		29.750	

三月二十八日發送明細表

品名	符號又ハ箱番號	個數	一ヶ重量 kg	總重量 kg	一ヶ容積 立米	總容積 立米	貨車番號
減速機 サイドギアー	182~184	3	4.950	14.850	7.808	23.424	公 50995
メーンギアー (宋) 3.4号	187~188	2	5.400	10.800	4.000	8.000	〃
減速機 メーンシャフト	189~190	2	2.700	5.400	1.045	2.090	〃
計		7		31.050		33.514	

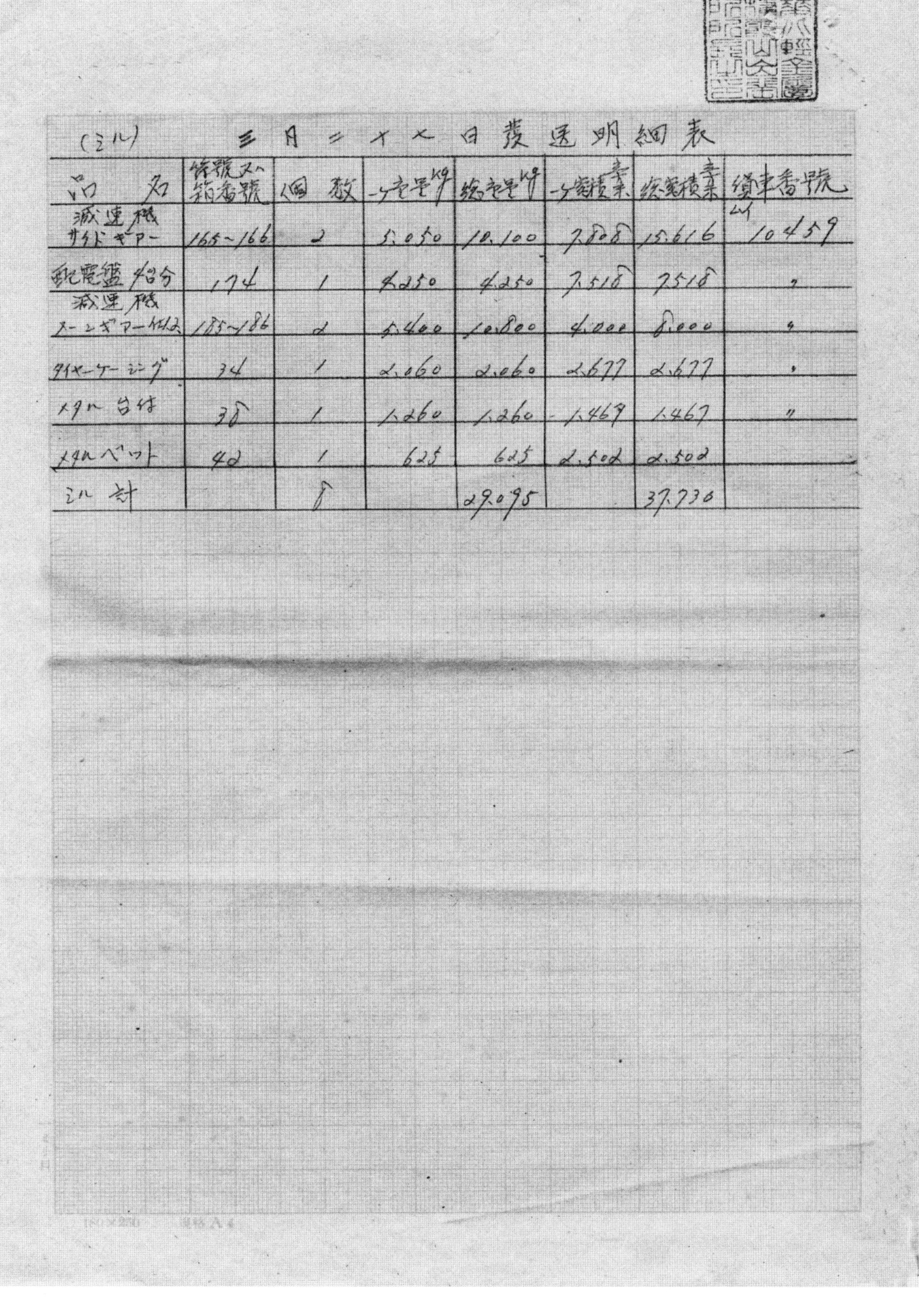

(ミル) 三月二十八日發送明細表

品名	符號又ハ箱番號	個數	一ケ重量 kg	總重量 kg	一ケ容積 立米	總容積 立米	貨車番號
減速機 サイドギアー	165~166	2	5.050	10.100	7.808	15.616	ムイ 10459
配電盤 4台分	174	1	4.250	4.250	7.518	7.518	〃
減速機 スーンギアー[illegible]	185~186	2	5.400	10.800	4.000	8.000	〃
タイヤーケーシング	34	1	2.060	2.060	2.677	2.677	〃
メタル台付	38	1	1.260	1.260	1.467	1.467	〃
メタルベット	42	1	625	625	2.502	2.502	
ミル計		8		29.095		37.730	

-1-

ロータリーキルン1号炉　三月二十七日発送明細表

品名	符号又ハ箱番号	個数	1ヶ重量 kg	總重量 kg	1ヶ容積立方糎	總容積立方糎	貨車番号
クーラー鏡蓋	キルン1号 No.36~41	6	214	1,284	71	426	ムカ 60050
フード前金物	〃 〃 43	1	200	200	3,364	3,364	〃
バーナー附屬カバー	〃 〃 44.45	2	25	50	298	596	〃
フード附屬チャンネル	〃 〃 46.47	2	37	74	22	44	〃
フード附屬チャンネル	〃 〃 48.49	2	97	194	45	90	〃
フード附屬チャンネル	〃 〃 50.51	2	81	162	532	1,064	〃
フード附屬チャンネル	〃 〃 52	1	86	86	197	197	〃
フード附屬品	〃 〃 53	1	25	25	271	271	〃
フード附屬品	〃 〃 54	1	18	18	140	140	〃
フード附屬パイプ	〃 〃 55	1	81	81	243	243	〃
エヤー吹込パイプ	〃 〃 56	1	72	72	576	576	〃
吹込パイプ附屬金物	〃 〃 57	1	26	26	597	597	〃
クリンカー出口リーミング	〃 〃 58	1	250	250	893	893	〃
クリンカー出口リーミング	〃 〃 59	1	600	600	1,163	1,163	〃
バーナー	〃 〃 60	1	1,500	1,500	2,152	2,152	〃
エヤー吹込パイプ	〃 〃 61	1	78	78	229	229	〃
ギヤーカバー	〃 〃 62	1	27	27	80	80	〃
ギヤーカバー	〃 〃 63	1	78	78	826	826	〃
ギヤーカバー	〃 〃 64	1	64	64	515	515	〃
ギヤーカバー	〃 〃 65	1	67	67	692	692	〃
ギヤーカバー	〃 〃 66	1	43	43	77	77	〃
ギヤーカバー	〃 〃 67	1	106	106	1,428	1,428	〃
ギヤーカバー	〃 〃 68	1	450	450	1,385	1,385	〃

-2-

品名	符号又ハ箱番号	個数	1ヶ重量 Kg	總重量 Kg	1ヶ容積 立方糎	總容積 立方糎	貨車番号
防熱鉄板	キルン1号 No.6970	2	120	240	447	894	ム1 60050
フード附属パイプ	〃 71	1	12	12	300	300	〃
エヤー吹込パイプ	〃 72	1	400	400	923	923	〃
エヤー吹込パイプ	〃 73	1	250	250	945	945	〃
エヤー吹込パイプ	〃 74	1	250	250	592	592	〃
エヤー吹込パイプ	〃 75	1	250	250	560	560	〃
エヤー吹込パイプ	〃 76	1	49	49	101	101	〃
エヤー吹込パイプ	〃 77	1	28	28	216	216	〃
焚口附属品	〃 78	1	57	57	149	149	〃
フード附属品	〃 79	1	25	25	121	121	〃
焚口部分品	〃 81	1	800	800	613	613	〃
焚口部分品	〃 82	1	650	650	525	525	〃
キルン1号 計		45		8,826		22,987	

ロータリーキルン2号炉　三月二十七日發送明細表

品名	符号又ハ箱番号	個数	1ヶ重量瓩	總重量瓩	1ヶ容積立方粍	總容積立方粍	貨車番号
クーラー鏡蓋	キルン2号 No.36~41	6	214	1,284	71	426	ムイ 60050
フード前金物	〃 〃 43	1	200	200	3,364	3,364	〃
バーナー防塵カバー	〃 〃 44,45	2	25	50	298	596	〃
フード附属チャンネル	〃 〃 46,47	2	37	74	22	44	〃
フード附属チャンネル	〃 〃 48,49	2	81	162	45	90	〃
フード附属チャンネル	〃 〃 50,51	2	81	162	532	1,064	〃
フード附属チャンネル	〃 〃 52	1	128	128	473	473	〃
フード附属品	〃 〃 53	1	25	25	271	271	〃
フード附属品	〃 〃 54	1	18	18	140	140	〃
フード附属パイプ	〃 〃 55	1	91	91	870	870	〃
エヤー吹込パイプ	〃 〃 56	1	72	72	576	576	〃
吹込パイプ[illegible]金物	〃 〃 57	1	76	76	597	597	〃
クリンカー出口ケーシング	〃 〃 58	1	250	250	893	893	〃
クリンカー[illegible]ケーシング	〃 〃 59	1	600	600	1,163	1,163	〃
バーナー	〃 〃 60	1	1,500	1,500	2,152	2,152	〃
エヤー吹込パイプ	〃 〃 61	1	78	78	229	229	〃
ギヤーカバー	〃 〃 62	1	27	27	80	80	〃
ギヤーカバー	〃 〃 63	1	78	78	826	826	〃
ギヤーカバー	〃 〃 64	1	64	64	415	415	〃
ギヤーカバー	〃 〃 65	1	67	67	692	692	〃
ギヤーカバー	〃 〃 66	1	43	43	77	77	〃
ギヤーカバー	〃 〃 67	1	106	106	1,428	1,428	〃
ギヤーカバー	〃 〃 68	1	450	450	1,385	1,385	〃

—4—

品名	符号又ハ箱番号	個数	1ヶ重量 Kg	總重量 Kg	一ヶ容積 立方米	總容積 立方米	貨車番号
防熱鉄板	キルン2号 No.69 70	2	120	240	447	894	ムコ 60050
フード附属パイプ	〃 〃71	1	13	13	300	300	〃
エヤー吹込パイプ	〃 〃72	1	400	400	923	923	〃
エヤー吹込パイプ	〃 〃73	1	250	250	945	945	〃
エヤー吹込パイプ	〃 〃74	1	250	250	592	592	〃
エヤー吹込パイプ	〃 〃75	1	98	98	192	192	〃
エヤー吹込パイプ	〃 〃76	1	141	141	264	264	〃
エヤー吹込パイプ	〃 〃77	1	28	28	216	216	〃
ファン附属品	〃 〃78	1	150	150	368	368	〃
フード附属品	〃 〃79	1	25	25	121	121	〃
各箇所ボールト	〃 〃81	1	220	220	276	276	〃
フード附属品及ボールト	〃 〃82	1	190	190	442	442	〃
キルン2号	計	45		7,730		23,484	
1号炉 2号炉	合計	90		16,556		46,471	

(ミル)　三月二十七日發送明細表

品名	件號又ハ箱番號	個數	一ヶ重量 kg	総重量 kg	一ヶ容積	総容積	貨車番號
ドラフクベッフフ (完)24枚入	391~424	34	400	13,600	141	4794	台60050
〃 (完)15枚入	425	1	240	240	141	141	〃
カウラ板箱 (完)	426~427	2	210	420	124	248	〃
カウラ板座金 ガットロ金物	428	1	450	450	163	163	〃
カウラ板取付ボールト (36本入)	429	1	100	100	107	107	〃
〃 (96本入)	430	1	120	120	107	107	〃
〃 (145本入 93本入)	431~432	2	150	300	107	214	〃
〃 (154本入 162本入)	433~434	2	160	320	176	352	〃
〃 (143本入)	435	1	100	100	107	107	〃
カップリングボールト (123本入)	436	1	130	130	107	107	〃
カップリングボールト 57本 網取付〃 14本 太栓 144本	437	1	50	50	107	107	〃
台板取付ボールト (791本入)	438	1	50	50	107	107	〃
タイヤーケース オイルフィルター網	439	1	40	40	219	219	〃
ライナー用 鉄板 4台分	440~441	2	40	80	116	232	〃
〃 〃 4台分	442	1	60	60	140	140	〃
キコーベーリング(完) 組金物 310ケ入	443	1	50	50	113	113	〃
カップリングパッキン 網取付ボールト	444	1	330	330	399	399	〃
開孔坊用金物 カウラ板パッキン1個	445	1	210	210	138	138	〃
ノーニマイト[illegible] 木ボックス	197~198	2	500	1,000	385	770	〃
油量計器	199	1	30	30	28	28	〃
減速機一部分 ナタル調整ブラケット	200	1	50	50	107	107	〃
計		59		18,020		78,905	

四月八日発送明細表

品名	符号又ハ箱番号	個数	1ヶ重量Kg	総重量Kg	1ヶ容積立米	総容積立米	貨車番号
ミル本体	63	1	17.633	17.633	41.42	41.42	ムコ 60311
タイヤーメタル 4台分	46~53	8	240	1.920	1.89	15.12	〃
メタルローラー 4台分	54~57	4	290	1.160	1.56	6.24	〃
タイヤーメタル 4台分	58~61	4	350	1.400	2.44	9.76	〃
減速機 ギアーケーシングボールト	255	1	130	130	1.15	1.15	〃
〃 ギアーシャフトボールト	256	1	70	70	1.07	1.07	〃
〃 ケーシングヴァルブ	257	1	70	70	1.50	1.50	〃
本体 カップリングボールト	446	1	160	160	1.16	1.16	〃
メタル取付ボールト カップリング取付ボールト	447	1	130	130	1.12	1.12	〃
本体 各種ボールト	448	1	120	120	1.09	1.09	〃
間仕切板 A	2P845-A	36	152	5.472	.66	23.76	〃
〃 B	2P850	12	137	1.644	.66	7.92	〃
〃 C	2P844-A	12	121	1.452	.32	3.84	〃
〃 D	2P849	4	110	440	.62	2.48	〃
計		87		31.801		117.53	

四月十九日発送明細表

品名	符号又ハ箱番号	個数	一ケ重量kg	總重量kg	一ケ容積立米	總容積立米	貨車番號
ミル 4台分 カップリングドラム	No. 30～33	4	2,270	9,080	6.993	27.172	ムコ 60431
〃 3台分 タイヤーケーシング	35～37	3	2,060	6,180	3.009	9.027	〃
〃 3台分 メタル台付	39～41	3	1,260	3,780	1.746	5.238	〃
〃 3台分 メタルベット	43～45	3	625	1,875	250	750	〃
ミル 計		スリッパ 4 13		20,915		42.187	
クーラーブラケット	キルン1号 No.119～130	12	92	1,104	0.088	1.056	〃
クーラー取付ベント	キルン1号 No.131～142	12	64	768	0.099	1.188	〃
⑦タイヤト. 下駄	キルン1号 No.154～179	26	102	2,652	0.027	0.702	〃
⑥タイヤト 下駄	キルン1号 No.180～199	20	95	1,900	0.027	0.540	〃
ロータリーキルン1号 計		70		6,424		3.486	
フード	キルン2号 No.42	1	1,500	1,500	10.829	10.829	〃
クーラー取付ベント	キルン2号 No83～94	12	64	768	0.099	1.188	〃
ロータリーキルン2号 計		13		2,268		12.017	
ロータリーキルン 合計		83		8,692		15.503	
總 計		96		29,607		57.690	

外 スリッパ 4本

四月十九日発送明細表

品名	符号又ハ箱番号	個数	一ケ重量kg	総重量kg	一ケ容積立米	総容積立米	貨車番號
ミル3.4號 トランス	157~158	2	1.600	3.200	2.400	4.800	ムリ 60476
減速機4台分 ケーシングベフト	251~254	4	7.120	28.480	3.296	13.184	〃
ミル計		6		31.680		17.984	
モーター台ブラケット	キルン1号 No.222	1	120	120	0.273	0.273	〃
モーター附属品	キルン1号 No.223	1	180	180	0.351	0.351	〃
メタル取付ボールト及附属パイプ	キルン1号 No.224	1	120	120	0.091	0.091	〃
ギヤー取付ボールト24ケ入	キルン1号 No.225	1	208	208	0.112	0.112	〃
減速機カップリングライナー及ボールトナット	キルン1号 No.226	1	205	205	0.098	0.098	〃
減速機メタル取付ボールト24ケ入	キルン1号 No.227	1	200	200	0.091	0.091	〃
歯車廻り附属小物	キルン1号 No.228	1	140	140	0.104	0.104	〃
メタル冷却パイプ	キルン1号 No.229	1	121	121	0.117	0.117	〃
メタル冷却パイプ	キルン1号 No.220	1	67	67	0.098	0.098	〃
減速機メタル取付ボールト24ケ入	キルン1号 No.231	1	155	155	0.091	0.091	〃
ギヤー取付ボールト32ケ入	キルン1号 No.232	1	245	245	0.102	0.102	〃
ロータリーキルン1号計		11		1,781		1.528	
總計		17		33,461		19.512	

四月十九日発送明細表

品名	符号又ハ箱番号	個数	一ケ重量kg	總重量kg	一ケ容積m3	總容積m3	貨車番号
電動機	キルン1号 No.214	1	3,100	3,100	3.472	3.472	ムコ60474
減速機ギヤー	キルン1号 No.216	1	4,300	4,300	9.000	9.000	〃
減速機ギヤベット	キルン1号 No.221	1	10,000	10,000	6.210	6.210	〃
ロータリーキルン1号計		3		17,400		18.682	
電動機	キルン2号 No.112	1	3,100	3,100	3.472	3.472	〃
減速機ギヤー	キルン2号 No.114	1	4,300	4,300	9.000	9.000	〃
減速機ギヤベット	キルン2号 No.119	1	10,000	10,000	6.210	6.210	〃
ロータリーキルン2号計		3		17,400		18.682	
總計		6		34,800		37.364	
外	スリッパ	6ケ					

四月十九日発送明細表

品名	符号又ハ箱番号	個数	一ケ重量kg	總重量kg	一ケ容積m³	總容積m³	貨車番号
減速機	キルン1号 No.213	1	9,000	9,000	6.000	6.000	42 60263
フード	キルン1号 No.42	1	1,500	1,500	10.829	10.829	〃
焚口ケーシング	キルン1号 No.143	1	220	220	7.875	7.875	〃
焚口ケーシング	キルン1号 No.144,145	2	180	360	5.313	10.626	〃
本体内張鉄板	キルン1号 No.146,147	2	530	1,060	1.836	3.672	〃
本体内張鉄板	キルン1号 No.148,149	2	450	900	1.620	3.240	〃
メンシャフト	キルン1号 No.215	1	2,600	2,600	2.016	2.016	〃
焚口ケーシングチャンネル	キルン1号 No.150,151	2	60	120	0.099	0.198	〃
焚口ケーシングチャンネル	キルン1号 No.152,153	2	140	280	0.360	0.720	〃
ギヤーバネ	キルン1号 No.200~211	12	135	1,620	0.225	2.700	〃
ロータリーキルン1号計		26		17,660		47.876	
焚口ケーシング	キルン2号 No.95	1	220	220	7.875	7.875	〃
焚口ケーシング	キルン2号 No.96,97	2	180	360	5.313	10.626	〃
減速機	キルン2号 No.111	1	9,000	9,000	6.000	6.000	〃
メンシャフト	キルン2号 No.113	1	2,600	2,600	2.016	2.016	〃
ギヤーバネ	キルン2号 No.98~109	12	135	1,620	0.225	2.700	〃
ロータリーキルン2号計		17		13,800		29.217	
總計		43		31,460		77.093	
外	スリッパ	7ケ					

四月二十二日発送明細表

品名	発送番号	個数	一ヶ重量 kg	總重量 kg	一ヶ容積 m³	總容積 m³	貨車番号
窯車	ホルン1号 No.217~220	4	2.500	10.000	1.200	4.800	60443
微粉炭噴込ブロワ	ホルン1号 No.60	1	2.000	2.000	7.942	7.942	〃
モーターベット	ホルン1号 No.212	1	350	350	0.528	0.528	〃
ホルン1号計		6		12.350		13.270	〃
窯車	ホルン2号 No.115~118	4	2.500	10.000	1.200	4.800	〃
クーラー	ホルン2号 No.24~25	2	4.500	9.000	12.580	25.160	〃
モーターベット	ホルン2号 No.110	1	350	350	0.528	0.528	〃
ホルン2号計		7		19.350		30.448	
総計		13		31.700		43.758	

四月二十二日発送明細表

品名	発送番号	個数	一ヶ重量 kg	總重量 kg	一ヶ容積 m³	總容積 m³	貨車番号
ミル本体 外付付	No.62	1	20,992	20,992	37.285	37.285	ムニ 60388
キルン本体口輪	キルン1号 No.23	1	500	500	1.103	1.103	〃
クリンカー焼口金物 A	キルン1号 No.83~94	12	300	3,600	0.394	4.728	〃
〃 B	キルン1号 No.95~106	12	270	3,240	0.240	2.880	〃
〃 C	キルン1号 No.107~118	12	167	2,004	0.088	1.056	〃
キルン1号 計		37		9,344		9.767	
キルン本体口輪	キルン2号 No.23	1	500	500	1.103	1.103	〃
微粉炭吹込ファン	キルン2号 No.80	1	2,000	2,000	7.942	7.942	〃
キルン2号 計		2		2,500		9.045	
總計		40		32,836		56.097	

四月二十四日發送明細表

品名	荷造又ハ箱番號	個數	一个重量kg	總重量kg	一个容積m3	總容積m3	貨車番號
ミル（仕上コテ）部件	No.64	1	20.992	20.992	37.285	37.285	ムコ 60123
ミル計		1		20.992		37.285	
キルン內張耐火煉瓦	（大）	2.000	0.0055	11.000	0.103	6.000	〃
キルン計		2.000		11.000		6.000	
總計		2.001		31.992		43.285	

四月二十四日発送明細表

品名	符号又ハ箱番号	個数	一ケ重量kg	総重量kg	一ケ容積m³	総容積m³	貨車番號
ホヒ2号 ミル部件	No.65	1	17.633	17.633	34.220	34.220	ムコ 60236
ミル 計		1		17.633		34.220	
キルン 内張耐火煉瓦	(大)	1.000	0.010	10.000	0.006	6.000	〃
キルン 計		1.000		10.000		6.000	
総 計		1.001		27.633		40.220	

四月二十六日発送明細表

品名	管号又ハ箱番号	個数	一ケ重量kg	総重量kg	一ケ容積m3	総容積m3	貨車番號
カルニ2号 クーラー	No.27 31～32	4.	4.500	18.000	12.500	50.000	ムコ 60486
カルン 内張耐火煉瓦	(小)	2.000	0.0055	11.000	0.003	6.000	〃
計		2.004		29.000		56.000	
原料3号 ミル[illegible]	No.66	1	20.992	20.992	37.285	37.285	ムコ 60086
カルン 内張耐火煉瓦	(大)	1.000	10.	10.000	0.006	6.000	〃
計		1.001		30.992		43.285	

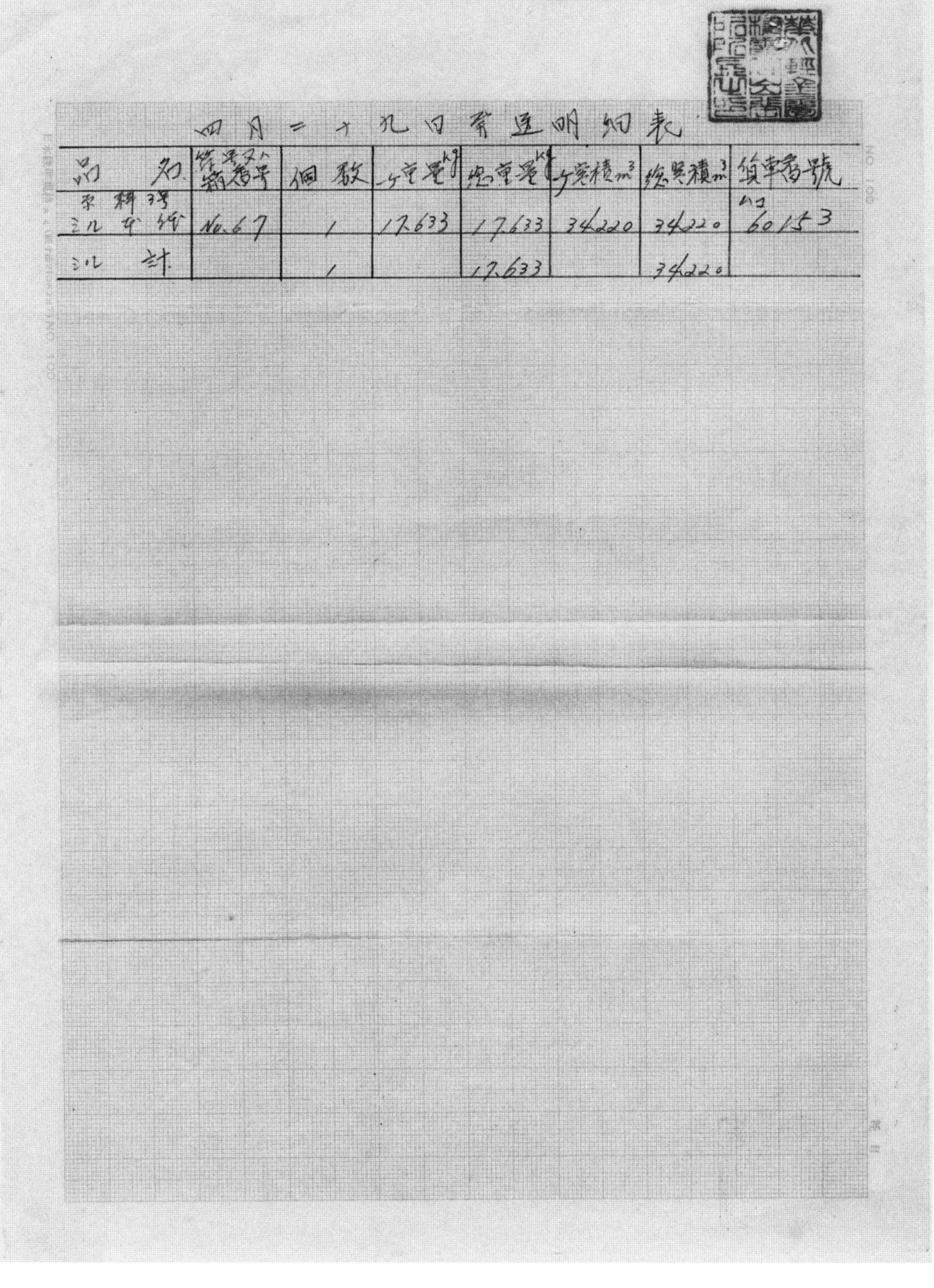

四月二十九日発送明細表

品名	管理又ハ箱番号	個数	一个重量kg	総重量kg	一个容積m³	総容積m³	貨車番號
原料場 ミル部分	No.67	1	17633	17633	34220	34220	ムコ 60153
ミル計		1		17633		34220	

#23

五月三日発送明細表

品名	包装番号	個数	1ヶ重量 kg	總重量 kg	1ヶ容積 m³	總容積 m³	貨車番号
クリンカー搔口金物及冷却パイプ	キルン1号 No.233	1	170	170	0.171	0.171	トキ 60299
クリンカー搔口小金物 減速機メタル台座金	〃 No.234	1	201	201	0.091	0.091	〃
各箇所ボールトナット	〃 No.235	1	194	194	0.087	0.087	〃
クリンカー搔口金物	〃 No.236	1	240	240	0.132	0.132	〃
クリンカー搔口金物	〃 No.237	1	256	256	0.142	0.142	〃
⑦タイヤフレーム	〃 No.238	1	430	430	0.168	0.168	〃
⑥タイヤフレーム	〃 No.239	1	280	280	0.108	0.108	〃
油計量器	〃 No.240	1	28	28	0.034	0.034	〃
メタルカバー (1.2.タイヤ下)	〃 No.241	1	440	440	1.100	1.100	〃
メタルカバー (3.4.タイヤ下)	〃 No.242	1	440	440	0.898	0.898	〃
メタルカバー (5.6タイヤ下)	〃 No.243	1	440	440	0.898	0.898	〃
メタルカバー及各種カバー (3.4.7.タイヤ下)	〃 No.244	1	416	416	0.980	0.980	〃
メタル調整ボールト及各箇所ボールト	〃 No.245	1	192	192	0.091	0.091	〃
冷却筒張鉄板取付ボールト 冷却筒口輪取付ボールト クーラー出口金物取付ボールト	〃 No.246	1	182	182	0.091	0.091	〃
ガット口カバー	〃 No.247	1	450	450	0.302	0.302	〃
ガット口カバーオサエ	〃 No.248	1	134	134	0.179	0.179	〃
各箇所ボールト	〃 No.281	1	260	260	0.161	0.161	〃
各箇所ボールトナット	〃 No.282	1	320	320	0.142	0.142	〃
キルン1号	計	18		5,073		5.769	
木料 4号 ミル支保	No.69	1	20.992	20.992	37.285	37.285	〃
ミル 計		1		20.992		37.285	

#24.

五月三日発送明細表

品名	包装番号	個数	1ヶ重量 Kg	總重量 Kg	1ヶ容積 m^3	總容積 m^3	貨車番号
ローラーメタル	キルン1号 No.265~268	4	1,250	5,000	1.093	4.372	ムコ 60499
ローラーメタル	キルン1号 No.269~272	4	1,270	5,080	1.575	6.300	〃
バヂカルローラー	キルン1号 No.283.284	2	900	1,800	0.608	1.216	〃
キルン1号	計	10		11,880		11.888	
原料 4号 ミル本体	No.68	1	17.663	17.663	34.220	34.220	ムコ 60499
ミル 計		1		17.663		34.220	

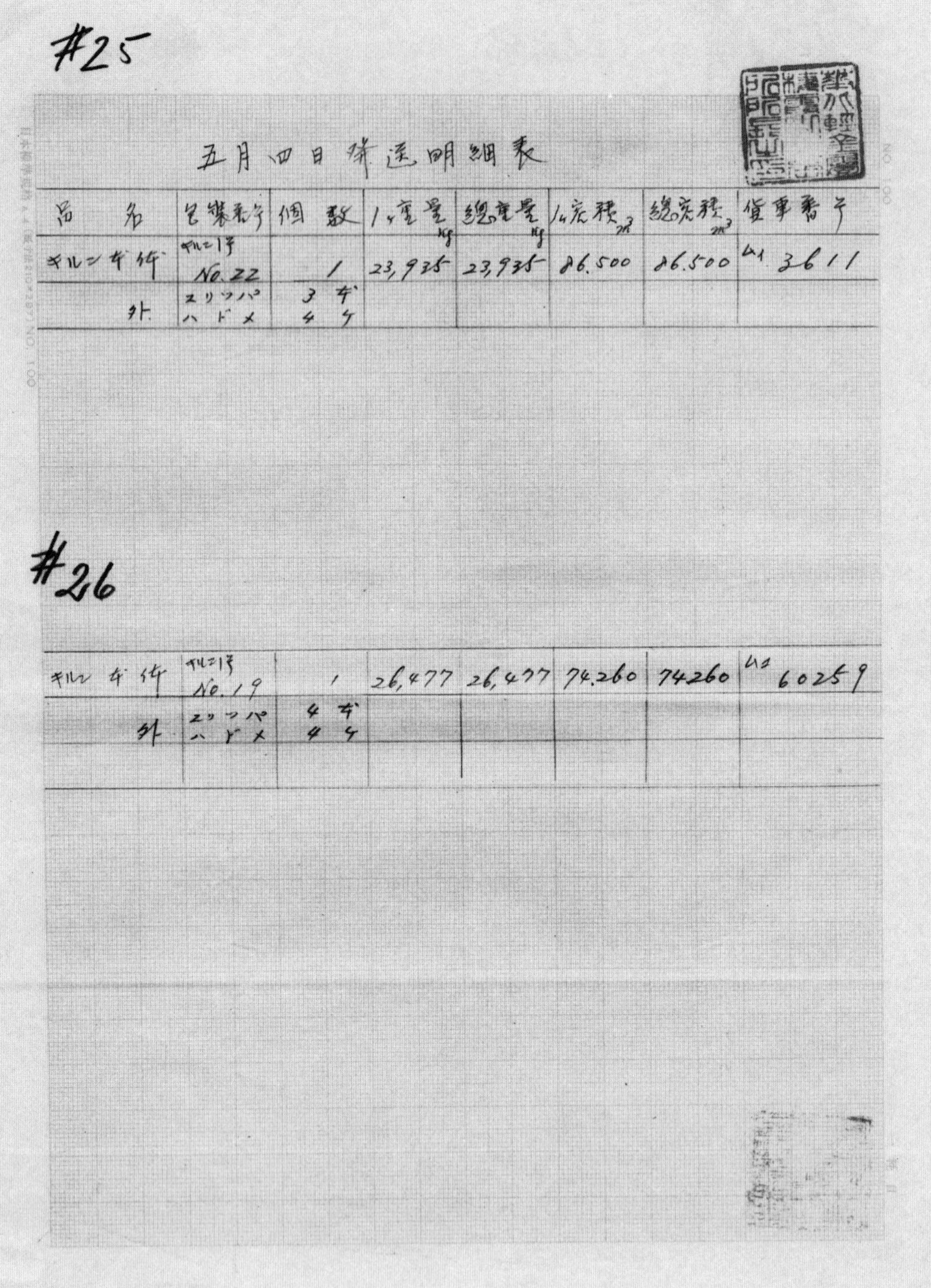

#25

五月四日発送明細表

品名	包装番号	個数	1ヶ重量 kg	総重量 kg	1ヶ容積 m^3	総容積 m^3	貨車番号
キルン部件	キルン1号 No.22	1	23,935	23,935	86.500	86.500	ムイ 3611
外	スリッパ ハドメ	3ヶ 4ヶ					

#26

品名	包装番号	個数	1ヶ重量 kg	総重量 kg	1ヶ容積 m^3	総容積 m^3	貨車番号
キルン部件	キルン1号 No.19	1	26,477	26,477	74.260	74260	ムイ 60259
外	スリッパ ハドメ	4ヶ 4ヶ					

五月六日發送明細表

品名	包装番号	個数	1個重量 kg	總重量 kg	1個容積 m³	總容積 m³	貨車番号
キルン本体	キルン1号 No.17	1	15,223	15,223	73.320	73.320	60229
キルン内張煉瓦	一	1,000	10	10,000	0.006	6.000	〃
	計	1,001		25,223		79.320	
ミル本体4台分 ローテーシングオウトウエート、スプリング プレッサーゲージ鋼パイプ36本	No.124	1	80	80	483	483	〃
ミル本体4台分 輸送鋼パイプ26本	No.125	1	90	90	314	314	〃
ミル減速機本体1号3 ベット基礎付属金物	No.258~259	2	120	240	167	334	〃
ミル減速機4台分2 輸送パイプ4本	No.126~128	2	150	300	406	812	〃
ミル減速機4台分1〃 輸送パイプ16本	No.129	1	150	150	406	406	〃
ミル計		7		860		2.349	
總計		1,008		26,083		81.669	

五月六日発送明細表

品名	包装番号	個数	1ヶ重量 kg	總重量 kg	1ヶ容積 m³	總容積 m³	貨車番号
キルン本体(タイヤ付)	キルン1号 No. 15	1	21,361	21,361	65.720	65.720	41 2239
キルン計		1		21,361		65.720	
No.1.3ミル減速機 調整レール	ミル No.260~263	4	700	2,800	352	1,408	〃
ミル減速機No.1.3 メタルベット	No.264~265	2	150	300	108	216	〃
ミル計		6		3,100		1,624	
總計		7		24,461		67,344	

五月十二日発運明細表

品名	包装番号	個数	1ヶ重量 kg	總重量 kg	1ヶ容積 m³	總容積 m³	貨車番号
キルン部件	キルン号 No.16	1	9,420	9,420	49.8	49.8	ムト 60213
キルン部件	〃 No.18	1	7,656	7,656	29.1	29.1	〃
ローラー	〃 No.251	1	6,388	6,388	3.2	3.2	〃
ローラー	〃 No.253,254	2	2,960	5,920	1.8	3.6	〃
	計	5		29,384		85.7	

五月十二日發送明細表

品名	包装番号	個數	1ヶ重量 kg	總重量 kg	1ヶ容積 m³	總容積 m³	貨車番号
キルン部件	キルン1号 No.13	1	9,154	9,154	28.7	28.7	Ao 60493
キルン部件	〃 No.14	1	5,399	5,399	29.1	29.1	〃
ローラー	〃 No.252	1	6,388	6,388	3.2	3.2	〃
ローラー	〃 No.255,256	2	2,960	5,920	1.8	3.6	〃
	計	5		26,861		74.6	

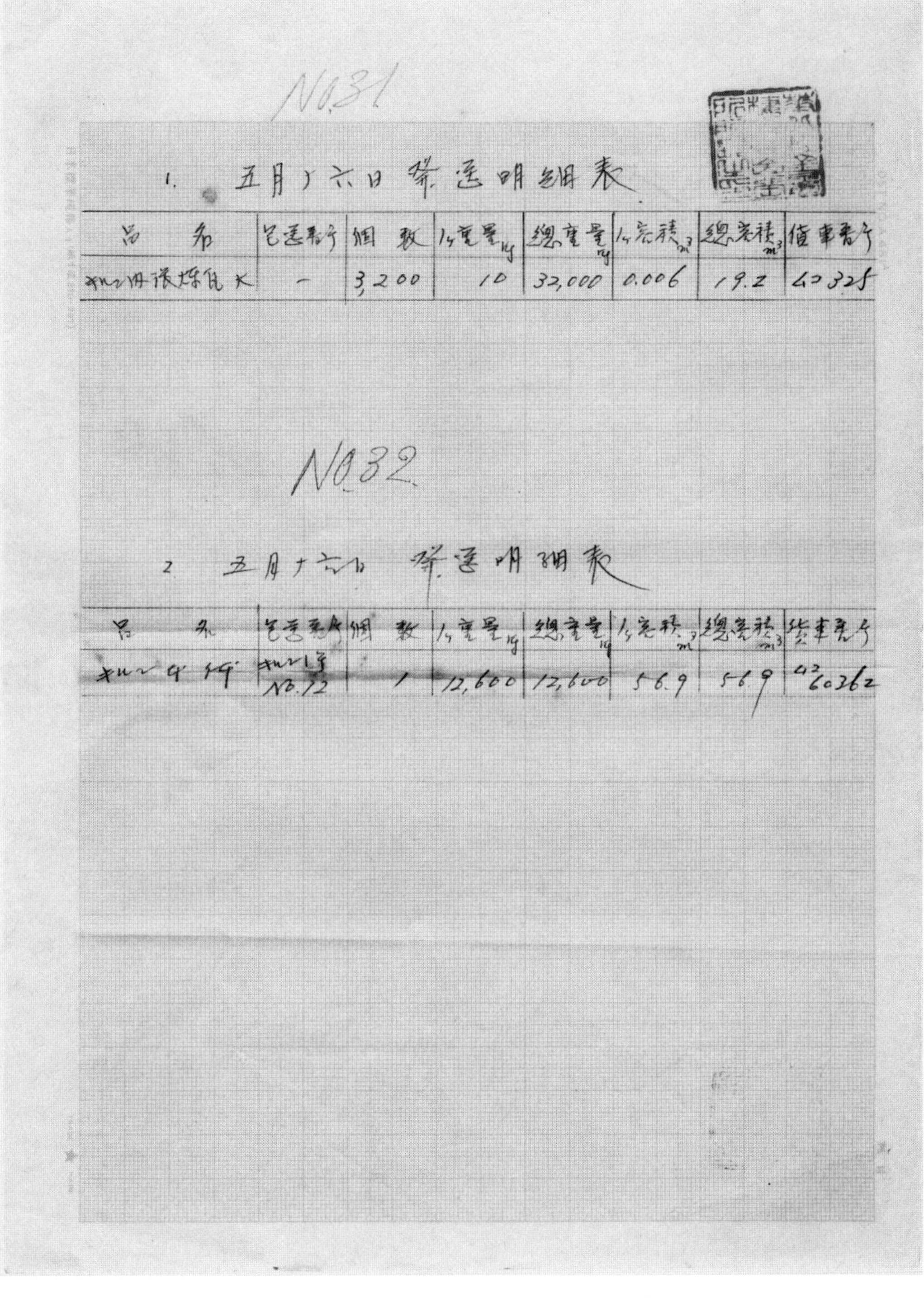

No.31

1. 五月十六日 發送明細表

品名	包装番号	個數	1个重量 kg	總重量 kg	1个容積 m³	總容積 m³	貨車番号
キルン用張煉瓦 大	—	3,200	10	32,000	0.006	19.2	[illegible]325

No.32

2. 五月十六日 發送明細表

品名	包装番号	個數	1个重量 kg	總重量 kg	1个容積 m³	總容積 m³	貨車番号
キルン [illegible]	キルン1号 No.12	1	12,600	12,600	56.9	56.9	42 60362

NO.33

五月十八日 発送明細表 A.

品名	包装番号	個数	1ヶ重量 kg	總重量 kg	1ヶ容積 m^3	總容積 m^3	貨車番号
キルン部分	キルン1号 No.20	1	7,630	7,630	29.1	29.1	42 60321
〃	〃 No.21	1	10,328	10,328	51.2	51.2	〃
ローラー	〃 No.257 No.258	2	2,960	5,920	1.8	3.6	〃
ローラーメタル	〃 No.273 No.274	2	1,300	2,600	1.6	3.2	〃
計		6		26,478		87.1	
ミル減速機附属品	ミルNo.266	1	150	150	0.5	0.5	〃
合計		7		26,628		87.6	

NO.34

五月十八日 発送明細表 B

品名	包装番号	個数	1ヶ重量 kg	總重量 kg	1ヶ容積 m^3	總容積 m^3	貨車番号
キルン部分(タイヤ付)	キルン1号 No.11	1	26,550	26,550	76.4	76.4	42 2233

NO.35 五月二十日 発送明細表

品名	荷造番号	個数	一個重量 kg	総重量 kg	一個容積 m³	総容積 m³	貨車番号
クーラー	キルン1号 30,32,33	3	4,500	13,500	12.58	37.74	ムコ 60478
メタル調整ボルト	キルン1号 287	1	240	240	0.2	0.2	〃
〃	〃 288	1	275	275	0.2	0.2	〃
〃	〃 289	1	275	275	0.2	0.2	〃
クリンカー落口小金物及メタル冷却パイプ	〃 290	1	280	280	0.2	0.2	〃
ファンナーター	〃 291	1	120	120	0.3	0.3	〃
クリンカー落口附属金物	キルン2号 214	1	280	280	0.2	0.2	〃
キルン計		9		14,980		39.04	
減速機ベース	ミル 267~269	3	450	1,350	0.4	1.2	ムコ 60478
〃 (ボールト付)	〃 270	1	500	500	0.4	0.4	〃
〃	〃 271,272	2	170	340	0.1	0.2	〃
減速機ターニング基礎附属金物 タイヤターニング附属金物	〃 273	1	380	380	0.2	0.2	〃
減速機ターニング基礎附属金物	〃 274	1	330	330	0.2	0.2	〃
オイルプレッシャーゲージ。キルン温度計	〃 275	1	10	10	0.05	0.05	〃
ミル計		9		2,910		2.25	
合計		18		17,890		41.29	

NO.36 五月二十日発送明細表

品名	包装番号	個数	1个重量 kg	総重量 kg	1个容積 m³	総容積 m³	貨車番号
クーラー	キルン2号 33,34,35	3	4,500	13,500	12.58	37.74	ムト 60092
ローラー	キルン1号 259,260	2	2,960	5,920	1.8	3.6	〃
ローラーメタル	キルン1号 275,276	2	1,300	2,600	1.6	3.2	〃
ナダリドメ金物	キルン1号 285,286	2	450	900	0.3	0.6	〃
合計		9		22,920		45.14	

NO.37

五月二十二日發送明細表

A. 貨車番号 40 60290

品名	發送番号	個数	一ヶ重量 kg	総重量 kg	一ヶ容積 m^3	総容積 m^3
クーラー	キル21号 No.25,28,29	3	4,500	13,500	12.58	37.74
クリンカー積口金物 A	キル22号 No.132~143	12	300	3,600	0.39	4.68
計		15		17,100		42.42

NO.38

B. 貨車番号 40 60446

品名	發送番号	個数	一ヶ重量 kg	総重量 kg	一ヶ容積 m^3	総容積 m^3
クーラー	キル21号 No.24,27,35	3	4,500	13,500	12.58	37.74
クーラーブラケット	キル22号 No.120~131	12	92	1,104	0.09	1.08
クリンカー積口金物 B	キル22号 No.156~167	12	270	3,240	0.24	2.88
〃 C	キル22号 No.144~155	12	167	2,004	0.09	1.08
計		39		19,848		42.78

#39

5月24日発送明細表

A. 貨車番号 ムワ60259

品名	包装番号	個数	一ヶ重量 kg	総重量 kg	一ヶ容積 m^3	総容積 m^3
キルン本体	キルン1号 No. 9	1	14,887	14,887	56.86	56.86

#40

B. 貨車番号 チム50679

品名	包装番号	個数	一ヶ重量 kg	総重量 kg	一ヶ容積 m^3	総容積 m^3
⑥ タイヤー	キルン1号 No.249	1	4,670	4,670	4.18	4.18
⑦ タイヤー	キルン1号 No.250	1	9,373	9,373	8.42	8.42
		2		14,043		12.60

5月27日発送明細表

No.41.

A 貨車番号 41 9767

品名	記號番号	個数	1ヶ重量 kg	総重量 kg	1ヶ容積 m3	総容積 m3
クーラー	キルン1号 No.26.31	2	4,500	9,000	12.58	25.16
クーラー	キルン2号 No.30	1	4,500	4,500	12.58	12.58
計		3		13,500		37.74

B 貨車番号 41 50866

No.42.

キルン収縮煉瓦大	—	3,000	10	30,000	0.006	18.00

C. 貨車番号 41 16420

No.43.

キルン収縮煉瓦小	—	5,500	5.5	30,250	0.003	16.50

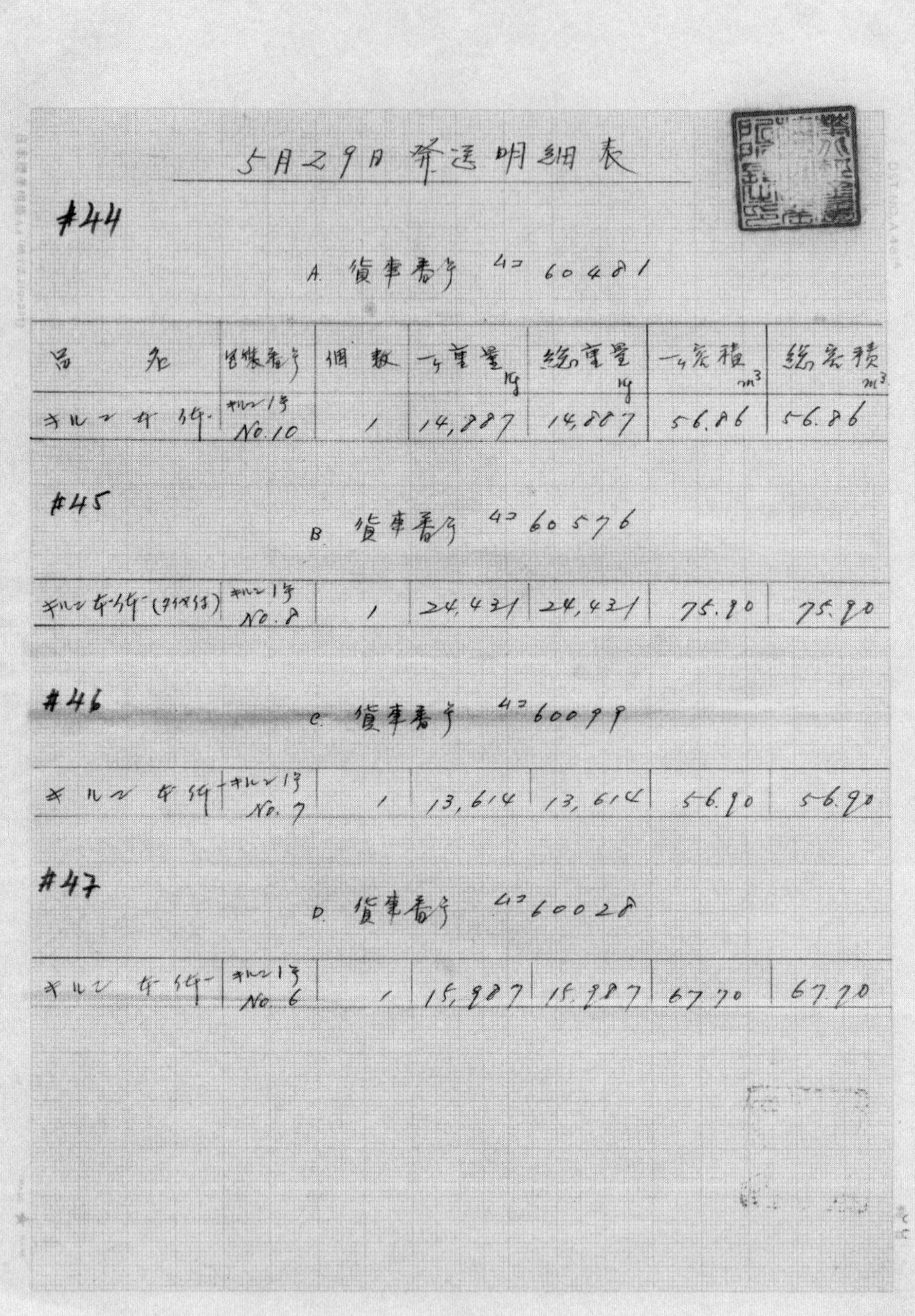

5月29日発送明細表

#44

A. 貨車番号 42 60481

品名	明線番号	個数	一ヶ重量 kg	総重量 kg	一ヶ容積 m^3	総容積 m^3
キルン本体	キルン1号 No.10	1	14,887	14,887	56.86	56.86

#45

B. 貨車番号 42 60576

品名	明線番号	個数	一ヶ重量 kg	総重量 kg	一ヶ容積 m^3	総容積 m^3
キルン本体(タイヤ付)	キルン1号 No.8	1	24,431	24,431	75.90	75.90

#46

C. 貨車番号 42 60099

品名	明線番号	個数	一ヶ重量 kg	総重量 kg	一ヶ容積 m^3	総容積 m^3
キルン本体	キルン1号 No.7	1	13,614	13,614	56.90	56.90

#47

D. 貨車番号 42 60028

品名	明線番号	個数	一ヶ重量 kg	総重量 kg	一ヶ容積 m^3	総容積 m^3
キルン本体	キルン1号 No.6	1	15,987	15,987	67.70	67.70

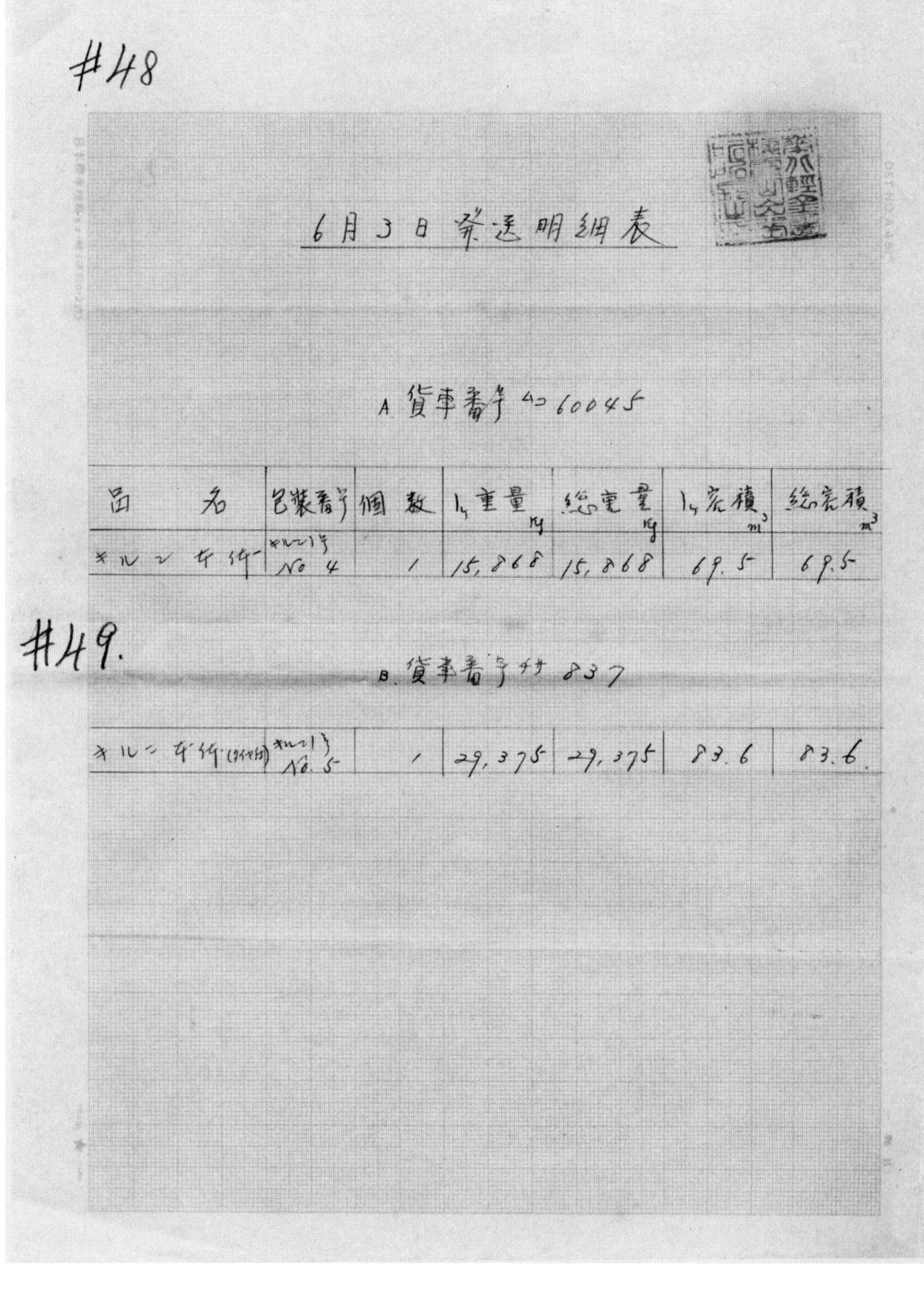

#48

6月3日 発送明細表

A. 貨車番号 ムコ 60045

品名	包装番号	個数	1ケ重量 kg	総重量 kg	1ケ容積 m³	総容積 m³
キルン部件	キルン1号 No 4	1	15,868	15,868	69.5	69.5

#49.

B. 貨車番号 チサ 837

品名	包装番号	個数	1ケ重量 kg	総重量 kg	1ケ容積 m³	総容積 m³
キルン部件(タイヤ付)	キルン1号 No.5	1	29,375	29,375	83.6	83.6

#50.

6月5日発送明細表

A. 貨車番号 ムコ 60578

品名	発送番号	個数	一ヶ重量 kg	總重量 kg	一ヶ容積 m3	總容積 m3
ローラー	キルン1号 No.261~264	4	2,960	11,840	1.80	7.20
ローラーメタル	キルン1号 No.277~280	4	1,300	5,200	1.58	6.32
ローラー	キルン2号 No.224,225	2	6,388	12,776	3.17	6.34
ローラーメタル	キルン2号 No.238~241	4	1,270	5,080	1.09	4.36
計		14		34,896		24.220

#51.

B 貨車番号 ムコ 60464

品名	発送番号	個数	一ヶ重量 kg	總重量 kg	一ヶ容積 m3	總容積 m3
キルン本体	キルン1号 No.3	1	18,584	18,584	69.50	69.50
メタル調整ボールト	キルン1号 No.292	1	290	290	0.18	0.18
タテローラーボールト及メタル冷却パイプ	キルン1号 No.293	1	250	250	0.27	0.27
メタル取付ボールト	キルン1号 No.294	1	280	280	0.17	0.17
本体附属品	キルン1号 No.295,296	2	25	50	0.04	0.08
本体附属品	キルン1号 No.297	1	160	160	0.18	0.18
メタル取付ボールト及冷却パイプ	キルン2号 No.215	1	280	280	0.18	0.18
クリンカー落口金物取付ボールト	キルン2号 No.220	1	350	350	0.18	0.18
⑥⑦タイヤ下ニーム	キルン2号 No.221	1	680	680	0.16	0.16
計		10		20,924		70.90

NO.52

6月7日発送明細表

A. 貨車番号 チイ1121

品　名	包装番号	個数	一ヶ重量 kg	総重量 kg	一ヶ容積 m³	総容積 m³
キルン本体(タイヤ付)	キルン21号 No.2	1	29,859	29,859	90.0	90.0

以上

NO.53

B 貨車番号 チサ563

品　名	包装番号	個数	一ヶ重量 kg	総重量 kg	一ヶ容積 m³	総容積 m³
⑥ タイヤー	キルン22号 No.222	1	4,670	4,670	4.18	4.18
⑦ タイヤー	キルン22号 No.223	1	9,373	9,373	8.42	8.42
計		2		14,043		12.60

以上

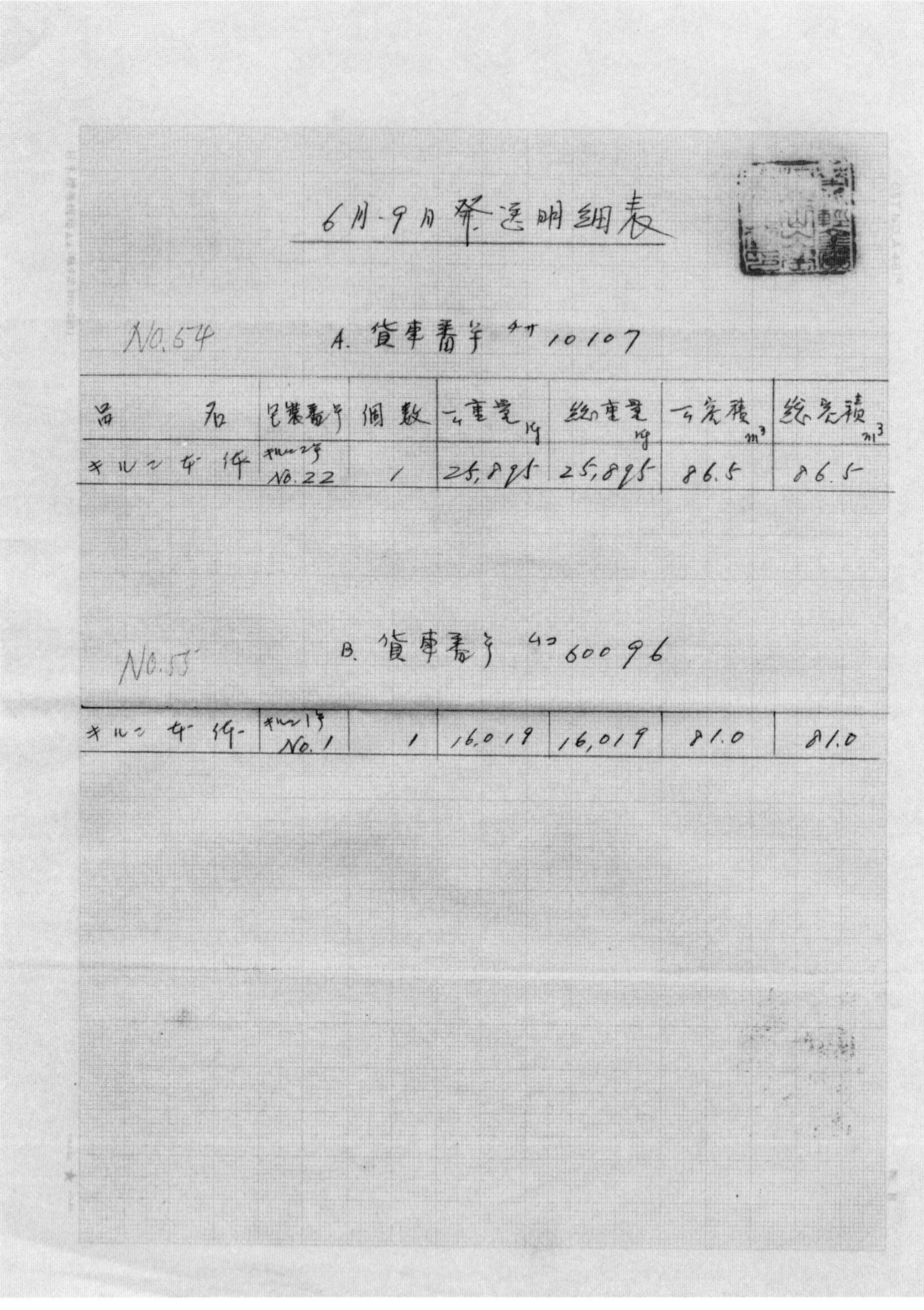

6月·9月発送明細表

No.54　A. 貨車番号 タサ 10107

品名	包装番号	個数	一個重量 kg	総重量 kg	一個容積 m^3	総容積 m^3
キルン本体	キルン2号 No.22	1	25,895	25,895	86.5	86.5

No.55　B. 貨車番号 ムコ 60096

品名	包装番号	個数	一個重量 kg	総重量 kg	一個容積 m^3	総容積 m^3
キルン本体	キルン1号 No.1	1	16,019	16,019	81.0	81.0

江南水泥廠檔案

6月11日発送明細表

NO.56　A. 貨車番号　ムコ 60332

品名	包装番号	個数	1ヶ重量 kg	総重量 kg	1ヶ容積 m3	総容積 m3
キルン部品	キルン2号 No.17	1	15,223	15,223	73.3	73.3

NO.57　B. 貨車番号　ムコ 60158

品名	包装番号	個数	1ヶ重量 kg	総重量 kg	1ヶ容積 m3	総容積 m3
キルン部品	キルン2号 No.20,21	1	17,958	17,958	80.3	80.3

6

6月13日発送明細表

NO58.　A. 貨車番号 ムコ 60225

品名	包装番号	個数	1ヶ重量 kg	総重量 kg	1ヶ容積 m^3	総容積 m^3
クーラー	キルン2号 No.25,26,29	3	4,500	13,500	12.58	37.74
ローラー	キルン2号 No.226,227	2	2,960	5,920	1.80	3.60
ローラーメタル	キルン2号 No.242,243	2	1,250	2,500	1.58	3.16
~~⑥タイヤ下駄~~	キルン2号 No.168~187	~~20敷~~	~~85~~	[illegible]	~~0.03~~	~~0.60~~
~~⑦タイヤ下駄~~	キルン2号 No.188~213 No.216~219	~~30敷~~	~~102~~	[illegible]	~~0.03~~	~~0.90~~
計		~~57~~		~~26,880~~		~~46.00~~
		7		21,920		44.50

NO.59　B. 貨車番号 ムコ 60037

品名	包装番号	個数	1ヶ重量 kg	総重量 kg	1ヶ容積 m^3	総容積 m^3
キルン本体	キルン2号 No.19	1	26,477	26,477	74.3	74.3

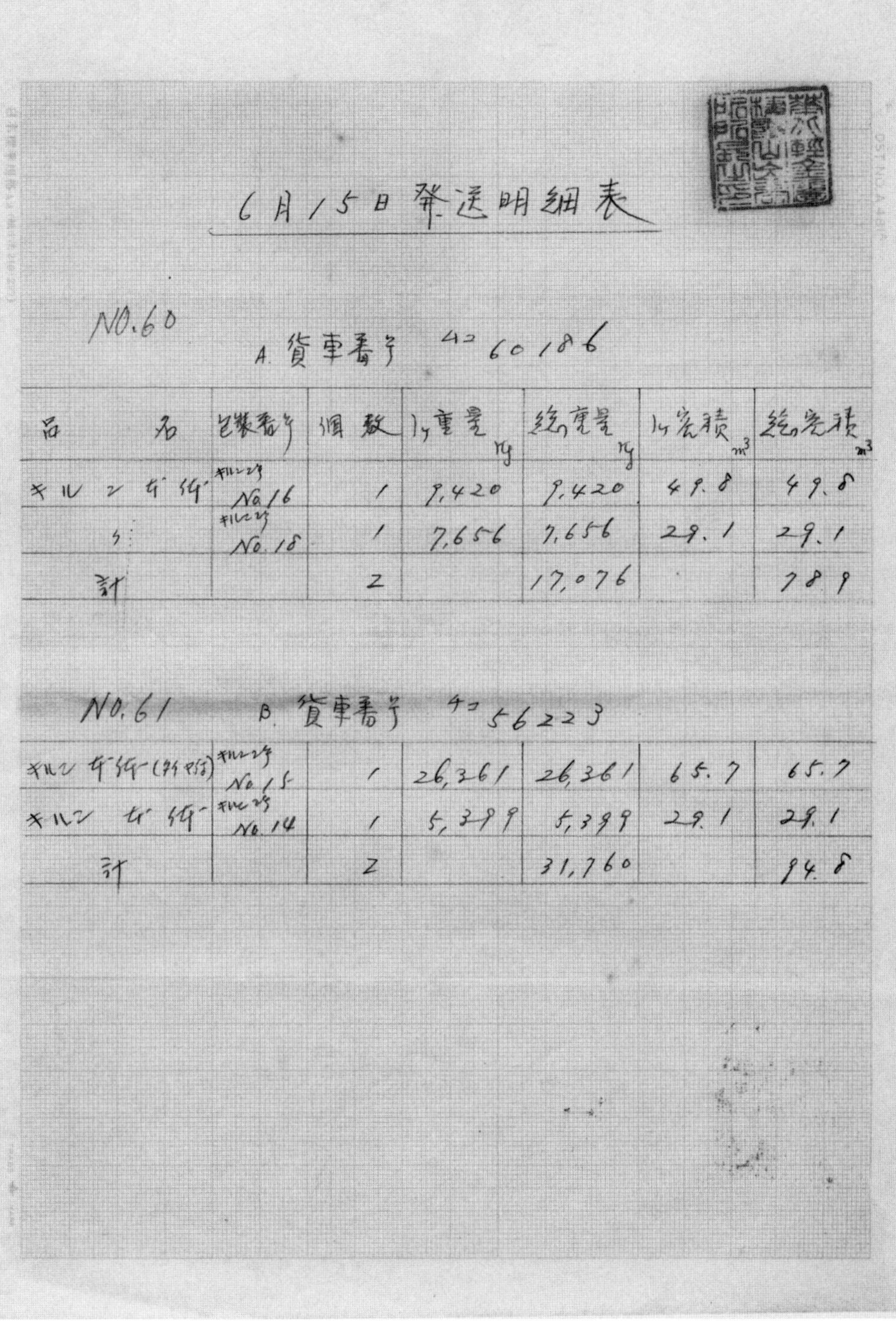

6月15日発送明細表

NO.60

A. 貨車番号 42 60186

品名	包装番号	個数	1ヶ重量 kg	総ノ重量 kg	1ヶ容積 m^3	総ノ容積 m^3
キルンギヤー	キルン2号 No.16	1	9,420	9,420	49.8	49.8
〃	キルン2号 No.18	1	7,656	7,656	29.1	29.1
計		2		17,076		78.9

NO.61 B. 貨車番号 42 56223

品名	包装番号	個数	1ヶ重量 kg	総ノ重量 kg	1ヶ容積 m^3	総ノ容積 m^3
キルンギヤー([illegible])	キルン2号 No.15	1	26,361	26,361	65.7	65.7
キルンギヤー	キルン2号 No.14	1	5,399	5,399	29.1	29.1
計		2		31,760		94.8

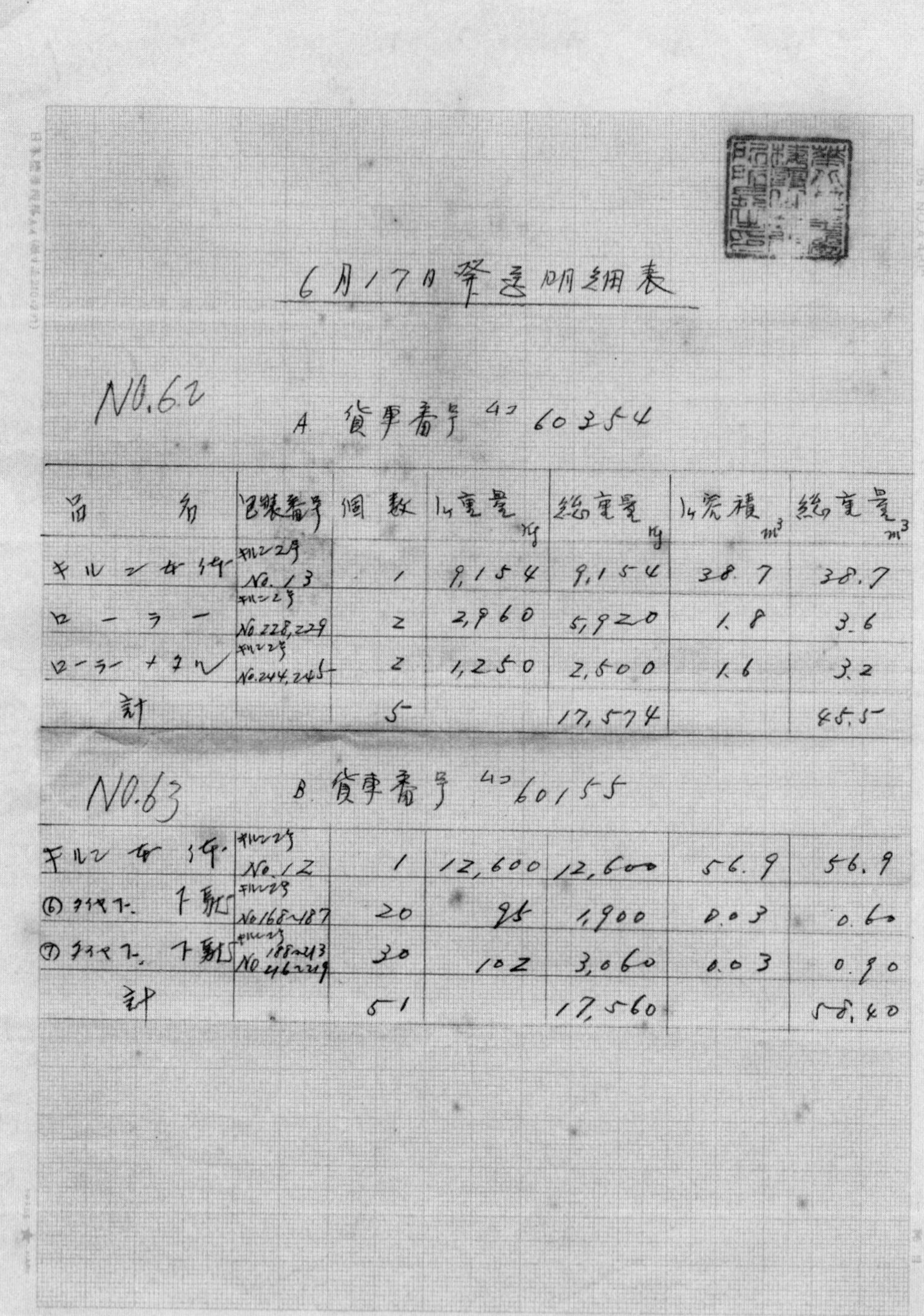

6月17日発送明細表

NO.62

A 貨車番号 ムコ 60354

品名	包装番号	個数	1ヶ重量 kg	総重量 kg	1ヶ容積 m^3	総重量 m^3
キルン本体	キルン2号 No.13	1	9,154	9,154	38.7	38.7
ローラー	キルン2号 No.228,229	2	2,960	5,920	1.8	3.6
ローラー ナフル	キルン2号 No.244,245	2	1,250	2,500	1.6	3.2
計		5		17,574		45.5

NO.63

B 貨車番号 ムコ 60155

品名	包装番号	個数	1ヶ重量 kg	総重量 kg	1ヶ容積 m^3	総重量 m^3
キルン本体	キルン2号 No.12	1	12,600	12,600	56.9	56.9
⑥タイヤー下敷	キルン2号 No168~187	20	95	1,900	0.03	0.60
⑦タイヤー下敷	キルン2号 No 188~213 462~219	30	102	3,060	0.03	0.90
計		51		17,560		58.40

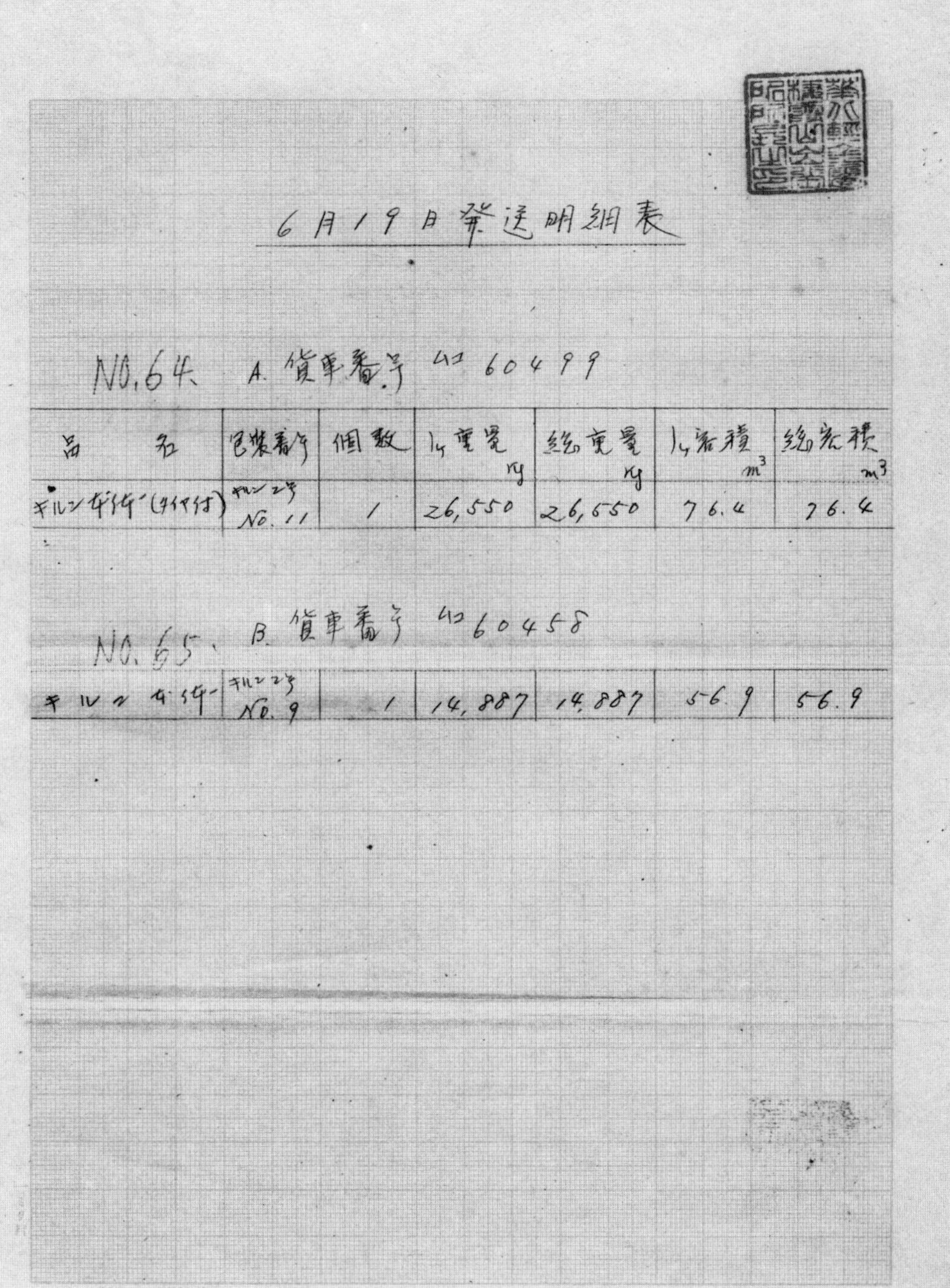

6月19日発送明細表

NO.64 A. 貨車番号 ムト 60499

品名	包装番号	個数	1ヶ重量 kg	総重量 kg	1ヶ容積 m^3	総容積 m^3
キルン本体(タイヤ付)	キルン2号 NO. 11	1	26,550	26,550	76.4	76.4

NO.65 B. 貨車番号 ムト 60458

品名	包装番号	個数	1ヶ重量 kg	総重量 kg	1ヶ容積 m^3	総容積 m^3
キルン本体	キルン2号 NO. 9	1	14,887	14,887	56.9	56.9

6月21日 発送明細表

No67 A. 貨車番号 ムコ 60488

品名	包装番号	個数	1ヶ重量 kg	総重量 kg	1ヶ容積 m³	総容積 m³
キルン本体	キルン2号 No.10	1	14,887	14,887	56.90	56.90
メタル附属品	〃 No.258	1	275	275	0.18	0.18
メタル調整ボールト	〃 No.259	1	〃	〃	〃	〃
メタル調整ボールト及本体附属品	〃 No.260	1	〃	〃	〃	〃
メタル調整ボールト	〃 No.261	1	〃	〃	〃	〃
本体附属品及ターミナル	〃 No.262	1	〃	〃	〃	〃
キルン関係計		6		16,262		57.80
ミル室用ケーブルベント	No.226	1	87	87	0.17	0.17
〃	No.277	1	90	90	〃	〃
〃	No.278	1	83	83	〃	〃
ミル関係計		3		260		0.51
合計		9		16,522		58.31

No66 B. 貨車番号 ムコ 60231

品名	包装番号	個数	1ヶ重量 kg	総重量 kg	1ヶ容積 m³	総容積 m³
キルン本体(タイヤ付)	キルン2号 No.8	1	24,431	24,431	75.9	75.9
ローラー	キルン2号 No.231,233	2	2,960	5,920	1.8	3.6
合計		3		30,351		79.5

6月24日發送明細表

NO.68　A. 貨車番号 ム 60462

品名	包裝番号	個數	1ヶ重量 kg	総重量 kg	1ヶ容積 m3	総容積 m3
キルン部件	キルン2号 No.6	1	15,987	15,987	67.7	67.7
ローラー	〃 No.232	1	2,960	2,960	1.8	1.8
ローラーメタル	〃 No.249	1	1,250	1,250	1.6	1.6
計		3		20,197		71.1

NO.69　B. 貨車番号 ム 60077

品名	包裝番号	個數	1ヶ重量 kg	総重量 kg	1ヶ容積 m3	総容積 m3
キルン部件	キルン2号 No.7	1	13,614	13,614	56.9	56.9
ローラー	〃 No.220	1	2,960	2,960	1.8	1.8
ローラーメタル	〃 No.247	1	1,250	1,250	1.6	1.6
計		3		17,824		60.3

6月27日発送明細表

No.70　A. 貨車番号 ムコ 60160

品名	包装番号	個数	1個重量 kg	総重量 kg	1個容積 m3	総容積 m3
キルン本体	キルン2号 No. 4	1	15,868	15,868	69.5	69.5
バザカルローラー	〃 No.254,255	2	900	1,800	0.6	1.2
ウダリドメ金物	〃 No.256,257	2	450	900	0.3	0.6
ローラーメタル	〃 No.246	1	1,250	1,250	1.6	1.6
計		6		19,818		72.9

No.71.　B. 貨車番号 ムコ 60521

品名	包装番号	個数	1個重量 kg	総重量 kg	1個容積 m3	総容積 m3
キルン本体	キルン2号 No. 3	1	18,584	18,584	69.5	69.5
ローラー	〃 No.235	1	2,960	2,960	1.8	1.8
ローラーメタル	〃 No.248	1	1,250	1,250	1.6	1.6
計		3		22,794		72.9

No.72.　C. 貨車番号 ウム 51118

品名	包装番号	個数	1個重量 kg	総重量 kg	1個容積 m3	総容積 m3
キルン本体(タイヤ付)	キルン2号 No. 5	1	29,375	29,375	83.6	83.6

180×250　規格A4

7月3日発送明細表

#73

A. 貨車番号 ムフ 60025

品名	包装番号	個数	1ヶ重量 kg	総重量 kg	1ヶ容積 m³	総容積 m³
ローラー	キルン2号 No. 234,236,237	3	2,960	8,880	1.80	5.40
ローラーメタル	キルン2号 No. 250~253	4	1,250	5,000	1.58	6.32
ボールト及冷却パイプ	キルン2号 No. 263	1	230	230	0.19	0.19
本体附属品	キルン2号 No. 264	1	350	350	0.20	0.20
メタル調整ボールト	キルン2号 No. 265	1	260	260	0.14	0.14
計		10		14,720		12.25

#74

B. 貨車番号 ムフ 60437

品名	包装番号	個数	1ヶ重量 kg	総重量 kg	1ヶ容積 m³	総容積 m³
キルン本体	キルン2号 No. 1	1	16,019	16,019	81.0	81.0

#75

C. 貨車番号 チニ 2026

品名	包装番号	個数	1ヶ重量 kg	総重量 kg	1ヶ容積 m³	総容積 m³
キルン本体（外中体）	キルン2号 No. 2	1	29,859	29,259	90.0	90.0

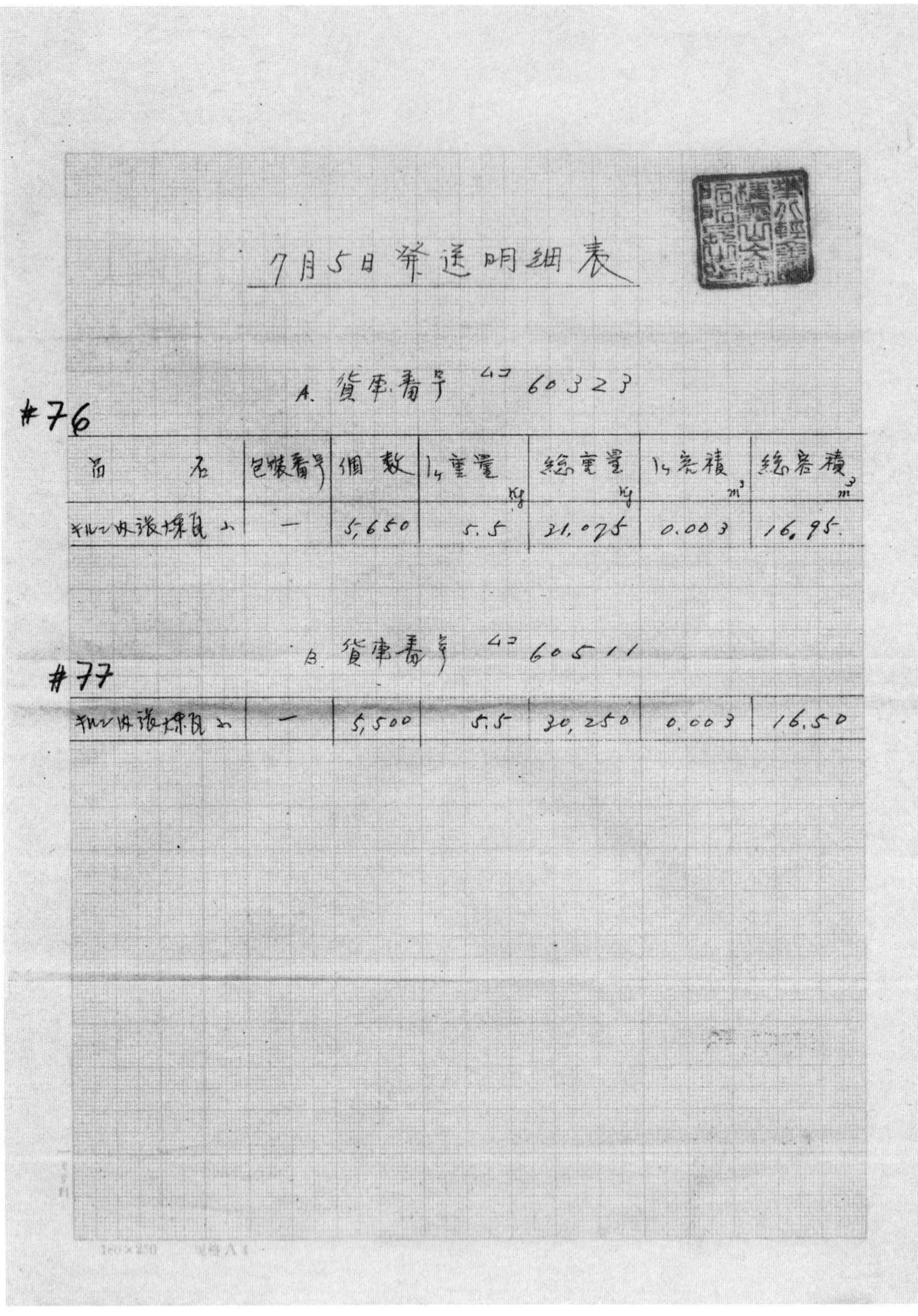

7月5日発送明細表

A. 貨車番号 ムコ 60323

#76

品名	包装番号	個数	1ヶ重量 kg	総重量 kg	1ヶ容積 m^3	総容積 m^3
キルン内張煉瓦 ム	一	5,650	5.5	31,075	0.003	16.95

B. 貨車番号 ムコ 60511

#77

品名	包装番号	個数	1ヶ重量 kg	総重量 kg	1ヶ容積 m^3	総容積 m^3
キルン内張煉瓦 ム	一	5,500	5.5	30,250	0.003	16.50

7月21日發送明細表

#78

A 貨車番号 42 60265

品名	包裝番号	個數	1ヶ重量 kg	總重量 kg	1ヶ容積 m^3	總容積 m^3
キルン内張煉瓦大	一	3,300	10.0	33,000	0.006	19.8

#79

B 貨車番号 41 12288

品名	包裝番号	個數	1ヶ重量 kg	總重量 kg	1ヶ容積 m^3	總容積 m^3
キルン内張煉瓦大	一	2,940	10.0	29,400	0.006	17.6

#80.

C 貨車番号 41 31606

品名	包裝番号	個數	1ヶ重量 kg	總重量 kg	1ヶ容積 m^3	總容積 m^3
キルン内張煉瓦小	一	5,500	5.5	30,250	0.003	16.5

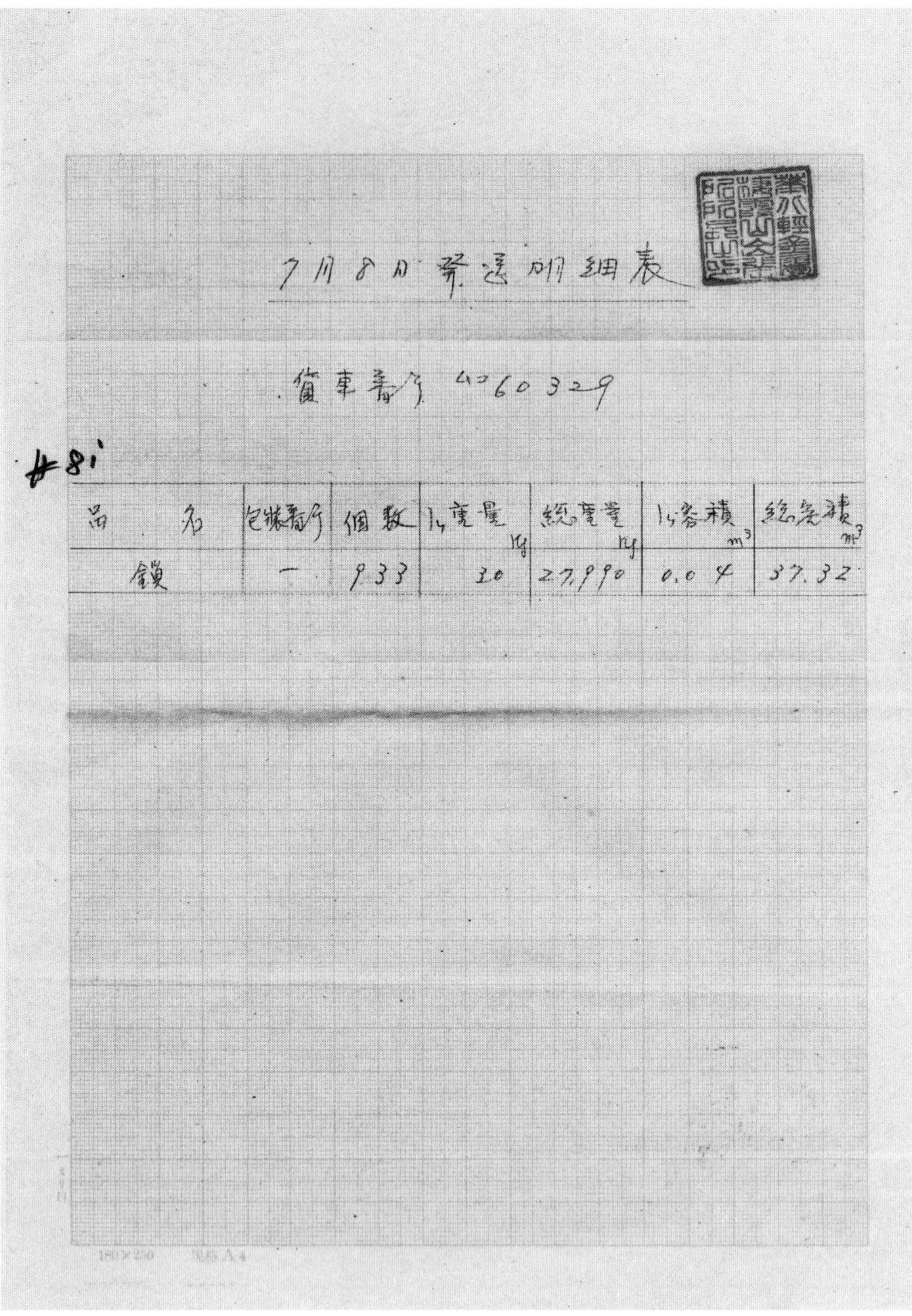

7月8日發送明細表

貨車番号 4060329

#81

品名	包裝番号	個數	1ヶ重量 kg	總重量 kg	1ヶ容積 m^3	總容積 m^3
鑌	一	933	30	27,990	0.04	37.32

7月9日発送明細表

貨車番号 42 60533

#82.

品名	包装番号	個数	1個重量 kg	総重量 kg	1個容積 m^3	総容積 m^3
キルン内張煉瓦 大	一	3,200	10.0	32,000	0.006	19.2

貨車番号 42 60239

#83

品名	包装番号	個数	1個重量 kg	総重量 kg	1個容積 m^3	総容積 m^3
鎖	七	920	30	27,600	0.04	36.80

7月11日発送明細表

貨車番号 ムコ60030

品名	包装番号	個数	1ヶ重量 kg	総重量 kg	1ヶ容積 m3	総容積 m3
ポンプ室パイプ	セ1~セ91	91	—	10,233	—	22.85
電線パイプ	セ130~セ165 セ203~セ207	41	—	1,269	—	3.15
冷却水パイプ	セ166~セ192	27	—	1,640	—	3.80
ポンプ室アングル	セ193~セ202	10	—	280	—	0.12
セーキングコンベヤー部分品	セ123~セ125	3	—	430	—	1.20
計		172	—	13,852	—	31.12

7月11日発送明細表

貨車番号 ムコ60007

品名	荷装番号	個数	1ヶ重量 kg	総重量 kg	1ヶ容積 m^3	総容積 m^3
鎖	セ	70	30	2,100	0.04	2.80
エヤーシェール.ファン.ケース	セ92,93	2	400	800	8.40	16.80
エヤーシェール.ファン.附属品	セ94～96 セ98～101	7	—	3,900	—	22.42
煙道ケーシング	セ103,105	2	—	1,100	—	13.21
エヤーシェール.ファン	セ107	1	1,000	1,000	2.53	2.53
ファン減速機ベルト	セ109	1	2,500	2,500	1.82	1.82
エヤーシェール.附属品	セ110～113 セ115.117	6	—	850	—	11.60
ファン.減速機シャフト	セ118.119	2	2,100	4,200	1.08	2.16
ファン.モーター	セ121	1	750	750	1.40	1.40
ポンプ.ベルト	セ221	1	650	650	0.67	0.67
ポンプ	セ222	1	850	850	0.98	0.98
計		94		18,700		76.39

日寇劫掠之機器單 二 原本

第八十七號至

第一百十七號

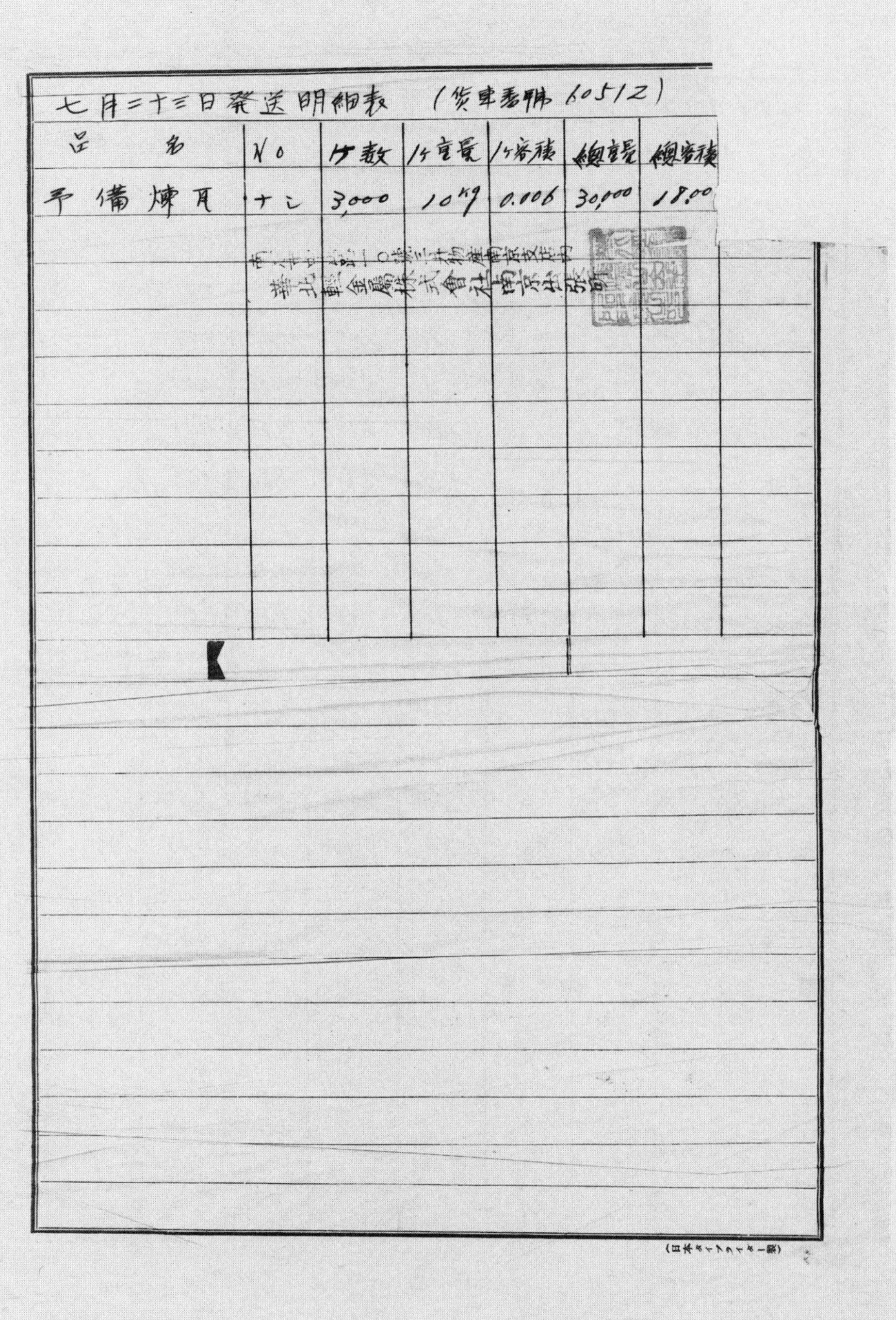

七月二十三日発送明細表　（貨車番號 60512）

品名	No	ヶ数	1ヶ重量	1ヶ容積	總重量	總容積
予備煉瓦	十二	3,000	10kg	0.006	30,000	18.00

華北輕金屬株式會社南京出張所

七月二十三日発送明細表（貨車番號 60510）

品名	No	ヶ数	1ヶ重量	總重量	1ヶ容積	總容積
エヤーシェール附屬品	セ 97	1	300	300	1.2	1.2
煙道ケーシング	セ 102.104	2 ~~1,100~~	550 ~~1,100~~	1,100	7.10	14.20
エヤーシェールファン	セ 106	1	1,000	1,000	2,52	2,52
ファン減速機ベット	セ 108	1	2,800	2,800	1.48	1,48
エヤーシェール附屬品	セ 114.116	2	225	450	2.24	4.48
セェーキングコンベヤー主軸	セ 122	1	850	850	7.50	7.50
ポンプ	セ 223	1	850	850	0,98	0.98
モーター	セ 348-352	5	650	3,250	0.53	2,65
2 リレー油入り	セ 353	1	340	340	0.30	0.30
~~手動走行グレン部分品~~	セ 354	1	1,300	1,300	1,00	1,00
屋外変圧器一次ブッシング	セ 355	1	1,200	1,200	4,11	4,11
ハンドグレン小物及電線 ~~屋外変圧器コンサベーター基台金物~~	セ 356	1	1,300	1,300	1,50	1,50
2 ケーブル及ベット	セ 357	1	2,150	2,150	2,76	2,76
手動グレンジョストン	セ 382~383	2	850	1,700	0.52	1,04
計		21		18,290		45.72 ~~44.37~~

華北輕金屬株式會社南京出張所

七月二十三日発送明細表（貨車番号 台60300）

品名	No	ケ数	1ケ重量	總重量	1ケ容積	總容積
バルブ（大）	セ 227~228	2	206	412	0.14	0.28
〃（中）	セ 229~243	15	88	1,320	0.10	1.50
〃（小）	セ 244~278	35	51	1,785	0.08	2.80
バルブボールト	セ 279~289	11	29	319	0.09	0.99
セェーキングコンベヤー部分品	126~128	4	220	880	0.80	3.20
ファンモーター	セ 120	1	750	750	1.40	1.40
ファン減速機	セ 208~209	2	550	1,100	0.50	1.00
アヤーシェール取付ボールト	セ 212	1	430	430	0.01	0.01
エヤーシェール附属品	セ 219~220	2	335	670	0.02	0.04
開閉器	セ 330	1	170	170	0.02	0.02
ボイラージョイント	セ 331	1	140	140	0.01	0.01
スライトモーターベット	セ 332	1	270	270	0.41	0.41
サーマルリレー	セ 333	1	320	320	0.44	0.44
ジョイントボックス	セ 334	1	240	240	0.03	0.03
二次ブッシング温度計	セ 335~336	2	240	480	0.26	0.52
リレースヰッチ油入り	セ 337	1	250	250	0.38	0.38
ジョイントボックス	セ 338	1	250	250	0.30	0.30
スヰッチアンメーターリレー	セ 339	1	230	230	0.24	0.24
スヰッチ	セ 340	1	260	260	0.36	0.36
レジスタンボックス	セ 341	1	200	200	0.26	0.26
屋外變压器ブッシングキャップ	セ 342	1	250	250	0.20	0.20
テーブルフヰーダーモーター	セ 343~346	4	250	1,000	0.21	0.84

ブス.グレンシヤフト	セ 347	1	360	360	0.05	0.05
コンサーベーター	セ 358	1	400	400	3.36	3.36
配電板	セ 359	1	560	560	2.16	2.16
變壓器部分品	セ 361	1	750	750	0.7	0.7
埋入リレー及アンメーター コイル及ジョイントボックス	セ 360	1	640	640	0.39	0.39
ポンプ	セ 224~226	3	850	2,550	0.98	0.98
セェーキングコンベヤーモーター	セ 380	1	730	730	0.56	0.56
計		99		17,716		2,343

南京市中山路一〇號三井物產南京支店內
華北輕金屬株式會社南京出張所

七月二十六日発送明細表　（貨車番號 ク、8295）

品名	番號	ケ數	1ケ重量	總重量	1ケ容積	總容積
エヤーシェール	セ 213~216	4	1,000	4,000	1.13	4.52
エヤーシェール附屬品	セ 217~218	2	200	400	0.19	0.38
クリンカー落口シュート蓋	セ 362~365	4	150	600	0.26	1.04
鎖	セ	450	30	13,500	0.03	13.50
配線用パイプ	セ 290~329	40	17	680	0.04	1.60
普通絕緣油	セ	18	180	3,240	0.26	4.84
マシン油	セ	22	180	3,960	0.26	5.72
計		540		26380		31.60

南京市中山路一〇號三井物産南京支店内
華北輕金屬株式會社南京出張所

七月二十九日発送明細表　（貨車番號台60537）

品名	番號	个数	1个重量	總重量	1个容積	總容積	金額
予備煉瓦	七	3,000	10	30,000	0.006	18.0	

南京市中山路一〇號三井物產南京支店内
華北輕金屬株式會社南京出張所

七月二十九日発送明細表　（貨車番号 台60052）

品名	番號	ケ數	1ケ重量	總重量	1ケ容積	總容積	金額
予備煉瓦	七	3,000	10	30,000	0,006	18,0	

南京市中山路一〇號三井物產南京支店內
華北輕金屬株式會社南京出張所

七月二十九日發送明細表　（貨車番號ツイ50270）

品名	番號	ケ数	1ケ重量	總重量	1ケ容積	總容積	金額
ベット	セ 370-371	2	2,500	5,000	4.21	8.42	
トランス	セ 384	1	20,000	20,000	18,38	18,38	
計		3		25,000		26,8	

南京市中山路一〇號三井物產南京支店內
華北輕金屬株式會社南京出張所

七月三十日發送明細表 （貨車番號分600.99）

品名	番號	個數	1個重量	總重量	1個容積	總容積
トランス	セ-388	1	20,000	20,000	18.38	18.38
コントロール	セ 210	1	750	750	5.90	5.90
ベット据付金物	セ 211	1	860	860	0.64	0.64
コントローラー	セ 381	1	160	160	0.98	0.98
コンプレツサー	セ 483-484	2	3,000	6,000	4.27	8.54
減速機モーター	セ 486	1	1,500	1,500	2.48	2.48
計		7		29,270		36.92

南京市中山路一[illegible]物產南京支店內
華北輕金屬株式會社南京出張所

七月三十日 發送明細表 （貨車番號分51344）

品名	番號	個數	1個重量	總重量	1個容積	總容積
予備煉瓦	[illegible]	3,000	10	30,000	0.006	18.00

南京市中山路一〇[illegible]物產南京支店內
華北輕金屬株式會社南京出張所

七月三十一日発送明細表　（貨車番號テイ492）

品名	番號	个数	1个重量	総重量	1个容積	總容積
トランス	七386	1	20,000	20,000	18,38	18,38

南京市中山路一〇號三井物產南京支店內
華北輕金屬株式會社南京出張所

七月三十一日発送明細表　（貨車番号 60172）

品　　名	番號	个数	1个重量	總重量	1个容積	總容積
パイプ	セ 388~391	4	170	680	0.41	1.64
〃	セ 392	1	90	90	0.41	0.41
〃	セ 393-394	2	120	240	0.41	0.82
石炭輸送スクリューシヤフトメタル	セ 395~398	4	40	160	0.14	0.56
パイプ	セ 399	1	100	100	2.32	2.32
〃	セ 400~401	2	120	240	1.14	2.28
〃	セ 402~403	2	100	200	1.06	2.12
〃	セ 404~407	4	100	400	0.87	3.48
〃	セ 408~411	4	50	200	0.11	0.44
〃	セ 412~414	3	30	90	0.12	0.36
〃	セ 415~417	3	20	60	0.06	0.18
〃	セ 417	1	20	20	0.05	0.05
〃	セ 419-420	2	20	40	0.06	0.12
〃	セ 421-424	4	10	40	0.03	0.12
〃	セ 425-426	2	10	20	0.02	0.04
〃	セ 427-428	2	15	30	0.06	0.12
〃	セ 429	1	20	20	0.13	0.13
〃	セ 430-431	2	120	240	1.09	2.18
〃	セ 432	1	60	60	0.38	0.38
〃	セ 433	1	35	35	0.51	0.51
〃	セ 434	1	20	20	0.27	0.27
〃	セ 435~436	2	40	80	0.31	0.62

パ イ プ	セ 437	1	50	50	0.53	0.53
〃	セ 438	1	100	100	0.44	0.44
〃	セ 439~440	2	40	80	0.35	0.70
〃	セ 441~442	2	25	50	0.14	0.28
〃	セ 443	1	65 [20 crossed out]	65 [20 crossed out]	0.55	0.55
自動秤量キ用上部パイプ	セ 444	1	20	20	0.19	0.19
吸塵キ用上部パイプ	セ 445	1	35	35	0.43	0.43
〃	セ 446	1	55	55	0.47	0.47
〃	セ 447	1	30	30	0.26	0.26
送風管用パイプ	セ 448~449	2	50	100	0.09 [crossed-out value]	0.18
吸塵キ用上部パイプ	セ 450	1	15	15	0.08	0.08
送風管用パイプ	セ 451	1	15	15	0.02	0.02
自動秤量キ用下部パイプ	セ 452	1	20	20	0.16	0.16
〃 上部パイプ	セ 453	1	20	20	0.09	0.09
〃	セ 454	1	20	20	0.08	0.08
〃	セ 455	1	50	50	0.32	0.32
吸塵キ用パイプ	セ 456	1	60	60	0.54	0.54
バ ル ブ	セ 457~460	4	50	200	0.05	0.20
〃	セ 461~462	2	25	50	0.03	0.06
コンプレッサー用エヤーヌキ	セ 463~464	2	120	240	0.33	0.66
コンプレッサー用アヤータンク	セ 465	1	120	120	0.19	0.19
〃	セ 466~467	2	250	500	0.40	0.80
石炭吹込シュート	セ 468~469	2	150	300	1.17	2.34
石炭輸送吹込パイプ	セ 470	1	40	40	0.67	0.67

パ イ プ	セ 471	1	60	60	0.73	0.73
吸塵キ用チェーンカバー	セ 472	1	20	20	0.55	0.55
自動秤量キ	セ 473	1	40	40	0.72	0.72
自動秤量キ用金物	セ 474	1	35	35	0.11	0.11
〃	セ 475	1	400	400	0.14	0.14
自動秤量キ用パイプ	セ 476	1	15	15	0.29	0.29
吸塵キ横チェーンカバー	セ 477	1	20	20	0.19	0.19
石炭輸送パイプ	セ 478	1	400	400	2.74	2.74
石炭タンク上部シュート	セ 479	1	130	130	2.25	2.25
石炭輸送パイプ	セ 480	1	130	130	3.79	3.79
輸送シュート	セ 481~482	2	50	100	0.23	1.46
パ イ プ	セ 493~494	2	15	30	3.92	7.84
吸塵キ用	セ 495~498	4	5	20	0.16	0.64
石炭サイクロホン 内側クラップ	セ 499	1	40	40	1.02	1.02
スクリコーケース	セ 500~505	6	10	60	0.07	0.42
マンホール蓋 A.B	セ 506~507	2	3	6	0.01	0.02
風吹込用金物	セ 508~511	4	0.5	2	0.04	0.16
サイクロホンホーム板	セ 512~515	4	15	60	1.44	5.76
~~風吹込用金物~~	~~セ 516~~	~~1~~	~~2~~	~~2~~	~~0.07~~	~~0.07~~
石炭ミル台	セ 517~518	2	5	10	0.11	0.22
アングル	セ 519~520	2	1.5	3	0.06	0.12
キルン吹込パイプ ダンパーレーバー	セ 521~523	3	10	30	0.18	0.54
パ イ プ	セ 524~527	4	3	12	~~0.12~~ 0.01	0.04
キルン石炭吹込 レバー台	セ 528~534	7	20	140	0.20	1.40

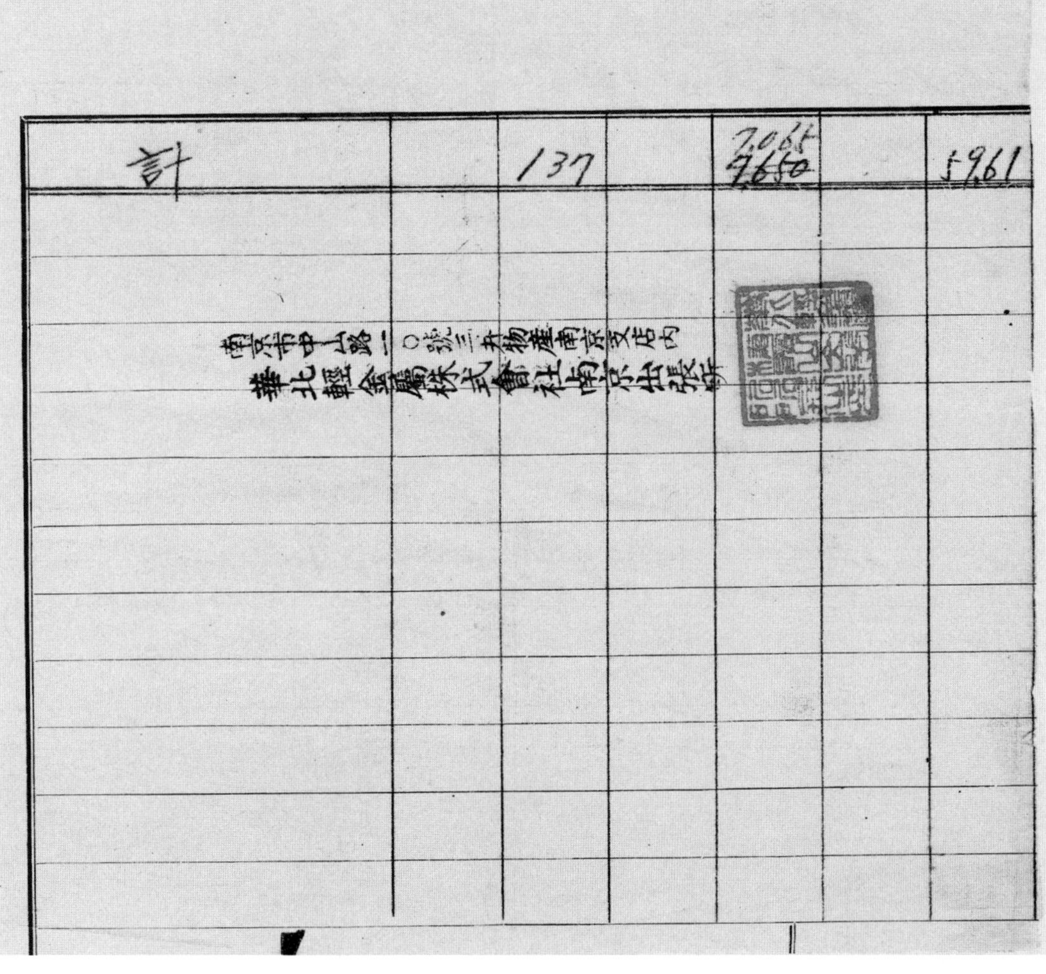

計		137	7,065 9,650		5,961

南京市中山路一〇號三井物產南京支店内
華北輕金屬株式會社南京出張所

8月6日 発送明細表 （貨車番 ムコ 60566）

品名	NO	ヶ数	1 weight kg	total weight kg	1 Vol m³	total Vol m³
トランス	セ 387	1	20,000	20,000	18.34	18.34
ベット	セ 366	1	2,500	2,500	4.21	4.21
〃	セ 371	1	2,500	2,500	4.21	4.21
自動秤量機	セ 488	1	1,500	1,500	8.15	8.15
吸塵機	セ 492	1	.600	.600	11.42	11.42
計		5		27,100		43.98

#98 #~~99~~

8月6日 発送明細表 （貨車番 ムコ 5123）

品名	NO	ヶ数	1 weight kg	total weight kg	1 Vol m³	total Vol m³
キルン煉瓦	ナシ	3000	10	30,000	0.006	18.00

8月6日発送明細表　　(貨車番号ムコ 60526)

品名	番号	個数	1 weight kg	total Weight kg	1 Vol m³	total Weight m³
ベット	セ 367−368	2	2.500	5.000	4.21	8.42
〃	セ 374−375	2	2.500	5.000	4.21	8.42
吸塵機タンク	セ 491	1	1.400	1.400	10.77	10.77
吸塵機ホッパー	セ 541	1	60	60	1.96	1.96
配電盤小トランス(16ｋ) 同附属金物	セ 548	1	100	100	0.56	0.56
自動秤量器モーターベット 各種ボールト	セ 549	1	215	215	0.22	0.22
自動秤量器金物	セ 550	1	190	190	0.12	0.12
風車	セ 551	1	275	275	1.25	1.25
吸塵機上部シャフト	セ 552	1	185	185	0.51	0.51
A.B用コンプレッサー 捲抗機	セ 553	1	140	140	0.42	0.42
吸塵機附属品	セ 554	1	230	230	0.37	0.37
吸塵機レバー	セ 555	1	165	165	0.27	0.27
吸塵機モーター	セ 556	1	50	50	0.18	0.18
石炭輸送パイプ	セ 563−564	2	20	40	0.24	0.48
石炭輸送タンク調整バルブ	セ 565	1	8	8	0.5	0.5
石炭輸送パイプ	セ 566	1	60	60	1.38	1.38
〃　〃	セ 567 570	2	135	270	2.2	4.4
〃　〃	セ 571−572	2	70	140	1.35	2.70
コンプレッサー用 送風管	セ 576−578	3	60	180	0.06	0.18
〃	セ 579−580	2	15	30	0.06	0.12
吸塵機用パイプ	セ 581	1	10	10	0.03	0.03
釣りボールト	セ 582	1	15	15	0.03	0.03
サイクロホーム ホーズエ	セ 583−584	2	5	10	0.04	0.08

品名	NO	ケ数	1 Weight kg	total weight kg	Vol m3	total Vol m3
石炭ミル ガット口カバー	e 585-588	4	78	312	0.06	0.24
石炭輸送タンク 調整バルブ	e 589	1	10	10	1.51	1.51
石炭ミルタンク柱 (A)	e 590-593	4	220	880	0.15	0.6
〃 (B)	e 594-597	4	220	880	0.15	0.6
コンプレッサー 附属パイプ	e 599	1	10	10	0.05	0.05
〃	e 598	1	20	20	0.003	0.003
〃	e 600	1	5	5	0.09	0.09
パイプ	e 601	1	20	20	0.06	0.06
〃	e 602	1	8	8	0.03	0.03
〃	e 603	1	7	7	0.02	0.02
送风用パイプ	e 604	1	10	10	0.04	0.04
パイプ	e 628	1	10	10	0.02	0.02
コンプレッサー用 水用パイプ	e 629	1	25	25	0.12	0.12
計		54ヶ				

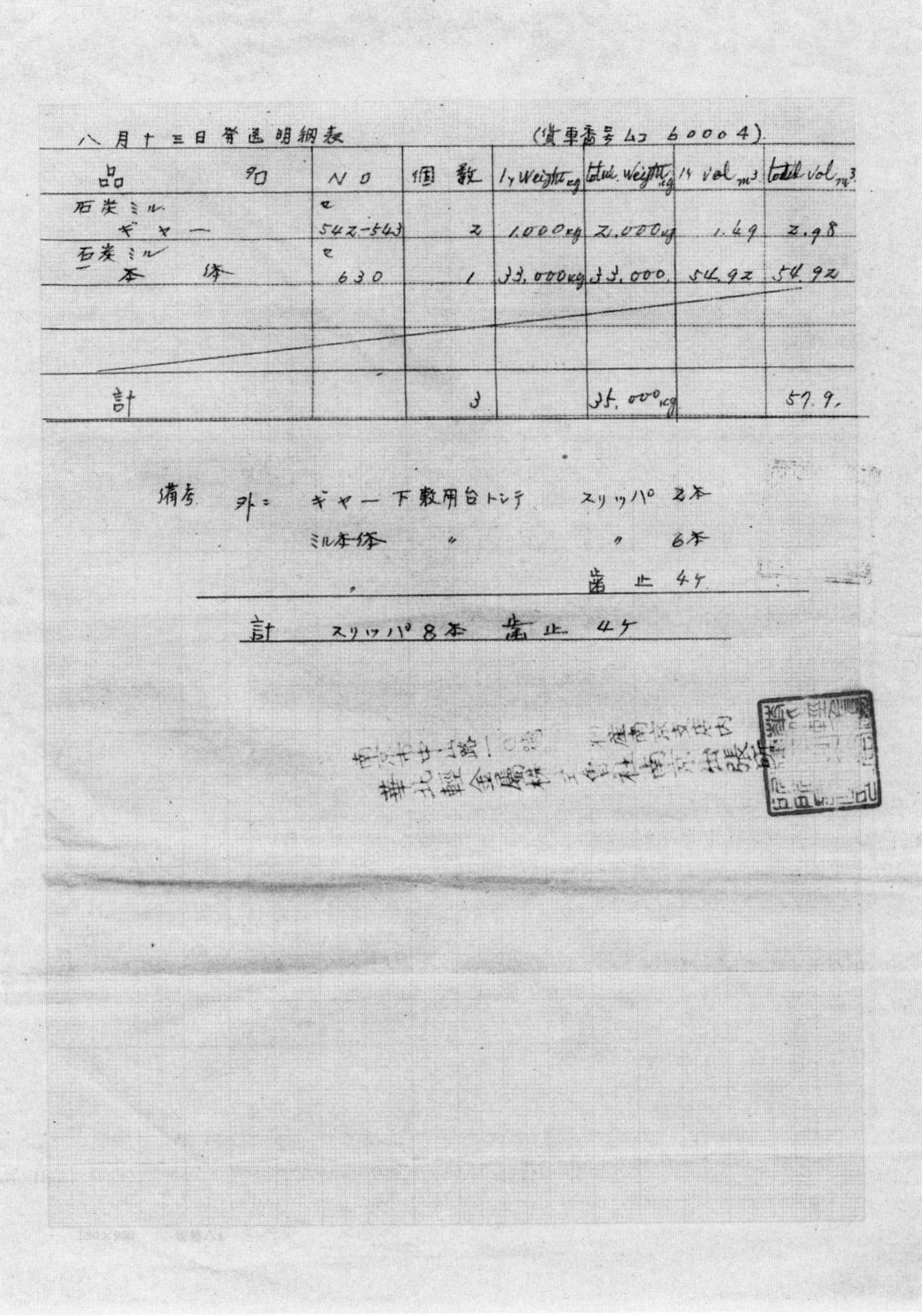

八月十三日発送明細表　（貨車番号ムコ 60004）

品名	NO	個数	1ケ Weight kg	total Weight kg	1ケ vol m3	total vol m3
石炭ミル ギヤー	ヽ 542-543	2	1,000kg	2,000kg	1.49	2.98
石炭ミル 本体	ヽ 630	1	33,000kg	33,000	54.92	54.92
計		3		35,000kg		57.9

備考　外ニ　ギヤー下敷用台トシテ　スリッパ 2本
ミル本体　〃　〃 6本
歯止 4ケ

計　スリッパ 8本　歯止 4ケ

六月十四日発送明細表　（貨車番號 ?60387）

品　名	番號	ケ數	1ケ重量	總重量	1ケ容積	總容積	金額
ベット	セ369.375 377~378	4	2,500	10,000	4.22	16.88	
石炭ミル減速機	セ545	1	2,500	2,500	2.19	2.19	
ギヤーシヤフト	セ544	1	1,550	1,550	1.79	1.79	
石炭サイクロホン	セ487	1	2,500	2,500	15.0	15.0	
石炭輸送装置器	セ489~490	2	700	1,400	2.17	4.34	
計		9		17,950		40.20	

南京市中山路一〇號三井物產南京支店内
華北輕金屬株式會社南京出張所

No.2

ハンドル	セ 655	1	41.2 ~~22.6~~	41.2	.05	.05
パイプ	セ 656～722	67	13.4	295.2	.02	1.37
パイプ雑品	セ 723	1	44.3	44.3	.02	.02
パイプ	セ 724～726	3	17.5	52.5	.04	.12
（小計）		1124		5,791.6kg		29.36㎥
ボールト.ナット.座金	工具 No 24	1	330	330	.16	.16
（合計）		1134		6,121kg		29.52㎥

南京市中山路一〇號三井物産南京支店内
華北輕金屬株式會社南京出張所

(日本タイプライター製)

八月十五日發送明細表（貨車番号ムイ6709）

品名	番号	ケ数	1ヶ重量	總重量	1ヶ容積	總容積
ベット	セ372-379	2	3.000kg	6.000kg	7.91m³	15.82m³
石炭サイクロホン	セ536	1	.700	.700	3.57	3.57
上部自動秤量器	セ546	1	.190 ~~.330~~	.190	3.67	3.67
吸塵機用金物各種	セ547	1	.330 ~~.840~~	.330	.87	.87
石炭粉砕機メタル	セ622	1	.840	.840	5.67	5.67
石炭ミル減速機モーター	セ623	1	1.530	1.530	2.10	2.10
配電盤附属品石炭タンクスケール及回転ケージ々附属品	セ624	1	.530	.530	2.00	2.00
コントローラー	セ631	1	.520	.520	6.98	6.98
タイヤ受ケーシング	セ632	1	1.000	1.000	1.82	1.82
（計）		10個		11.640kg		42.50m³

八月十五日發送明細表 (貨車番号ムサキ

品名	番号	個数	1ヶ重量	總重量	1ヶ容積	總容積
石炭輸送パイプ	セ568	1	220kg	220kg	2.04m³	2.04m³
〃	セ569	1	75	75	1.96	1.96
〃	セ573	1	75	75	1.82	1.82
〃	セ574	1	100	100	2.43	2.43
〃	セ575	1	90	90	2.04	2.04
〃	セ605	1	400	400	3.62	3.62
〃	セ606-607	2	300	600	2.60	5.20
〃	セ608	1	350	350	1.96	1.96
石炭タンク排滅建材 風撃キシャット	セ609-610	2	265	591	.39	.78
拍拉機附屬品	セ611	1	265	265	.34	.34
~~拍拉機及石炭搬運料~~ ベット及座モーター	セ612	1	270	270	.49	.49
石炭関係タンク取付ボールト附屬品	セ613	1	320	320	.38	.38
配電盤拍拉機及吊付手金物	セ614	1	230	230	.74	.74
減速機シャフトメタル台	セ615	1	220	220	.35	.35
石炭吹送管バルブ	セ616	1	230	230	.67	.67
石炭吐出口	セ617	1	95	95	1.46	1.46
石炭落口ホッパー	セ626	1	200	200	.71	.71
メタルベット	セ627	1	100	100	.18	.18
減速機ベット	セ634	1	50	50	.11	.11
パイプ	セ636	1	22.6	22.6	.06	.06
ハンドル	セ637	1	48.5	48.5	.06	.06
パイプ	セ638-654	17	15.1	257.3	.03	.51

八月十七日発送明細表　（貨車番號ヱ7429）

品名	番號	ケ数	1ケ重量	總重量	1ケ容積	總容積	金額
ホワイトメタル	工具 No86~105	21	140	2,940	0.05	1.05	
リベツト	ナシ	253 ~~235~~	58	14,674 ~~13,630~~	0.06	15.18 ~~14.10~~	
取付ボールト	〃	15	44	660	0.06	0.90	
取付ボールト座金	〃	2	48	96	0.06	0.12	
○（リーマーポンチ）	〃	9	71	639	0.06	0.54	
ハンマー木柄	〃	9	25	225	0.16	1.44	
@0.8円 150ケ入 片口ハンマー	〃	1	85	85	0.06	0.06	
〃 100ケ入 〃	〃	1	60	60	0.06	0.06	
〃 89ケ入 〃	〃	1	55	55	0.06	0.06	
@1円 190ケ入 〃	〃	1	124	124	0.06	0.06	
〃 88ケ入 〃	〃	1	98	98	0.06	0.06	
〃 92ケ入 〃	〃	1	102	102	0.06	0.06	
@0.9円 88ケ入 〃	〃	1	99	99	0.06	0.06	
@0.3円 150ケ入 〃	〃	2	55	110	0.06	0.12	
〃 24 25ケ入 〃	〃	1	83	83	0.06	0.06	
@2.3円 23ケ入 両口ハンマー	〃	1	63	63	0.06	0.06	
〃 21ケ入 〃	〃	1	58	58	0.06	0.06	
〃 20ケ入 〃	〃	1	56	56	0.06	0.06	
工具計		322		20,227		20.01	
石炭ミル用油止メフェルト	ヒ748	1	20	20	0.16	0.16	
總計		323		20,247		20.17	

南京市中山路一〇號三井物産南京支店内
華北輕金屬株式會社南京出張所

八月二十二日發送明細表（貨車番号ムコ60514）

品名	番号	个数	1个重量 kg	總重量 kg	1个容積 m^3	總容積 m^3	金額 ¥
コンプレッサー	セ475	1	1,500	1,500	3.33	3.33	
石炭サイクロホン	セ635	1	1,500	1,500	14.70	14.70	
配電盤用トランス 及全附屬金物	セ559	1	180	180	.75	.75	
コンプレッサー附屬金物 及配電用金物	セ560	1	180	180	.75	.75	
トランスホーマー	セ561	1	50	50	.26	.26	
トランスホーマー附屬品	セ562	1	50	50	.21	.21	
石炭輸送スクリユー	セ620-621	2	840	1,680	1.06	2.12	
コントロール表（抵抗器）	セ633	1	1,650	1,650	3.79	3.79	
スヰッチカバー	セ731	1	50	50	.21	.21	
O.C.B用 スプロケット	セ732	1	90	90	.21	.21	
O. C. B	セ733-738	6	450	2,700	1.35	8.10	
V.A.メーター	セ739	1	90	90	.59	.59	
配電盤用鉄板及部分品	セ740	1	500	500	.94	.94	
O.C.B付C.T	セ741	1	70	70	.32	.32	
油入リ電鐵	セ742	1	70	70	.32	.32	
O.C.Bハンドル及部分品	セ743	1	45	45	.20	.20	
操作ロッドアングル	セ744	1	100	100	.29	.29	
配電盤用大理石	セ475	1	85	85	.18	.18	
碍子	セ476	1	70	70	.21	.21	
モーター台取付ボールト各種	セ749	1	200	200	.21	.21	
石炭ミル吐出口	セ626	1	1,000	1,000	4.62	4.62	
（小計）		27		11,780kg		42.31m^3	

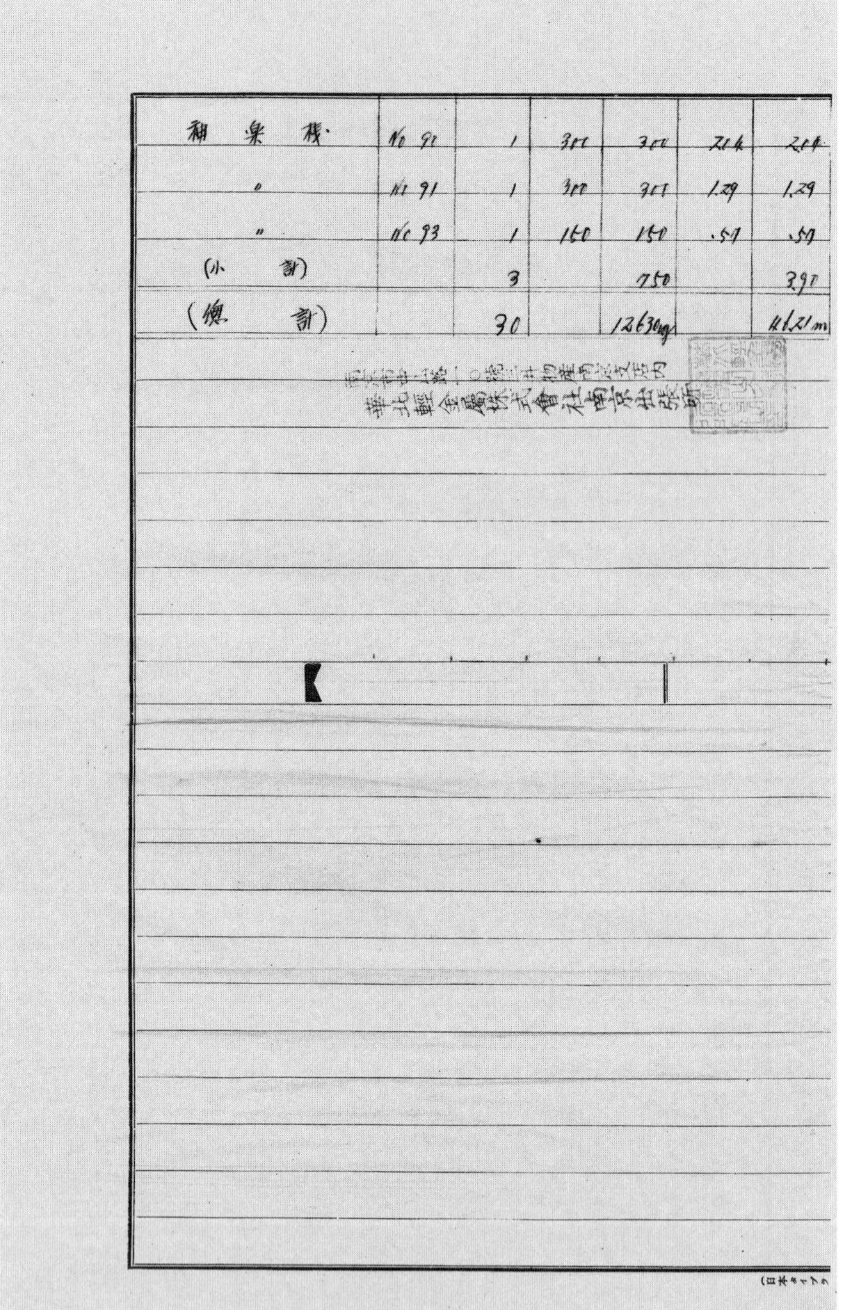

補梁桟	No 92	1	300	300	2.04	2.04
〃	No 91	1	300	300	1.29	1.29
〃	No 93	1	150	150	.57	.57
（小計）		3		750		3.90
（總計）		30		12630kg		41.21m

南京市中山路一〇號三井物產南京支店內
華北輕金屬株式會社南京出張所

八月廿四日発送明細表（貨車番号ム431254

品名	番号	個数	1ヶ重量	全重量	1ヶ容積	総容積
コンプレッサー(B)モーター	セ 557	1	1,500	1,500	2.41	2.41
〃 (C)	セ 558	1	1,100	1,100	1.18	1.18
石炭輸送吸込スクリューケース 弐個ジ[illegible]ンスライナー	セ 617	1	900	900	.14	.14
ギヤー及タイヤーカバー	セ 119	1	560	560	1.73	1.73
パイプ附ハ金物	セ 135	1	5	5	1.50	1.50
油圧手押ポンプ	セ 747	1	11	11	.33	.33
ギヤーケースブラケット	セ 750	1	50	50	.05	.05
手摺	セ 751	1	15	15	.11	.11
〃	セ 752	1	3	3	.11	.11
アングル	セ 753~754	2	40	80	.13	.11
アングル	セ 755	1	20	20	.12	.12
大型石取付ボールト	セ 756	1	30	30	.12	.12
配電盤用ボールト ~~ケーブル及電線~~	セ 757	1	65	65	.05	.05
ケーブル及電線 ~~スキッチカバーケスコン~~	セ 763	1	2,250	2,250	4.11	4.10
スキッチカバーケスコン	セ 764	1	225	225	.41	.41
パイプ	セ 765	1	410	410	.91	.91
普通绝缘油	セ	1	180	180	.21	.21
特高圧油	セ	3	180	540	.26	.78
ギヤー油	セ	3	180	540	.26	.78
（小計）		24		7,410kg		21.75立米
解体及組立用角材	No107~109	3	300	900	.21	.63
〃	No110~118	5	200	1,000	.14	.70

コロ	ナシ	14 (~~44~~)	54	756	.15	.4
〃	〃	23	35	805	.13	.69
〃	〃	12	11	192	.02	.24
スリッパ	〃	65	52	3,380	.08	5.20
〃	〃	106	45	4,770	.06	6.31
（小計）		228		11,919kg		14.52m^3
（總計）		252		20,221kg		35.31m^3

南京市中山路一〇號三井物產南京支店内
華北輕金屬株式會社南京出張所

七月二十六日発送明細表（貨車番號ムイ3126）

品名	番號	個数	1個重量 kg	總重量 kg	1個容積 m3	總容積 m3	金額
スチールボール	ナシ	70	500	35,000	0.187	13.09	

南京市中山路一〇號三井物産南京支店内
華北輕金屬株式會社南京出張所

(日本タイプライター製)

[illegible]月二十六日発送明細表（貨車番號ム12113）

品　名	番號	1ケ重量 Kg	總重量 Kg	1ケ容積 m³	總容積 m³	ケ数	金額 ¥
予備煉瓦	ナシ	10	33.050	0.06	198	3,300	

華北[illegible]會社南京[illegible]
南京市中山路[illegible]物産南京支店内

八月二十七日発送明細表　（貨車番號ム イ 195）

品　　名	番號	个数	个重量 Kg	个容積 m³	總容積 m³	總重量 Kg	金額
スチールボール	叺入ナシ	78	100	0.056	6.437	7.800	
〃	ドラム缶ナシ	50	500	0.187	9.00	25,000	
石炭焼込タンク		4	650	2.400	9.60	2.600	
						35,4	Ton

南京市中山路一〇號三井物産南京支店内
華北輕金屬株式會社南京[illegible]

八月三十一日発送明細表　（貨車番号ムコ 60537）

品　名	番号	個数	1ヶ重量 kg	總重量	1ヶ容積	總容積
スリッパ（大）	ナシ	292	52	15,184	0.083	24.23
〃（小）	ナシ	366	45	16,470	0.039	14.27
計		658		31,654 kg		38.50

#111

（貨車番号ムコ 60383）

品　名	番号	個数	1ヶ重量	總重量	1ヶ容積	總容積
ステールボール	ナシ	38	500 kg	19,000	0.187	7.106
〃	ナシ	25	600 kg	15,000	0.187	4.675
石炭送込タンク	セ 727-728	2	400	8000	~~24.6~~ 12.3	24.60
計		65		34,800 kg		36,381

南京市中山路一〇號三井物産南京支店内
華北輕金屬株式會社南京出張所

\# 112

九月一日発送明細表　（貨車番号ムイ

品名	番号	個数	1ヶ重量 kg	總重量 kg	1ヶ容積	總容積
スリッパ（大）	ナン	260	52	13,520kg	0.083	21.58
〃（小）	ナシ	200	45	9,000kg	0.039	7.80
計		460		22,520kg		29.38

南京市中山路一〇號三井物產南京支店內
華北輕金屬株式會社南京出張所

（日本タイプ）

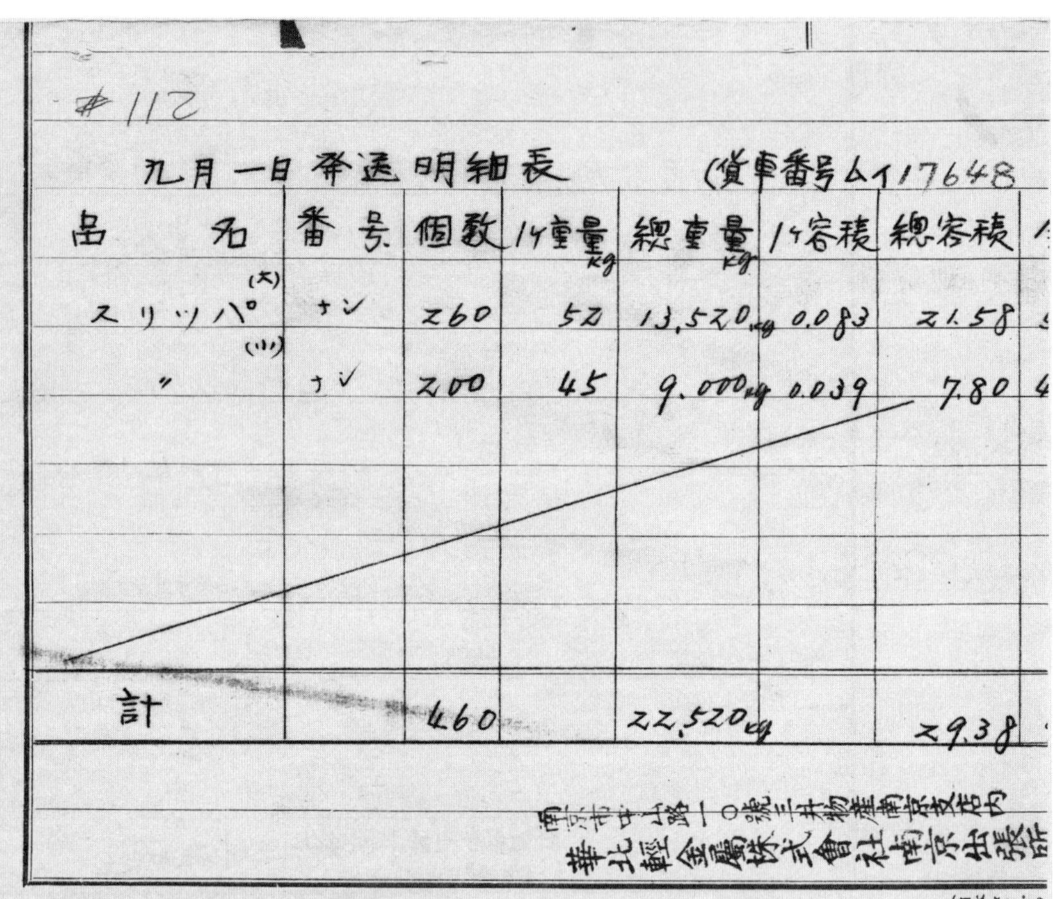

#112

九月一日発送明細表　(貨車番号ムイ17648

品　名	番号	個數	1ヶ重量 kg	總重量 kg	1ヶ容積	總容積
スリッパ(大)	ナン	260	52	13,520 kg	0.083	21.58
〃(小)	ナン	200	45	9.000 kg	0.039	7.80
計		460		22,520 kg		29.38

南京市中山路一〇號三井物產南京支店内
華北軽金屬株式會社南京出張所

(日本タイプラ

八月二十九日 ~~九月一日~~ 発送明細表　（貨車番号ムコ60207）

品名	番号	個数	1ヶ重量	總重量	1ヶ容積	總容積	金額
石炭送込タンク	セ929-730	2	900	kg 1,800	12.3	26.3	
スチールボール	ナシ	49	500	24,500	0.187	9.163	
〃	〃	6	200	1,200	0.187	1.122	
〃	〃	~~73~~ 7	100	7,300	0.05	3.65	

南京市中山路一〇號三井物產南京支店内
華北輕金屬株式會社南京出張所

九月一日発送明細表　（貨車番号ムイ12989）

品名	番号	個数	1ヶ重量 kg	總重量 kg	1ヶ容積	總容積
スチールボール	ナシ	8	500	4,000	0.018	0.144
〃	〃	71	100	7,100	0.056	3.97
〃	〃	64	80	5,120	0.052	6.185
棒コロ（大）	ナシ	43	54	2,322	0.052	2.23
〃（小）	ナシ	17	16	272	0.021	0.357
スリッパ（大）	〃	55	52	2,860	0.083	4.560
〃（小）	〃	4	65	260	0.093	0.156
アルミ板	〃	5	15	75	0.096	0.480.
解体組立用角材	NO1 1119-122	4	300	1,200	11.11	44.44
丸太	NO 116	1	150	150	0.372	0.372
〃	NO 118	1	60	60	0.872	0.872
鉄線	ナシ	~~144.6~~ 1	144.6	144.6	0.2	0.2
帯鉄	〃	4	280	70	0.32	1.28
神楽桟	NO 134	1	300	300	2.03	2.03
〃	NO 135	1	150	150	0.51	0.51.
計		280	24293.6			

南[illegible]市中山路一〇號三井物産南京支店内
華北輕金屬株式會社南京出張所

江南

9月4日発送明細表　貨車番號(公)12794

1.

品名	番號	1ヶ重量 (kg)	總重量 (kg)	ヶ数	1ヶ容積	總容積	金額
200×200×7.300 丸太	ナシ	130	130	1.			
200×200×7.000 〃	〃	150	150	1.			
200×200×6.500 〃	〃	120	120	1.			
300×300×4.400 〃	〃	130	130	1.			
200×200×5.000 〃	〃	110	110	1.			
270×270×4.300 〃	〃	120	120	1.			
250×250×7.700 〃		160	160	1.			
200×200×3.300	〃	60	60	1.			
250×350×7.300	〃	180	180.	1.			
210×210×5.000 〃	〃	130	130	1.			
250×250×7.700 〃	〃	180	180	1.			
			,48				
120×120×5.700 〃	〃	120	120	1.			
230×230×4.200 〃	〃	80	80	1.			
210×210×2.200 〃	〃	40	40	1.			
280×280×4.000 〃	〃	120	120	1.			
220×220×4.600 〃	〃	70	70	1.			
200×200×5.200 〃	〃	100	100	1.			
270×270×2.100 〃	〃	40	40	1.	205		
~~200×200×7.300 〃~~	~~〃~~	~~130~~	~~130~~	~~1.~~			
~~200×200×7.000 〃~~	~~〃~~	~~150~~	~~150~~	~~1.~~			
~~220×200×6.500? 〃~~	~~〃~~	~~120~~	~~120~~	~~1.~~			
~~300×300×4.400 〃~~	~~〃~~	~~130~~	~~130~~	~~1.~~			
~~200×200×5.000 〃~~	~~〃~~	~~110~~	~~110~~	~~1.~~			

品名	番號	個數	1個重量 kg	總重量 kg	1個容積	總容積	金額
200×200×4.800 丸太	十こ	1	70	70			
200×200×5.700 〃	〃	1	120	120			
200×200×3.500 〃	〃	1	60	60			
280×280×2.500 〃	〃	1	70	70			
250×250×3.700 〃	〃	1	100	100			
250×250×3.300 〃	〃	1	70	70			
220×220×2.300 〃	〃	1 25	60	60	2640		
300×80×4.050 歩ミ板	〃	1	15	15			
110×110×1.800 コロ(小)	〃	1	16	16			
スリツパ(小)	〃	7		315			
180×180×5.500 杉丸太	〃	211		6.330			

(日本タイプライター製)

3.

9月4日発送明細表　(貨車番號ム12843)

品名	番號	个数	1个重量 KG	總重量 KG	1个容積 M3	總容積 M3	金額
1.690×1.000×1.200 大理石	セ 758~762	5	2250	1.125	2.000	10.000	48.000.-
キルンパネル用アングル及コンプレッサー附屬品	セ 766	1.		265.		0.416	4.750.-
石炭ミルゲージ	セ 767	1.		25		0.02	270.-
ケーブル	セ 768	1		2000		4.462	78.000.-
〃	セ 769	1		2500		4.500	97.500.-
仝上用 ジョイントボックス	セ 770	1.		15.		0.05	90.-
バルブ	ナシ	1.		13		0.056	60.-
小計		17.		6.068			¥228.670.-
パイプレンチ スッパナ ソノ他	~~セ~~ ~~758-762~~	1		100		3.316	765.-
瓦斯タンク	NO~ 95~99	5	30	150	0.130	~~0.128~~ 0.650	400.-
滝台 (大)	NO 139~144	6	250	1.500	1.35	8.10	6.300.-
〃 (中)	NO 145~147	3	200	600	1.04	3.12	2.520.-
〃 (小)	NO 148~157	10	150	1.500	1.00	10.00	6.300.-
瓦斯タンク	NO 158	1		50		0.35	120.-
滝台 (小)	NO 160	1		150		0.95	630.-
スッパナー クガネ ソノ他	NO 161	1		100		0.168	383.-
グリス	NO 162	1		100		0.410	5.185.-
神樂棧	NO 164	1		300		2.15	1.200.-
ワイヤー	NO 165	1		200		0.225	5.000.-
カスガイ	ナシ	3	43	129	0.036	0.108	1.200.-
歩ミ板	〃	2	15	30	0.10	0.20	124.-
~~京木橋~~ 計	〃	2	22	44	0.05	0.10	240.-

品名	番號	ケ數	1ヶ重量 KG	總重量 KG	1ヶ容積	總容積	金額
不良品ハンマー	ナシ	3	75	225	0.056	0.168	
チエントン	〃	1		73		1.008	
小計		42		1.516			
金切鋸盤	No 106	1		56		0.073	
電キ器具	No 110	81		14		0.230	
釘 ½″	ナシ	6	47	282	0.036	0.216	
〃 1″	〃	3	47	141	0.036	0.108	
〃 4″	〃	6	47	282	0.036	0.216	
リベット（鉚釘）	〃	28	50	1.400	0.056	1.568	
取付ボールト	〃	2	64	128	0.056	0.112	
針金	〃	17	[illegible]	833	0.108	1.830	

南京市中山路一〇號三井物產南京支店内
華北輕金屬株式會社南京出張所